강원도 산골 촌놈의
종횡무진

강원도
산골 촌놈의

무에서
유를 창조한
진짜배기

종횡무진

김해영 지음

도서출판 위

머리말

　수원시에 임용된 1994년 당시 사실상 국민학교 졸업[중학교 검정고시 합격] 수준이었다. 요즘 후배들처럼 화려한 스펙은커녕 실력의 척도로 여기는 외국어 실력도 속된 말로 개판이었다. 국민학교도 제때 졸업하지 못하고 사회에 나왔으니 제대로 된 졸업장 하나 없었음은 당연하다. 하지만 수원시를 대한민국의 공공기관 가운데 최고 수준의 기관으로 만들기 위해 혼신의 힘을 다하겠다고 마음속으로 다짐했다. 무식하면 약이 없다고? 천만의 말씀! 꿈꾸는 사람에겐 현실이 될 수 있다고 박박 우기며 살고 있다.

　과거부터 최대경쟁력을 '국졸'이라고 자신 있게 말했다. 국졸을 오히려 장점으로 여기기도 했다. 비근한 말로 공부하기 싫어 못한 것이 아닌 가정환경이 여의치 않아 상급학교에 진학하지 못했기 때문이다. 그럼에도 좀 더 솔직히 말하면 학력으로 인해 부끄러움과 스트레스를 받은 적이 무척이나 많았다. 하지만 방법이 없었다. 덕분에 짜장면 배달원부터, 전기와 가스기사, 대형트럭[트레일러 등] 운전기사, 공인중개사, 북아프리카[리비아] 노동자, 도시가스 설비기사 등 우리 사회에서 말하는 다양한 경험을 했다.

수원시에 임용된 이후, 여러 선·후배 동료 공직자의 도움으로 학문을 겸했다. 하지만 공직에서 학문을 병행한다는 것은 말처럼 쉽지 않다. 걸림돌이 한둘이 아니다. 거대한 산이 따로 없다. 때문에 초지일관 벼랑 끝이라 생각하고 열과 성을 다했다. "본래 무식했던 놈이니 소득이 없으면 그만이고 결과가 좋으면 얼마나 좋겠나!"라는 생각으로 올인했다. 행운의 여신(?)은 존재함이 분명했다. 검정고시를 통해 대학에서 공부를 할 수 있는 기회가 주어졌다. 속된 말로 죽도록 공부에 매진했던 것이 주효한 셈이다.

국졸이라고 당당히 외치고 다녔던 난 가끔 스스로에게 박수를 보내는 웃기는 놈이다. 남들은 경솔하다고 생각할지 모르나 스스로의 삶을 반추해 보면 부끄럽지 않게 살아왔기 때문이다. 그야말로 평범하지 않은 삶을 살아온 만큼, 자강불식(自彊不息)하는 삶을 지속하고 있다. 때문에 '받은 만큼 돌려줘야 한다'는 생각을 잊지 않고 있다. 혜택 받은 것을 돌이켜볼 때 계량할 순 없지만 과분할 만큼 많이 누리며 살았다. 어떤 형태로든 돌려줘야 한다는 생각에 잠을 툭하면 설친다. 하루 이틀이 아니다. 다행이다.

　사람은 하루아침에 변하지 않는다. 관성 때문이다. 가령 선행을 늘 행하는 사람은 악행을 저지를 생각조차 못한다. 하지만 악행을 늘 일삼는 자는 개과천선했다고 주장해도 쉽게 선행을 하지 못한다. 따라서 사람을 알고 싶다면 그 사람의 궤적을 살펴보면 된다. 평소 공동체를 위해 헌신한 사람인지 자신의 안위만을 위했던 사람인지 보인다. 여기 김해영의 궤적 일부를 드러낸다. 평소 성품대로 가감 없이 기술했다. 이를 통해 하해(河海)와 같은 시민들이 동참하여 더 맑고 밝은 사회가 건설되길 학수고대한다.

2022년 2월
송죽동(松竹洞) 연구소에서
김 해 영

CONTENTS

CONTENTS

01

삶

가능한 있는 그대로 기술하다 보니, '속된 말'을 종종 사용했다. 하해와 같은 양해를 바라마지 않는다.

비 오는 날
먼지 나도록 터지던 날

어머니가 개가(改嫁)하고 얼마 되지 않았던 시절이니 지금으로부터 48~49년 정도 된, 대략 국민 4~5학년 쯤 일인 듯하다. 계부(繼父)는 중국음식점 요리사 출신. 어머니와 만나 이웃 동네로 이사하여 중국음식점을 운영했다. 크진 않았지만 강원도 산골에서 음식점, 그것도 중국음식점이라 하면 상대적으로 사정은 괜찮은 편에 속했다.

시절이 지금과 비교하면 말이 아니었지만, 그래도 집집마다 크고 작은 돼지저금통 한두 개씩은 키우며 살았다. 형편이 없지 않았던 우리 집에도 큰 돼지 한 마리를 기르고 있었다. 아마도 백 원짜리로 3분의 1정도는 찼던 것으로 기억한다. 돼지의 배가 부르기 시작하면서 동전을 넣으면 동전끼리 부딪치는 소리가 투박하게 들렸다.

어느 날 드디어 사고(?)를 쳤다. 면도날로 백 원짜리 하나 꺼낼 길이만큼 예리하게 돼지의 아랫배를 갈랐다. 육안으론 보이지 않을 정도로. 백 원을 훔치는 데 성공한 나는 학교 앞 가게로 내달렸다. 도착하기 무섭게 순식간에 싫증날 만큼 과자를 사먹었다. 흡족했다. 돈만 있다면 이런 맛있는 과자를 구매할 수 있다는 생각에 기뻤다.

하루, 이틀이 지나도 집안엔 아무 일도 일어나지 않았다. 그래선지 가슴에 다시 파도가 일기 시작했다. 이런 저런 과자들이 눈앞에 아른거렸다. 처음 사고를 치던 때와는 달리 오래 갈등하지 않고 백 원을 또 훔쳤다. 그리곤 역시 학교 앞 가게로 달려가 이런저런 불량과자(?)를 사먹었다. 훔친 돈으로 산 과자는 늘 입에 착착 붙었다.

처음 사고치기 어렵지 습관 되면 어렵지 않다고 누가 말했나? 한 일고여덟 번은 훔쳤던 듯싶다. 횟수가 잦아지면서 다양한 과자와 장난감을 사서 지니고 다니면서 먹고 놀았다. 그리 오랫동안 즐기지는 못했지만, 그땐 영원할 것만 같았다. 먹는 것도, 장난감을 가지고 노는 것도 즐겁기만 했다. 더 이상의 세상은 없을 것만 같았다.

꼬리가 길면 잡힌다(?)고 했던가? 돈이 있을 리 없는 녀석이 툭하면 과자를 사먹고 이런저런 완구를 사는 횟수가 잦아지자, 부모님의 고개가 갸우뚱하기 시작했다. 이상하다(?)를 연발하던 어머니와 계부는 기르던 돼지를 자세히 살피다가 드디어 내가 사고 친 곳을 확인했다. 어머니는 날 부르더니 어느새 한손엔 장작개비를 들고 계셨다.

어머니는 긴말 안 하셨다. 그저 날 노려보며 그간 어떤 돈으로 과자를 사먹고 완구를 구매했는지 대란다. 한마디로 이실직고하라고 했다. 난 입 다물고 답을 거부했다. 그러자 어머니는 더 이상 참지 않고, 팔이며 다리며 어깨며 심지어는 머리에도 사정없이 후려쳤다. 그야말로 비 오는 날 먼지 나듯 터졌다. 친어머니가 맞나 싶었다.

속된 말로 뒈지게 맞았다. 상상하기도 싫을 정도다. 팔 다리는 말할 것도 없고 머리가 일부 깨졌는지 피가 줄줄 났다. 그래도 어머니의 폭력(?)은 멈추지 않았다. 나로선 더 이상 버틸 수가 없었다. 그간 돼지 배를 갈라 훔쳐내 쓰다 남은 돈 100원을 집 뒤의 굴뚝 아래에 숨겨두었었는데, 그 돈까지 반납하면서 어머니께 용서를 구했다.

어머니는 예나 지금이나 무지(無知)하다. 분노하면 이성이 작동되지 않는 분이다. 하지만 정직의 잣대는 예나 지금이나 같다. 부정엔 '사정없이 장작개비를 들어 비 오는 날 먼지 나도록 패듯' 사납다. 다행인지 난 그 시절 이후로 정직하게 땀 흘려 벌지 않은 돈은 결코 가까이 하지 않는다. 어머니의 무지막지한 장작개비 폭력 덕분이다.

중학교 문턱에도 못 가본 놈

직업군인이셨던 선친께서는 어떤 이유에서인지는 모르겠으나 빨간 두꺼비[진로]와 매우 친하게 지내셨다. 어머니 말씀에 따르면, 밥보다는 주야장천 두꺼비하고만 친하게 지내셨단다. 어느 날, 빨간 두꺼비가 아버지를 모셔갔다. 집안은 그야말로 풍비박산이 되었다. 어머니는 3남 1녀의 자식들과 어떻게든 살아보겠다고 대바구니에 참기름, 과일 등을 담아 머리에 이고 행상(行商)을 하셨다. 그래도 생계가 해결될 기미가 없자, 개가(改嫁)했다.

계부(繼父)를 만나 상황이 호전되긴 했지만 본질적으론 별로였다. 형님 둘은 국민학교[1] 졸업과 동시에 사회로 나갔고,

---

1) '국민학교' 명칭은 1941부터 1996년까지 사용됐다. 최초의 초등교육기관은 소학교인데, 갑오개혁 이후 근대적 교육제도를 도입하는 과정에서 생겨났다. 1906년 8월 27일에 공포된 보통학교령에 의해 소학교가 보통학교로 바뀌었으나, 일본인 자녀들이 다니는 학교에는 보통학교와 구별하기 위해 소학교라는 명칭이 계속 사용되었다. 교육부는 광복 50주년을 며칠 앞둔 1995년 8월 11일 '일제의 잔재를 깨끗이 청산하고 민족정기를 바로 세우기 위해 국민학교의 명칭을 변경한다'고 발표하고 1995년 12월 29일 교육법을 개정하여 1996년 3월 1일부로 국민학교를 초등학교로 변경했다.

난 졸업 전까지 같이 살았다. 중학교 진학은 없을 거라고 누누이 들어와서 그런지 공부엔 아예 취미가 없었다. 아니 취미라기보다는 관심을 두지 않았다. 공부를 왜 해야 하는지 필요성이나 당위성을 전혀 느끼지 못했다. 가령 교과서가 딱지나 비행기 등 각종 놀이기구를 만드는 재료에 불과했을 정도다. 말해 무엇하랴?

자연 학교생활은 속된 말로 개판이었다. 공부는커녕 친구들과 어울려 다니면서 쌈질하기 바빴다. 담임선생님은 강복남 선생님이었다. 본교도 아닌 분교를 다녀서 그런지 3학년부터 졸업할 때까지 줄곧 같은 선생님이었다. 하라는 공부는 안하고 맨날 말썽만 피워선지 선생님은 종종 나를 교단 한쪽으로 불러내 벌[손들기]을 세우곤 했다. 아이들은 그때마다 재미있다고 깔깔댔다. 자기들처럼 공부하지 않고 까불어 대니 당연한 결과라는 듯이.

나는 교단으로 불려나가 벌을 설 때마다 굉장히 창피했다. 그런 짓을 멈춰야 함에도 역으로 그런 날 보고 깔깔댔던 친구들을 쉬는 시간마다 찾아다니면서 왜 깔깔댔냐고 따지면서 마구 폭력을 행사했다. 지금 생각하면 도저히 이해 못할 일이지만, 그땐 뭔지 모를 불만으로 마냥 거스르기만 했다. 그런 나를 선생님은 바로잡고자 했던 것인지는 딱히 모르겠으나, 나를 지속적으로 벌과 창피를 주었고, 나는 나대로 계속해서 말썽을 피웠다.

가끔이긴 하지만, 선생님은 우리 집에 오셔서 짜장면과 요리를 드셨다. 난 그럴 때마다 학교에서완 다르게 극진(?)히 모셨다. 비록 학교생활은 개판(?)일지언정 선생님이라는 지위에 계신 분에게는 마땅히 그러해야 한다는 당시의 정서를 따랐다. 그러면서 학교생활에서는 비록 부족한 점이 적지 않지만 우리 부모님께 내가 학교생활을 잘 할 수 있도록 관심을 좀 더 가져달라는 부탁의 말씀 정도는 하지 않으시겠나 하는 기대도 없지 않았다.

하지만 선생님은 내 생각과는 전혀 달랐다. 가끔 공짜 음식만 드시고 나가면서 "잘해 인마." 정도가 고작이었다. 나도 사람인데, 공부를 잘해서 칭찬받고 싶은 생각이 왜 없겠나? 하지만 당시 상황에선 그리할 수 없는 것을 잘 아셨을 법한데도 전혀 관심이 없어 보였다. 그럭저럭 세월이 가다 문제의 6학년 2학기 학교 그만두기 얼마 전, 선생님은 6학년 학생 전체를 대상으로 중학교 진학 예정자를 확인한다며 부모님의 도장을 받아오란다.

이미 언급한 대로 부모님은 중학교에 진학하지 않는다는 곳에 확인을 해주었다. 친구들 가운데 유일하게 진학을 하지 못했다. 상처가 컸다. 마음이 많이 상해선지 더 자주 싸움질을 하고 다녔다. 그때마다 선생님의 체벌 강도도 세졌다. 매질을 당하는 것이나 벌[손들기]도 수련(?)이 되었는지 잘도 참고 넘겼는데, 선생님이 가끔 "중학교 안가는 사람 손들어봐."하면, 나는 쥐구멍을 찾아야만 했다. 얼굴이 뜨끈뜨끈해진다. 50년이 넘어가는 지금도.

선생님은 그런 나의 상처에 소금을 자주 뿌렸다. 난 "중학교 안 가는 사람 손들어봐."라는 말을 들을 때마다, 혼자 손을 들어야만 했다. 그럴 때마다 난 온 몸의 경직을 넘어 실신지경이 되었다. 주기적으로 그런 망신(?)을 당하게 되자, 더 이상 친구들과 싸우거나 괴롭히고 싶은 생각이 들지 않았다. 의미가 없음을 안 것이다. 한참이나 지나 이해한 바지만, 아이들이 싸움을 하고 다니는 건 무엇인가 관심을 가져달라는 것임을 알게 되었다.

학교에 더 이상 남아 있을 이유가 없었다. 고개 넘어 동네 철원군 근남면의 짜장면집으로 향했다. 그렇게 시작된 사회생활, 한 해를 넘겨 명절[추석]이 되자 집으로 돌아왔다. 친구들을 만났다. 다들 빡빡 밀은 중학생이 되어 있었다. 어느새 친구들의 대화는 달라져 있었다. 중학교에서 일어나는 이야 기 주로 했다. 난 낄 수 없었다. 공감대 형성할 만한 주제가 아 예 차단돼 있었다. 듣기만 할 수밖에 없었다. 친구들이 멋지고 부럽기만 했다.

위에서도 언급했지만 난 분교출신이다. 1회 졸업생이다. 나 중에 본교가 폐교되고 분교가 본교가 되었지만, 이때만 해도 나보다 1학년 위의 형들은 본교로 다녔다. 때문에 본교 출신 들은 상서중학교라는 곳으로 진학했고, 분교 출신들은 사내 중학교라는 곳으로 진학했다. 본교 출신이든 분교 출신이든 같은 중학교로 진학한 이들 간에는 선·후배라는 위계가 지 켜졌지만 중학교를 진학하지 않은 나에게는 본교 출신 선배 를 예우할 이유가 없었다.

분교 출신 친구들과 한참 어울리다 우연히 본교 출신의 1학 년 위의 조영훈이란 친구가 합석하게 되었다. 내 친구들은 그 녀석이 중학교에서는 1년 선배다 보니 일정한 예우를 했지만, 난 그들처럼 예우를 하지 않고 과거처럼 편히 대했다. 더구나 그 녀석과는 어릴 적부터 바로 옆집의 친구로 지냈던 터라 예 우 같은 건 나에게 있을 수 없는 일이었다. 하지만 그 녀석은 내가 친구들과 같은 입장이라 생각했는지 자기에게 예우하라고 종용했다.

난 중학생이 아니니 그럴 이유도 필요도 없다고 거부했다. 그러자 그 녀석이 다짜고짜 "야! 김해영, 중학교 문턱에도 못 가본 놈이 왜 말 안 들어!" 하는 게 아닌가? 순간 뚜껑이 열렸다.[2] 가뜩이나 중학교를 진학 못해 콤플렉스로 작용하고 있는데다 친구들이 모여 중학교 얘기만 해도 부러워 죽겠는데, 이 시끼가 불을 지피다니 참을 수가 없었다. 자리에서 벌떡 일어나 "그래 나 중학교 문턱도 못 가봤다. 이 개시끼[3] 내 주먹맛 좀 봐라."

순식간에 그 녀석을 넘어뜨려 코를 과녁 삼아 사정없이 스트레이트를 날렸다. 옆에 있던 친구들이 뜯어 말려 일어나 보니, 그 녀석의 얼굴은 말이 아니었다. 코와 입속이 다 터졌는지 피가 줄줄 흘렀다. 난 화가 덜 풀렸는지 "야이! 개시끼야 중학교 문턱도 못 가본 놈이라고 다시 말해봐?"하자, 곧 죽어도

---

2) '뚜껑이 열리다'라는 말은, 기(氣)가 머리 한쪽으로 몰려 기분이 매우 나쁘다는 나만의 속어(俗語).

3) 속된 말로 '개새끼'를 에둘러 표현한 나만의 속어.

"에이 중학교 문턱도 못 가본 놈아!"라고 하는 게 아닌가? "이런 개시끼가 정신을 덜 차렸네." 하면서 얼굴 뿐 아니라 팔이며 다리며 더 팼다.

친구들은 이러다 무슨 사달이 나겠다면서 나를 잡아 끌어 현장을 벗어났다. 영훈 녀석은 그날 이후 나만 보면 피했다. 난 그런 녀석을 볼 때마다 기분이 좋지 않았다. 마음 한 구석에 남아 있는 '중학교 문턱에도 못 가본 놈'이 떠올랐기 때문이다. 강복남 선생님과 조영훈의 그런 아픈 침(針)들이 있었기에 지금도 지랄발광(?) 하는 것이겠지만 당시엔 참으로 아쉬움이 많았다. 강복남 선생님과 영훈 친구, 어떻게 지내고 있는지, 명절 때면 궁금해진다.

쟁반으로 짬뽕 배달하다
엎어진 날

짜장면과 인연을 맺게 된 건 지금으로부터 52년 전으로 올라간다. 어머니가 짜장면집 요리사 출신인 계부(繼父)를 만나면서부터다. 어머니와 계부는 같은 동네에서 과부와 홀아비로 살다 이웃의 중매로 만났다. 우리 어머니 쪽은 자식이 넷, 계부 쪽은 하나. 그래선지 재혼초부터 갈등이 적지 않았다. 여동생과 계부의 자식이 동갑인 이유로 둘만 중학교를 진학할 수 있었고, 우리 3형제는 국민학교를 마치기 무섭게 사회로 진출한 것도 이와 무관치 않다.

여하튼 어머니와 계부가 합치면서 어머니가 지니고 있던 종자돈과 계부의 요리기술이 만나면서 이른바 짜장면집을 차리게 됐다. 같은 동네에서 가게를 한다는 게 창피하셨나? 고개 넘어 이웃 동네로 이사하여 중국음식점을 오픈했다. 어머니 개가 이후 한 3년 정도 지나자, 난 국민학교 6학년이 되었다. 형님 둘은 이미 사회인이 되었고, 나 또한 일찌감치 사회생활을 해야만 했다. 개 눈엔 뭐만 보인다고 또 다른 고개 넘어 동네 짜장면집에 취업했다.

내가 처음으로 사회생활한 곳의 짜장면집은 강원도에서도 오지로 꼽히는 철원군 근남면 면사무소 근처였다. 우리 부모님 또래의 사장님 밑에서 일을 했는데 사장님 자식들도 우리 형제들과 비슷한 또래였다. 하지만 사장님 댁 자녀들은 나름 유복한 상태였고, 난 월급도 없는 그저 '먹고 자는 것'으로 교섭이 완료된 상태로 그야말로 생존을 위해 일해야만 했다. 내 업무분장은 홀에서 서빙하는 것과 주방에서 그릇 닦는 일, 외부로 배달하는 일 등이었다.

생각해보니 그 곳에서 한 겨울을 난 정도이니, 대략 6개월 정도를 일했던 듯하다. 큰 고개 하나 넘으면 우리 집이 있는 동네라 슬플 이유가 전혀 없는 거린데, 너무도 어린 탓인지 왜 그리 집이 그립던지, 왜 그리도 집엘 가고 싶었는지 이유를 모르겠다. 뭐 집에 간다고 반겨줄 사람도 없다는 걸 누구보다 잘 알고 있었음에도 집이 그립고 어머니 손길이 그리웠던 건 지금도 미스터리다. 참고로 어머니와 계부 사이는 악연(惡緣)인지 쉼 없이 다투셨다.

생존을 위해 몸부림치던 어느 날, 면사무소에서 숙직하던 아저씨[공무원]가 짬뽕과 탕수육 등을 시켰다. 조금 늦은 주문이었지만 요리가 포함됐다는 이유로 사장님은 흔쾌히 배달해

주겠노라고 답하고 음식을 만들기 시작했다. 자연스럽게 난 배달 준비를 마치고 음식이 나오는 대로 일본말로 오봉으로 불리는 큰 쟁반에 담았다. 참고로 이른바 '철가방'은 당시 제법 큰 음식점에서만 사용했고, 영세한 음식점에서는 오봉이라는 큰 쟁반으로 배달을 했다.

연배가 좀 있으신 분들은 금방 이해를 하겠지만 오봉[쟁반]이라는 게 철가방과 달리 배달할 때 좀 힘든 게 아니다. 철가방의 경우, 가다가 힘들면 팔을 바꿔가며 배달하지만, 오봉은 두 손으로 가슴 쪽으로 꽉 움켜잡고 균형을 맞춰 가야하기 때문에 힘이 곱절 이상이다. 게다가 그릇도 질그릇이었기 때문에 깨지기도 잘하고, 무게 또한 굉장했다. 때문에 배달 도중 힘들어도 중간에 쉬기도 만만치 않아 가급적 균형을 잡고 달려가는 것이 다반사였다.

짬뽕과 탕수육 등을 오봉[쟁반]에 잔뜩 담아 면사무소 숙직실을 향해 가게 문을 나서기 시작했다. 아마도 초겨울 쯤 된 듯했다. 그곳의 짜장면집과 면사무소 숙직실의 거리가 그리 멀지 않은 곳이었지만, 가로등 하나 없는 캄캄한 거리를 그것도 오봉으로 그 음식들을 면사무소 숙직실까지 가기란 결코 만만한 거리가 아니었다. 평소 나이답지 않게 깡다구가 누구보다 쌔고, 뚝심이 대단하다는 가게 사람들의 말만 믿고 플래시 없이 간 것이 화근이었다. 문제는 면사무소 정문 가까이에 이르러 벌어졌다. 애초에 어두웠을 땐, 멀리서 대략 감으로 천천히 걷다가 면사무소 근처에 다다르자 길이 살짝 보이기 시작하면서 발걸음도 빨라진 것이다. 이제 거의 다왔다는 안도를 하기 무섭게 면사무소 정문 앞에 놓인 중간 돌[섬돌 만한 두 개의 돌]을 보지 못하고 걸려 넘어진 것이다. 순간적으로 "어이쿠 이제 죽었다."는 생각뿐이었다. 음식을 제대로 배달하지 못하면 욕설과 매[구타]를 감수해야 했기 때문이다.

무슨 정신이었을까? 지금도 수수께끼다. 돌에 걸려 넘어지면서도 배는 돌 위에 걸쳐 있었고, 두 팔은 오봉[쟁반]을 오롯이 잡고 있는 게 아닌가! 물론 탕수육은 약간이긴 하지만 그릇 밖으로 쏟아졌고, 짬뽕 국물은 반쯤 쏟아졌다. 그래도 이게 어디냐? 완전히 뒤집어지지 않은 게 얼마나 다행이란 말인가를 중얼거리며 수습했다. 어느 정도 정리해 숙직실로 들어서면서 어떻게 설명해야 하나? 다시 음식을 만들어오라시면 어쩌나? 걱정과 두려움이 앞섰다.

내 모습을 본 숙직실 아저씨는 굳이 설명하지 않아도 금방 알아차렸다. "아이고 꼬마야 오다가 넘어졌구나? 어디 다친 데는 없니?" 밤늦게 배달을 시켜 이렇게 된 거라며 오히려 미안하다는 말로 나를 달래는 게 아닌가. 바짝 긴장했는데, 어떻게 이렇게 나올 수 있지? 속으론 기쁘면서도 '세상에 이런 아저씨가 다 있네.'를 연발하며 도무지 의아한 생각을 떨쳐 버릴 수 없었다. 다리와 팔이 까진 채로 면사무소 숙직실을 나서면서 왠지 뿌듯함을 느꼈다.

세상엔 참으로 '따뜻한 마음씨를 가진 분'이 계시다는 것을 처음 알았다. 그리고 남의 입장을 십분 이해하여 '배려할 줄 아는 분'도 계시다는 것을 알았다. 그날 이후, 난 사람들의 말투와 행동거지를 보기 시작했다. 남을 배려할 줄 아는 사람인지, 자기만 위하는 이기주의자인지를. 그런 영향인가? 음식점에서 일하는 분들이 세상에서 가장 힘겨운 노동자로 보인다. 음식 늦게 나온다고 투정하지 않으며, 서비스 받는 데서도 항상 감사함을 잊지 않는다.

짜장면집에서 공군부대로

처음 사회생활을 했던 짜장면집에서 한 겨울을 보내고 어떤 이유에서인지 집으로 돌아온 난 어머니의 호된 꾸지람을 들어야만 했다. 한번 사회에 나갔으면 죽어도 그곳에서 죽어야지 1년도 버티고 못하고 돌아온 게 말이 되느냐는 것이었다. 그때만 해도 어머니와 계부는 갈등이 많았다. 특별한 원인이 없음에도 늘 다투셨다.

내 존재도 다툼의 원인에서 벗어나지 못했다. 그래선지 어머니는 자식들이 사회에 나가 성공하여 집에 돌아오지 않기를 기대하는 듯한 말씀을 많이 하셨다. 아! 집 나가면 집이 그리운 법인데, 들어오기만 하면 부모님의 다투는 모습에 난 신물이 났다. 그런 영향인가? 부부가 다투지 않고 사는 것만 봐도 그냥 좋게 보인다.

집으로 돌아온 이후부터 풀이 죽어 가던 어느 날, 어머니는 공군부대에서 일해 보는 것이 어떻겠냐는 제안을 해왔다. 집에 계속 있어봐야 개뿔 비전이 없는 만큼, 일찌감치 사회에 다시 나갈 것을 권한 것이다. 난 즉시 수락했다. 눈총 받지 않아서 좋고, 나로 인해 다투는 모습도 더 이상 보지 않을 수 있었기 때문이었다.

과거 미군으로부터 인수한 공군부대는 대성산[4)에 위치해 있다. 가장 최전방에 있는 레이더 기지의 하나로 대한민국 국방에 꼭 필요한 요충지(要衝地)다. 그 당시 부대 병사래야 간부 포함 대략 팔십여 명 남짓 했다. 난 BX[일종의 슈퍼]에서 물건 파는 일과 식당에서 음식 만드는 일, 청소 등 허드렛일 등이 주요 업무였다.

짜장면집에서도 고생을 많이 했지만, 공군부대에서도 마찬가지였다. 병사들의 아침밥을 위해선 새벽 6시부터 움직여야 했다. 그때만 해도 자격 있는 영양사나 조리사가 없었기 때문에 취사병들은 보이는 식재료를 가지고 음식을 만들어 제공했다. 물론 참모들이 이러저러한 음식을 먹고 싶다면 종종 특식을 제공하기도 했다.

---

4) 한겨울만 되면 일기예보의 단골 산으로 이름난 대성산(大成山)은 광주산맥 (廣州山脈)에 속하는 산으로 북쪽의 백암산(白巖山)과 적근산(赤根山), 남쪽의 백운산(白雲山)과 화악산(華岳山), 서남쪽으로 수피령과 복계산 등으로 형성돼 있다. 한국전쟁 때 국군과 중국군 간의 치열한 전투가 있었던 곳으로도 유명하다.

여하튼 시절이 시절인 만큼 나 같은 사람이 식당에서 밥을 해주는 게 다반사였다. 취사병이 몇 있었지만, 모두들 새벽 기상이 싫어 주로 나에게 미뤘다. 취사병들의 말을 고분고분 듣지 않으면 언제든 얻어맞을 수 있기 때문에 그 당시 거부한다는 건 상상을 못했다. 또 거기서 쫓겨날까 싶어 늘 비위를 맞출 수밖에 없었다.

솔직히 지금 그런 일을 하라면 죽어도 못할 것이다. 그럼에도 그때는 새벽마다 척척 일어나 어두운 식당의 전깃불을 켜고, 석유난로에 불을 지피고, 전기밥솥에 쌀을 씻어 안치고 이런저런 음식을 만들었다. 얼마 지나지 않아 이력이 생기자 병사들의 아침식사는 아예 내 몫이 돼버렸다. 힘들었지만, 보람도 없지 않았다.

하지만 맨날 혼자 조식을 준비하다보니 짜증나기 시작했다. 간편하게 대응했다. 김치와 계란 프라이, 마가린, 미역국 등으로 주야장천 배식했다. 한동안 병사들이 "야! 매일 미역국이냐?"를 연발했다. 불만이 터져 나오지 않을 수 없었다. 그럼에도 별 수가 없다고 하면서 오랫동안 미역국을 고수한 것은 훗날 미안하기도 했다.

사람이 살아가면서 항상 고달프기만 한 건 아니었다. 새벽부터 저녁까지 쉴 틈이 별로 없지만, 저녁 식사 마치고 식당 정리하고 나면 나를 위안할 수 있는 시간이 주어졌다. 밤 시간을 활용해 몇몇 병사들로부터 이른바 '국·영·수' 등을 공부했다. 개뿔도 모르고 살다 뭔가 하나씩 알아간다는 맛이 있었다. 재미가 쏠쏠했다.

호사다마(好事多魔)라 했던가? 식당과 BX[일종의 슈퍼] 등에서 하루하루 큰 문제없이 지내던 어느 날, 그곳에서 떠날 수밖에 없는 사건이 벌어졌다. BX에서 뭉칫돈(?)이 사라진 것이다. 얄궂게도 담당 병사가 나를 범인으로 지목했다. 헌병 몇 사람이 돈을 어디에 두었냐고 추궁했다. 나를 도둑으로 몰다니, 억울하기만 했다.

보지도 못한 돈을 어떻게 가져갈 수 있겠느냐고 아무리 항변해도 인정하지 않고 다그치는 헌병들이 야속하기만 했다. 그렇게 시간을 보내던 어느 날, 행정반에서 나를 부르더니 일방적으로 권고사직을 강요했다. 어린 마음에 내준 종이에 이런저런 기록을 하고 곧 보따리를 쌌다. 그리고 1,000미터 고지 대성산에서 하산했다.

사실 보따리를 싸면서 두려웠다. 직장을 잃는다는 사실보다 두려웠던 건 따로 있었다. 짜장면집에서 일을 접고 집으로 돌아가 어머니로부터 엄청난 꾸지람을 들었던 기억 때문이다. 그럼에도 뾰족한 수가 없던 난 집으로 향할 수밖에 없었다. 예상은 빗나가지 않았다. 어머니로부터 중도에 하산했다고 신랄하게 구박 당했다.

　공군부대에서 하산한 이후, 한동안 허송세월했다. 그러던 어느 날, 공군부대에서 벌어졌던 사건의 진범이 잡혔다는 소식이 들려왔다. 그러면서 다시 올라오라는 소식이다. 정나미가 뚝 떨어져 거절했다. 그리곤 시간이 지나 수도 서울 홍익대 앞의 '동원'이라는 짜장면집으로 향했다. 이제 서울에서의 생활이 시작된 것이다.

아! 홍대 앞 짜장면집

공군부대에서의 생활을 그렇게 마치고 빈둥빈둥 시간을 축내던 난 서울 홍익대학교 앞의 '동원'이라는 짜장면집에서 일하기로 하고 서울로 향했다. 비포장 길로 대여섯 시간 달리니 마장동 터미널에 도착했다. 서울에 당도하기 무섭게 난 벌어진 입을 다물 수가 없었다. 무슨 자동차가 그렇게 많고 빌딩은 대체 어떻게 저리도 많단 말인가! 한마디로 아연했다. 그때 충격으로 지금도 빌딩만 보면 몇 층짜리인지를 헤아리는 습관이 있다.

실색한 상태로 한참을 두리번거리다 홍익대학교가 있는 서교동까지는 택시로 이동하기로 하고 잡아탔다. 이게 문화 충격이란 것인가? 텔레비전에서나 보던 택시를 타고 버스 옆을 지나가는데, 버스 타이어 높이 밖에 안 되는 낮은 택시가 어찌나 쌩쌩 잘도 달려 나가는지. 그야말로 서울은 나에게 모든 게 신천지로 보였다. 월급도 없이 팔려가는 주제임에도 슬퍼할 겨를이 없었다. 신기함이 머리를 마구 어지럽혀 가고 있었기 때문이리라.

그렇게 달리기를 40여 분 정도 됐나. 새로운 일터인 '동원'이란 짜장면집에 당도했다. 먼저 사장님 부부에게 인사를 마치기 무섭게 시작된 서울에서의 사회생활은 즐겁기만 했다. 그도 그럴 것이 신천지로 느껴졌던 곳이었으니 얼마나 좋았겠나. 그곳엔 주방에서 일하는 형들이 주방장 포함하여 다섯 명쯤 되었다. 난 홀에서 서빙하는 일과 외부로 배달하는 게 주요 책무였다. 굳이 따지자면 부자동네의 특성상 홀보다는 배달을 주로 했다.

서교동의 지리를 조금이라도 아는 이들은 금방 이해를 하겠지만, 그 지역은 요즘과는 다르게 아파트보다 단독 주택들이 즐비했다. 아파트의 경우 동호수를 확인하기 쉬워 배달하기 어렵지 않지만, 이놈의 단독 주택으로 이뤄진 동네는 번지수를 잘 꿰고 있어야 하는 어려움이 있다. 더구나 번지수도 질서 정연하게 되어 있으면 좋으련만 그 동네는 막다른 골목도 많고, 무질서한 번지수로 인해 배달해먹기 한마디로 지랄 같은 지역이다.

규모가 되는데다가 나름 유명한 짜장면집으로 소문이 나서인지 그 집은 항상 배달이 넘쳐 났다. 배달하는 사람들은 3명의 형들이 있었고, 내가 합류하여 발바닥에 불이 날 정도로 뛰어도 여전히 벅찰 정도였으니 매출이 제법 되는 곳이었다. 배달하면서 이런저런 어려움이야 없을 수 없지만 그나마 위안으로 삼게 한 것은 역시 부자 동네라는 것과 유명인들이 대거 산다는 지역의 짜장면집에서 일한다는 유치하기 짝이 없는 것이었다.

지금은 새로운 건물로 신축을 했지만, 극동방송국을 안방 드나들 듯했고, 수도경비사령관이나 보안사령관 등 힘 좀 쓰는 사람들의 집을 자주 드나들었다. 연예인으로 장미희 씨가 막 뜬 스타로 우리 짜장면집 단골이었고, 요즘은 잘 보이지 않지만 당시 대스타였던 한혜숙 씨도 단골이었다. 그리고 김혜자 씨와 모노 연기로 유명했던 추송웅[아들 하나와 딸 하나를 둠. 그 딸이 지금의 추상미] 씨가 배달 음식을 자주 시켰던 고객들이었다.

하지만 이런 유명인들 집을 빼고는 배달하는 게 만만치 않았다. 그놈의 번지수 때문이다. 번지수를 찾느라 시간이 지체되면 자칫 음식이 불어 터지기 일쑤였다. 지금처럼 랩이 있는 것도 아니고, 게다가 경우에 따라 두세 곳을 동시에 배달해야 했기 때문에 시간이 소요되면서 자연스럽게 음식이 불게 되고 또 뛰어다니다 보면 일부지만 국물도 쏟아짐으로써 더 빨리 부는 원인이 되었다. 가급적 빠르게 배달하는 수밖에 별 도리가 없었다.

맛있게 먹겠다고 잔뜩 기대에 부풀어 있는 고객에게 불어터진 음식을 내 놓는다고 생각해 보라. 생각만 해도 끔찍한 일이다. 당연히 욕설은 기분이고 주먹질도 서슴지 않았다. 그런데 더 섭섭했던 건 사장님의 태도였다. 배달의 정서를 누구보다 잘 알면서 빨리 배달할 것을 강요하는 과정에서 온갖 욕설과 폭력을 자행했다는 사실이다. 특히나 사장님도 내 또래의 아이 둘을 키우면서, 어떻게 나에겐 그토록 매섭게 대했는지 아이러니했다.

지금이야 상상이 안 가지만 그때는 나처럼 짜장면 배달하는 이들은 사람 취급을 제대로 받지 못했다. "야~!!"는 기본이고 "야이, 새끼야~!!"를 듣지 않으면 운수대통한 날이다. 물론 가끔 따뜻하게 대해주는 고객도 없지 않았으나 드물었다. 사장님과 고객들로부터 구박당하면서도 가끔 학교 다니는 아이들을 보면 부러워 죽었다. 저 애들은 책가방 들고 다니는데 난 왜 철가방만 들고 다녀야 하는 걸까? 구석진 곳에 가서 많이도 울었다.

헤겔의 주장처럼 어느 순간 인정5)받고 싶어졌다. 궁하면 변화를 꾀하라6) 했던가? 틈나는 대로 복덕방을 찾았다. 약도가 있었기 때문이다. 주요 지점과 번지수가 어떻게 전개되는 지를 숙지했다. 얼마 지나지 않아 서교동은 물론 동교동, 상수동, 하수동, 당인리까지 꿰뚫게 되었다. 누구말대로 어느 날 아침, 이른바 배달의 달인이 됐다. 깡다구 하나 믿고 뛰던 때완 달리 아주 합리적으로 짧은 시간 내에 배달하는 방법을 터득한 것이다.

배달의 달인이 되자, 예우가 달라졌다. 욕도 구타도 사라짐은 물론 사장님으로부터 월급이라는 것을 타기 시작했다. 5천 원이란 비교적 적은 액수였지만, 나에겐 충격 그 자체였다. 게다가 허접했지만 옷도 사주셨다. 이때 작은 깨달음을 얻었다. 더 이상 떨어질 곳이 없는, 이른바 바닥을 쳤다는 인식을 한

---

5) 헤겔(F. Hegel : 1770~1831)은 '주인과 노예의 관계'를 통해 노동의 중요성을 강조했다. 그에 따르면, 인간이 자의식을 갖고 있는 것은 '욕망' 때문이다. 이 욕망은 다른 사람으로부터 이른바 '인정받고 싶은 욕망'이다. 가령 우리가 명예를 얻고 싶고 돈을 많이 벌고 싶고 권력을 갖고 싶은 것도 언뜻 자기 스스로 만족을 얻고 싶은 것처럼 보이지만, 이면을 자세히 들여다보면 다른 사람들로부터 인정을 받고 싶은 것이다.

6) 『주역(周易)』에 "궁하면 변화를 도모하고 변하면 통하며 통하면 오래간다."(窮則變, 變則通, 通則久.)는 말이 있다.

것이다. 얼마 전까지 허름한 옷가지 몇 개가 전 재산이었는데, 매월 5천 원에 옷까지 생기다니 올라갈 것만 남았음을 깨우친 것이다.

지금도 물질적으론 지질이 삶을 벗어나지 못하지만, 그래도 주눅 들지 않고 잘 사는 것은 어렵게 살던 시절 덕분이다. 아무 것도 없던 시절에도 생존했는데, 지금처럼 많은(?) 것을 지니고도 만족하지 못한다면, 이것이야말로 큰 병으로 인식하기 때문이다. 여하튼 세상 사람들로부터 조금씩 인정을 받으며 살아가던 어느 날부터 마음 한구석엔 그곳에서 벗어나고 싶은 욕구가 강하게 일기 시작했다. "야~ 짱깨"라는 호칭 때문이었으리라.

어느 날, 그곳에서 벗어나기로 마음을 먹고 사장님께 정식으로 그만두겠다고 전했다. 사장님은 한참이나 응시하다 방으로 나를 데려가더니 잠시 있으란다. 패기 좋은 몽둥이 하나를 가져왔다. 팔 다리 머리 가리지 않고 몽둥이세례를 당했다. 사장님은 구타 도중 간간이 "어떻게 해서 배달의 달인이 됐는데, 그만두겠다고." 하면서 구타를 자행했다. 이러다 정말 맞아 죽겠다는 생각이 들어 빌기 시작했다. 열심히 일하겠다고 싹싹 빌었다.

그만두겠다고 얘기했다가 속된 말로 뒤지게 터진 이후로 그만두겠다는 생각은 싹~ 사라졌다. 이전처럼 열심히 배달에 전념했다. 그렇게 평온한 시절을 보내던 어느 날, 갑자기 기술을 배워야겠다는 생각이 들었다. 물론 사장님은 배달이 싫으면 주방에 들어가 요리기술 배우기를 권했지만, 과거 공군부대에서 경험했던 일이 생각나 그냥 배달만 열심히 하겠다고 거부했다. 그런데 갑자기 새로운 기술(?)을 배우고픈 생각에 다시 파도가 쳤다.

본래 변덕이 죽 끓듯 하는 성품으로 타고나선지, 갑자기 짜장면집이 무지하게 싫어지기 시작했다. 후다닥 벗어나고 싶었다. 하지만 이전처럼 계획 없이 그만두겠다고 하면 다시 몽둥이세례를 받을까 싶어 이번엔 도망치기로 마음먹었다. 사장님의 마음을 안심시키기 위해 평소보다 더 열심히 배달했다. 그러면서 틈날 때마다 조금씩 짐을 싸기 시작했다. 디데이가 되었다. 모두가 새벽잠에 곯아 떨어진 틈을 타 그곳을 탈출하는 데 성공했다.

짜장면집을 나오는데 성공한 난 지체 없이 터미널이 있는 마장동으로 향했다. 탈출했다는 행복감도 잠시, 시골에 가서 어머니께 뭐라고 이 상황을 설명해야 할지 또 고민하기 시작했다. 고민을 거듭해도 묘수가 떠오르지 않았다. 될 대로 되라. 자포자기 상태로 강원도 산골행 버스에 몸을 실었다. 구리를 거쳐 일동과 이동, 사창리를 거쳐야 마침내 나타나는 우리 동네. 비포장 길을 대여섯 시간 달리다 보면 소화는 더럽게 잘 된다. 배고팠다.

　역시 우리 어머니는 지조가 있는 분이다. 이번에도 서울서 그냥 살지 왜 돌아왔느냐고 난리를 치셨다. 한바탕 홍역을 치르고 나서 어떤 기술을 배워야 하나 고민하던 차에 이웃 아주머니가 전기기술을 배워볼 생각이 없느냐고 물어오셨다. 여전히 어머니와 계부의 다툼 속에서 갈등하던 난 조건이고 뭐고 따질 처지가 아니었다. 무조건 가겠다고 승낙하고 조그만 보따리 하나를 꾸렸다. 새로운 세상에서 펼칠 청운의 꿈이 생긴 것이다. 수원이다.

아! 나의 이 팔랑귀

배달의 달인이 되어도 배달량은 달라지지 않았다. 아니 오히려 양은 더 늘어만 갔다. 예나 지금이나 일 잘하면 일이 배가되는 것을 보면 웃기는 일이다. 짜장면집이나 공직도 예외가 아니다. 여하튼 짜장면집 생활 가운데 유쾌했던 날은 별로 없다. 하지만 설날과 추석이 다가오면 좀 달랐다. 시골엔 어머니가 계셨고, 어릴 적 친구들이 있었기 때문이다.

국민학교 소풍이나 운동회가 다가오면 잠이 잘 오지 않던 것처럼, 명절이 다가오면 그런 현상이 나타나곤 했다. 1976년 추석 때인가? 짜장면집 문을 닫고 모두들 시골로 향했다. 나도 깨끗한 옷으로 갈아입고, 시골에 가져갈 선물 이것저것을 사서 마장동 터미널로 향했다. 늘 그렇듯 그날의 마장동 명절 풍경 또한 크게 다르지 않았다. 사람들로 북적였다.

지금이야 인터넷으로 예약하거나 현장에서 바로 표를 구매할 수 있지만, 그때만 해도 누구나 터미널에서 승차권을 구매해야 했다. 줄을 서야 하는 건 당연했다. 지금 생각해 보니 터미널에서 만큼은 질서의식이 높았다. 승차권을 파는 창구를 기준으로 장사진을 이루는 게 보편적이었다. 보통 두세 시간 줄서 기다려야 겨우 차표를 손에 쥘 수 있었다.

그날도 어김없이 터미널에 도착하기 무섭게 대열에 합류했다. 얼마나 지났을까? 아저씨 두 사람이 나에게 와서 말을 걸었다. "꼬마야. 혹시 다목리 쪽으로 가지 않니?" 나를 아는 사람인가? 순간적으로 "예, 다목리 갑니다."라고 답하자, 아저씨들은 반색을 하며 자신들도 다목리 쪽으로 가는데 미니버스를 타고 갈 예정이라며 같이 가자는 제안이었다.

땡을 잡았다고 속으로 생각하고 어떻게 하면 되느냐고 물었다. 아저씨들은 12명 정도가 부족한데 좀 더 사람들을 모아서 가야 한다고 했다. 이런저런 귀성객들에게 말을 걸어 같은 방향인지를 확인하는 작업에 들어갔다. 그렇게 어느새 한 팀이 되어 움직이다가 한 아저씨가 나를 터미널 밖으로 불러냈다. 아무 생각 없이 아저씨가 시키는 대로 움직였다.

아저씨는 제기동 쪽으로 2백여 미터 쯤 보이는 '미원'이라는 대형 간판을 가리키며 그 아래에 우리가 타고 갈 버스가 대기하고 있으니 먼저 가 타고 있으라고 했다. 알았다고 출발하려는 순간, 아저씨는 가지고 있는 돈을 다 달라고 했다. 물건을 사가야 하는데 실수로 돈을 버스에다 두고 왔다는 것이었다. 물론 버스에 가서 돈을 돌려주겠노라고 했다.

난 아무 생각 없이 지니고 있던 현금을 모두 꺼내 아저씨에게 전해주고는 버스가 있다는 곳으로 향했다. 아저씨가 일러준 곳에 이르고서야 문제가 생겼음을 인지했다. 대기하고 있다는 버스는 없었다. 아무리 주변을 샅샅이 살펴봐도 버스는 물론 비스무리한 것도 보이질 않았다. 갑자기 하늘이 노래졌다가 캄캄해지기를 반복했다. 도대체 어찌된 일인가?

다시 마장동 터미널로 돌아가 아저씨들을 찾았으나 코빼기도 보이지 않았다. 눈물 질질 짜면서 터미널 이곳저곳을 배회했다. 승차권을 구매해 버스를 타고 갈 걸 괜히 편히 가겠다는 요량에 사기 당했다고 자책했지만 지나간 버스였다. 어머니가 서울에는 눈 뜨고도 코를 베어가 곳이니 항상 조심해야 한다고 했는데, 그때서야 무슨 말인지 이해가 갔다.

시간이 무던히도 흘러가면서 걱정과 초조함이 더해갔다. 이러다 시골도 못가보고 다시 짜장면집으로 돌아가야 한단 말인가? 극단적인 생각도 일면서 슬픔은 더해 갔다. 그러면서 귀성객 가운데 일면식이라도 있는 사람을 만나게 되길 기대하며 이리저리 둘러 봐도 단 한사람도 만나질 못했다. 개똥도 약에 쓰려면 보이지 않는다더니, 그 말이 딱 맞았다.

고민을 거듭하다 특유의 깡다구 전략으로 돌파하기로 했다. 당시엔 승차권이 없으면 승강장으로 들어갈 수 없었기 때문에 버스를 탈 수 있는 방법을 달리 강구해야 했다. 터미널에서 나오는 버스를 막아 세우기로 했다. 다목리 가는 막차 버스가 막 터미널에서 나오는 것을 보자, 잽싸게 뛰어 버스를 가로막았다. 버스기사 아저씨는 빵빵대며 화를 냈다.

잠시 후, 버스문이 열렸다. 안내양 누나가 놀란 눈으로 문 밖으로 나왔다. 왜 그러냐며 비켜달라고 했다. 난 시골을 가야 하는데 어떤 아저씨들한테 사기를 당해 승차권을 구매하지 못했다고 설명하면서 시골에 가서 버스비를 드릴 테니 태워줄 것을 호소했다. 사정이 딱했다고 생각이 들었는지 태워주었다. 곡절 끝에 버스에 타고 나서야 마음이 놓였다.

그렇게 털털대며 달리기를 대여섯 시간, 얼추 집 근처에 다다랐다. 버스를 한 번 더 세워 놓고는 집으로 전속력으로 달려가 어머니께 다짜고짜 버스비 640원을 내주실 것을 청했다. 어머니는 '자다가 무슨 봉창을 두드리냐?'는 반응이었다. 난 버스를 가리키며 먼저 버스비를 내주실 것을 청하자, 그때서야 상황을 파악한 어머니는 버스비를 내주셨다.

그렇게 버스비를 치르고 나서 어머니께 자세하게 상황을 설명하자, 역시나 어머니는 나의 어리석음을 한참 동안이나 질타하셨다. 단단히 혼났음에도 아직도 경각(警覺)이 부족한 탓인지 요즘도 종종 문제를 야기하며 산다. 수년 전, 겨우 아파트를 한 채 장만한 것도 아내가 엄청난 부채를 통해 결단한 덕분이다. 아. 언제쯤이나 팔랑귀가 정상화될까?

수원에서의 노가다

우여곡절 끝에 짜장면집에서 탈출한 후, 한동안 빈둥대다 드디어 기술을 배우기로 작정하고 찾은 수원. 지금은 인구 123만 명이 사는 거대 도시로 성장했지만, 1977년 당시엔 크지도 작지도 않은 인구 25만(?) 정도의 아담한 도시였다. 난 수원에 도착하기 전, 사전 교섭으로 '먹여주고 재워주는 것'과는 별도로 '월급을 8천 원'씩 받기로 했다. 기술을 배우면서도 일정한 대우를 받을 수 있었다는 것을 감안하면 괜찮은 조건이었다.

청운의 꿈을 꾸면서 도착한 곳은 남수동의 '원흥전업사'라는 전기공사 전문 업체였다. 부모님 연배의 사장님 부부와 3남매로 이루어진 나름 행복한 비둘기집으로 불린 집에서 나는 동거(?)에 들어갔다. 눈만 떴다하면 다투던 우리 집과는 가풍이 사뭇 달랐다. 작고한 선친처럼 이 댁 사장님도 빨간 두꺼비[진로]와 무척 친하셔서 가끔 사모님과 야간에 무력시위(?)을 좀 하시기는 했으나, 우리 집과 비교하면 너무도 단란한 가정이었다.

여하튼 청운의 꿈을 지니고 시작된 전업사에서의 생활은 내가 생각한 것과는 완전 딴판이었다. 전기기술을 배우는 게 아니라 속칭 노가다의 연속이었다. 기술자 아저씨들 아바타 일 뿐이었다. 그들의 지시는 절대적이다. 지시를 어기거나 게을리 하면 뻰찌[펜치]나 드라이버, 스패너 등이 날아 다녔다. 어찌된 일인지 짜장면집과 공군부대, 전기공사 현장에 폭력이 난무했다. 얼마나 덜 얻어맞느냐에 따라 능력의 유무를 잴 정도였다.

인권이라곤 개뿔도 없었다. 좌우간 전기기술을 배우는 과정에서 가장 힘들었던 건 배관[일종의 파이프를 콘크리트나 벽돌 속에 매입하는 일]을 위해 망치와 정을 들고 콘크리트 바닥이나 벽을 까는[파는] 일이었다. 근 1년은 아저씨들이 지시하는 대로 벽만 깠다. 가끔 망치로 정이 아닌 팔등이나 손가락을 내리치면 아파죽는다고 펄펄 뛰었다. 고통스러워도 별 수 없었다. 기분 더러워도 참아야 했다. 자백(?)했으니 누구를 원망하랴!!

사실 망치로 얻어맞는 것보다 더 고통스러운 건 따로 있었다. 좁은 공간에서 벽을 까면서 생기는 콘크리트 먼지가 그것이다. 때문에 벽을 깔 때는 주로 숨을 멈춘 상태에서 까다가 잠시 밖으로 피신했다가 다시 들어와 까다가 또 밖으로 나가는 것을 반복하게 되는 데 이게 여간 고역이 아니었다. 물론 그로부터 10여 년, 쾅쾅쾅 하는 고성과 함께 벽을 빠른 속도로 까내는 기계가 출현했지만, 먼지를 근본적으로 제거하지는 못했다.

요즘은 기능이 좋은 마스크들이 많다. 숨쉬기 힘들다고 벗어 대서 그렇지, 착용만 잘 하면 문제가 없다. 하지만 먼지라는 놈을 완벽히 제거하지 못한다는 점에서 고통이 완전히 사라진 건 아니다. 하여간 경력이 붙자 벽 까는 속도와 자뻑(?)하는 횟수도 줄었다. 그러면서 눈을 뜬 것이 기술자들의 행태였다. 힘든 일은 나 같은 사람들 몫이고, 편한 일은 그들이 담당했다. 게다가 가장 힘들다는 벽 까는 일은 지시만 하면 땡이었다.

기술을 빨리 배워야 했다. 그래야 벽 까는 일에서 벗어날 수 있다고 믿었다. 하루가 다르게 욕구가 강해지면서 아저씨들에게 잘 보여서 인정을 받아야겠다는 생각이 들었다. 틈날 때마다 콘크리트와 땀으로 범벅된 얼굴로 "아저씨 기술 좀 가르쳐 주세요?"했다. 이럴 때 "그래. 꼬마야 이건 이렇고, 저건 저렇게 하면 된단다."라고 하면 얼마나 좋았을까? 고작 한다는 소리들이 "야! 이게 어떤 기술인데 맨입으로 되냐?"를 반복했다.

기술자 아저씨들을 설득해야 했다. 이를 위해선 기술자 아저씨들에게 최대한 호의적으로 접근해야 했다. 묘책(?)이 필요했다. 물질(?)공세를 펴기로 했다. 월급을 받을 때마다 적금을 부었던 것을 깼다. 아저씨들한테 빵과 콜라 등으로 접근했다. 간식 때마다 사다 드렸다. 아저씨들은 드시면서 "야! 이 정도 가지고 기술 배울 생각하지 마라!"가 단골 멘트였다. 굴하지 않고 아저씨들의 마음이 동할 거라 믿고 주야장천 사다 바쳤다.

아저씨들의 심보는 대단했다. 날이 가고 달이 가도 기술을 가르쳐 주기는커녕 점점 더 맛있고, 비싼 걸 요구했다. 그래도 난 월급이 완전 동날 때까지 공을 들였다. 지성이면 감천(感天)이라 했는데, 한참 지나 알았지만 그들은 사람들이 아니었다. 욕심이 가득한 '시름들'[7]이었다. 끝내 그들로부터 전기기술을 전수받지 못했다. 기필코 그들로부터 전기기술을 배우

---

7) '시름들'은 속칭 '개새끼들'을 에둘러 표현한 말이다.

고 말겠다는 일념으로 시키는 대로 잘도 따랐건만 모두가 허사였다.

풀이 많이 죽어지냈다. 그러던 어느 날, 남문이라는 곳의 '서점'이란 곳을 우연히 찾게 됐다. 머리털 나고 서점엔 처음이었다. 지금 미루어 보면 별 것도 아닌데, 어린 눈으로 봐서 그런지 눈부실 만큼 책이 많았다. 이 코너 저 코너를 둘러보는데 얼핏 『도해 전기공사』라는 책의 제목이 눈에 확 들어왔다. 주로 사진을 찍어서 보여주고 그 밑에 조금씩 설명을 덧붙이는 방식의 책이었는데, 난 순간 충격을 받아 숨이 멎는 줄 알았다.

그간 전기란 녀석이 어떻게 만들어져 가정까지 들어오게 되는 것인지, 그리고 어떻게 배선을 해서 불이 들어오게 되는 것인지 궁금한 게 참으로 많았는데, 일부이긴 하지만 그 책에 해답이 담겨 있었다. 광활한 사막에서 오아시스(Oasis)를 만난 기분이었다. 웃음이 절로 나왔다. 그 개나리들[8]한테 별 것도 아닌 것을 가지고 그토록 투자(?)했던 기억에 기가 찼다. 책을

---

8) '개나리들'은 속칭 '개새끼들'을 은유적으로 표현한 말이다.

구매하여 집으로 내달렸다. 특유의 깡다구로 밤새 읽어 버렸다.

다음날부터 아저씨들한테 묻지 않았다. 알아서 일을 처리했다. 그렇게 즐겁게 일해본 적이 없다. 모르는 상태에서 지시만 따를 때는 항상 일이 버거웠는데, 알아서 자발적으로 움직이니 일이 힘들지 않을 뿐 아니라 오히려 즐거웠다. 그렇게 시간이 얼마 지나지 않아 기술자로 불렸던 아저씨들로부터 인정을 받고, 시간이 좀 더 지나자 드디어 사장님으로부터도 인정받았다. 아주 짧은 시간 내에 그들이 말하는 기술자가 된 것이다.

지금으로 치면 고등학교 2학년 정도(?)의 나이였다. 이제 일하는 사람들을 대동하고 다니면서 지시하는 입장이 되었다. 어느 순간 벽 까는 일은 나이 많은 아저씨들 몫이 되었다. 책 덕분이었다. 모든 게 책에 들어 있었다. 그리고 새로운 기술을 더 많이 익히기 위해 틈만 나면 서점을 찾았다. 실력이 날로 향상되었음은 말할 것도 없다. 그러던 어느 날, 기술자로서 한계가 있음을 절감했다. 어느새 자격증을 요하는 시대가 된 것이다. 새로운 돌파구가 필요했다. 하지만 정규교육을 받지 못한 난 이 난관을 어떻게 극복해야 할지 난감했다. 먹고사는 문제와 공부를 양립한다는 건 예나 지금이나 쉬운 일이 아니다. 그럴 듯한 모양새를 갖추고 적지 않은 사람들을 대동하고 다니면서 기술자 노릇을 해도 인정받지 못하는 이른바 돌팔이[9]로 살아갈 것인지? 아니면 '인정받는 기술자'로 살아갈 것인지? 그것이 문제였다. 부처님의 일체개고(一切皆苦)[10]라는 말이 떠올랐다.

---

9) 제대로 된 자격 없이 전문적인 일을 하는 사람을 속되게 이르는 말이다.

10) 인간이 무상(無常), 무아(無我)를 깨닫지 못하고 영생(永生)에 집착하여 온갖 고통에 빠져 있음을 뜻한다.

도로 강원도

명색이 전기 기술자로 생활하면서 이른바 돌팔이 소리를 들으면서 살아야 할지? 인정받는 기술자로 살아갈지? 갈림길에 섰다. 새로운 돌파구가 필요했다. 하지만 예나 지금이나 먹고사는 문제와 공부를 겸한다는 건 말처럼 쉽지 않다. 결단해야 했다. 일만 할 것인가? 공부만 할 것인가? 공부를 하고 싶은 마음이야 꿀떡 같았지만, 결정적으로 그놈의 돈이 없었다.

뾰족한 수가 없는 만큼, 돈을 벌어 공부하기로 했다. 일정한 곡절 끝에 수원의 전업사 생활을 청산하고, 강원도 철원군 동송읍에 위치한 '남북전업사'란 곳으로 가기로 했다. 수원의 '원흥전업사'에서 받는 월급의 3배를 주겠다는 말에 혹해 나름 행복했던 '원흥전업사' 사장님 댁에서의 동거(?)가 깨진 것이다. 훗날 부모님 같은 사장님과 사모님께 많이 미안했다.

그렇게 수원에서의 전업사 생활을 종료하고, 강원도 철원에서의 전기기술자 생활이 시작되었다. 그곳에선 전기 기술자들을 통할하는 이른바 전공장으로 일했다. 10여 명에서 많게는 20여 명의 일꾼들을 대동하고 다녔는데, 작업반경이 넓어 이동하면서 겪는 고통이 대단했다. 남으로는 지금의 의정부시, 북으로는 김화읍 와수리까지 그 범위가 실로 엄청났다.

게다가 수원에서완 다르게 외부 전기공사, 즉 전봇대[전주]를 세우고 고압 전선 가설, 변압기 등을 설치하는 등 건축물의 내부 전기공사 때와는 환경이 판이했다. 더구나 특별고압[22,900볼트]의 전기설비를 주로 다루다 보니 내부 전기[220볼트] 설비를 다루는 것보다 위험도가 훨씬 컸다. 실제로 감전사고로 장애인이 되거나 숨지는 사람들이 끊이지 않았다.

한순간도 긴장을 풀 수 없는 현장이 바로 외부 전기공사 현장이다. 긴장하지 않으면 바로 사고로 이어져 장애인이 되거나 죽어 나갔다. 속된말로 극한의 노동환경을 가진 곳이었다. 첨단 안전장비를 갖추고 작업에 임하는 요즘도 안전사고가 끊이지 않고 있는데, 더 말해 무엇 하랴. 그럼에도 초심(初心)을 중도에 바꿀 수는 없었다. 죽기 살기로 일할 수밖에.

눈만 뜨면 사람들을 대동하고 작은 건 보통 10미터, 긴 건 16미터짜리 전봇대를 당시 2.5톤 타이탄 트럭에 잔뜩 싣고 다니면서 일정한 간격[50미터]으로 구덩이를 파가면서 전봇대를 세웠다. 하루에 일정량이 정해져 있어 말 못할 어려움이 참 많았다. 비가 오거나 눈이 와도 어지간하면 강행이다. 땅이 얼어 있으면, 불을 놓아 녹여서 전봇대를 세워야 했다.

전봇대 무게도 더럽게 무거워 힘들었다. 요즘이야 크레인이 장착된 자동차[천공기?]를 이용해 구덩이를 푹푹 파서 바로 세우지만, 그때만 해도 가지고 있는 건 힘밖에 없다 보니 오로지 삽과 곡괭이로 구덩이를 판 다음 떼거리(?)의 힘으로 세웠다. 아주 가끔이긴 하지만, 토질의 영향이나 잔머리를 굴리다 전봇대가 쓰러지기라도 하면 기운이 쭉 빠지곤 했다.

사실 일을 하다보면 난관은 불가피하다. 하지만 머리를 맞대면 대체로 풀린다. 문제는 구성원 간 불통이다. 노가다 판(?)이 다들 그렇지만 당시 전봇대를 세우고 설비를 직접 시공하는 기술자들과 일용으로 날품을 파는 사람들의 말투와 행태는 대단했다. 욕 베틀에 나가도 전혀 손색이 없을 만큼 심각한 사람들이 많았다. 이들과의 의견 충돌이 잦아 피곤했다.

특단의 조치가 필요했다. 그 억센 사람들을 제대로 부리기 위해선 버금가는 이빨이 있음을 보여줘야 했다. 사실 난 강원도의 전업사로 옮기기 전, 이미 '살아있는 욕의 화신'으로 불렸다. 욕의 수준도 수준이지만, 몸집에 비해 깡다구가 워낙 센

덕분에 사람들은 나를 깔보지 못했다. 이런 나의 무식함(?)을 잠시 활용했다. 얼마 지나지 않아 완전 평정했다.

호언할 순 없지만 순탄했다. 성과를 많이 냈다. 회사의 외형이 크게 신장됐다. 호사다마(好事多魔)라고 했던가? 회사의 외형이 커지자, 사장님은 딴 짓을 하기 시작했다. 전기와 전혀 다른 사업체를 사들여 운영하는가 하면, 여자문제까지 생기면서 회사의 사정은 급속히 나빠졌다. 임금이 체불되기 시작했다. 한달 두달 세달, 직원들이 하나 둘 떠나갔다.

난 그 놈의 공부 때문에 참았다. 그런데 회사는 점점 수렁으로 빠져들었다. 더 이상 버틸 수가 없었다. 정리하기로 했다. 그간 저축해 두었던 돈으로 공부하기로 했다. 짐을 싸 상경했다. 청계천의 명문 '서울공과학원'에 등록했다. 다소 월세가 싼 강서구 화곡동의 하이웨이 주유소 근처로 이사도 했다. 서울 생활이 다시 시작된 것이다. 서울! 아!! 서울~

오로지 공부만 하던 때도

　많지는 않지만, 그간 저축해둔 돈으로 오로지 공부만 하기로 했다. 강원도 철원에서 보따리를 싸 서울로 올라온 난 당시 전기학원으로는 가장 유명했던 청계천에 위치한 '서울공과학원'에 등록했다. 먹고 잘 곳을 찾다가 월세가 비교적 저렴했던 강서구 화곡동의 그 유명한 하이웨이 주유소 근처인 등촌동 '제일아파트'[재개발로 현재는 존재하지 않음] 나동 107호에 둥지를 틀었다. 기분 좋았다.

　1년 정도 계획하고 시작한 공부는 초기 고전을 면치 못했다. 그도 그럴 것이 국민학교 6학년 2학기 때 학업을 그만둔 이후, 제대로 된 공부라곤 해본 적이 없는 나로선 당연했다. 무슨 놈의 물리 공식이 그리도 복잡한지 당황했다. 선생님들의 강의[전체 일곱 과목] 또한 알아듣질 못했다. 분명 한국 사람이 한국말로 하는 데, 뭔 말인지를 이해할 수 없다니, 한마디로 미치고 팔짝 뛸 일이었다.

　며칠 지나지 않아 무식의 극치가 어디까지 도래할지 가늠이 됐다. 돌파구를 찾아야만 했다. 먼저 공부한 친구들의 도움을 받기로 했다. 오래전 기술자 아저씨들에게 빵과 콜라를 사다 드리며 접근했던 방식을 취했다. 홀아비 사정은 과부가 알아준다고 했나? 처지가 녹록치 않은 또래의 친구들은 과거 아저씨들이 기술을 가르쳐주지도 않고 요구만 했던 그런 '시름들'과는 차원이 달랐다.

그들은 내 사정을 잘 이해하여 무척이나 친절하게 일러주었다. 천군만마를 얻은 기분이었다. 하늘이 무너져도 솟아날 구멍이 있다는 말은 바로 이런 경우가 아닐까 생각했다. 그들이 나에겐 신(神)으로 느껴졌다. 어떻게 그렇게 어려운 물리 공식들을 척척 이해하고 가르쳐줄 수 있단 말인가? 그들로부터 고개를 끄덕이며 배우는 나도 신기했지만 그들은 그냥 사람들이 아니었다. 신이었다.

어떤 지식을 습득한다는 건 형언할 수 없을 만큼 좋다. 예나 지금이나 같다. 아무튼 학원 선생님들이 강의하는 내용은 알아듣기 어려웠지만, 이 친구들은 나의 눈높이에 맞춰 얘기를 해주니 귀에 쏙쏙 들어왔다. 난 그들에게 깍듯이 예우했다. 이름은 다 잊어버렸지만 그때 그 친구들을 만나지 못했더라면 지금의 나도 없었을 것이란 생각이다. 그들로 인해 지적 호기심이 더 발동했으니.

좌우간 난 배움이 날로 커지면서 그들을 더 극진(?)하게 예우했다. 무엇에 한번 꽂히면 미치는 성품 탓에 속된 말로 학원 선생님들의 강의보다는 그들에게 올인 하다시피 했다. 그들 또한 성심을 다해 나를 도와줬다. 그야말로 나에겐 일신우일신[11] 하는 시기였다. 그런데 이게 웬 날벼락이란 말인가? 1년 계획 하고 시작한 공부가 4개월을 지나면서 학비와 생활비가 소진되어 가고 있었다.

계획대로 되지 않는 게 사람 삶이란 건 오래전 터득했지만, 다시 시련의 그림자가 아른 거렸다. 일가친척 하나 없는 서울에서 마땅히 도움을 받을 만한 처지도 아닌 상황이라 가능한 밥 사는 걸 줄이고 아침과 저녁만으로 끼니를 때웠다. 설상가상? 얼마 되지도 않는 돈인데 밤손님이 가져가셨다. 1층 아파트에 살면서 문 열고 잔 게 화근이었다. '쿼바디스 도미네(Quo Vadis Domine)?'[12]였다.

---

11) 탕왕의 반명(盤銘)에 이르기를, "진실로 날로 새롭거든, 나날이 새롭게 하고, 또 나날이 새롭게 하라"(『대학(大學)』 전이장(傳二章) : 湯之盤銘日, 苟日新, 日日新, 又日新.)하였다.

12) "주여, 어디로 가시나이까?"라는 뜻으로, 이 말은 성경에 나오는 베드로의 말보다도 오히려 '쿼바디스'라는 영화나 소설로 더 유명해진 말이기도 하다. 베드로가 현실을 도피하기 위해 로마를 떠나갈 때 피하는 것이 아니라 현실로

얄궂게도 당시는 전기기술자 자격증 시험을 아무나 볼 수 없었다. 일정한 제한이 있었다. 가령 고등학교를 졸업해야 기능사 시험을 볼 수 있는 자격이 주어졌고, 나처럼 사실상 무학력자는 1,800시간을 학원에서 이수해야 기능사 자격시험을 볼 수 있었다. 때문에 6개월은 학원에서 버텨야만 했다. 하지만 하늘은 무심하기만 했다. 몸과 마음, 뜻을 고되게만 하고[13] 눈앞에서 사라진 것이다.

하늘은 내게 더 시련이 필요하다고 느꼈던 모양이다. 공부를 더 이상 못하게 했다. 점심도 굶어가며 버텼는데 시험 볼 자격도 못 받고 서울을 떠나야 한다고 생각하니 눈물이 앞을 가렸다. 돈이란 게 대체 뭔지를 많이도 생각했다. 그럼 뭐하나? 예나 지금이나 돈 없어 하고 싶은 거 못하고 사는 건 똑같다.

들어가라는 '계시'에 되돌아 와 죽음을 맞이하는 역사적 사실을 영화화했다. 영화의 원작인 소설 쿼바디스는 1896년 폴란드의 작가 헨리크 시엔키에비치(Henryk Sienkiewicz)에 의해 쓰여졌다. 노벨문학상 수상작이다.

13) 하늘이 장차 큰 임무를 사람에게 내리려 할 때는, 반드시 먼저 그 마음과 뜻을 고통스럽게 하고 그 힘줄과 뼈를 수고롭게 하며 그 몸과 살을 주리게 하며 그 몸을 비게 하고 모자라게 하여, 행함에 그 하는 바를 어그러지고 어지럽게 하니, 이것은 마음을 분발시키고 성질을 참게 하여 그 능하지 못한 바를 보충해 주고자 하는 것이다.(『맹자(孟子)』「고자하(告子下)」: 天將降大任於是人也, 必先苦其心志, 勞其筋骨, 餓其體膚, 空乏其身, 行拂亂其所爲, 所以動心忍性, 曾益其所不能.)

아마도 한울님[14]께서 날 설계할 때 까불지 말라고 재물을 멀리하게 한 모양이다. 아무튼 지금과는 다르게 어려선 참 결단도 잘했다. 현실을 바로 바로 인정했다. 짐을 쌌다. 마침 국방의 의무를 져야 하는 나이가 되어 병무청에서 신체검사를 받았다. 1을종을 받았다. 현역을 갈 수 있는 신체였다. 하지만 국민학교 졸업자라는 이유로 보충역, 즉 '방위'로 판정받았다. 기분 정말 더러웠다. 가끔 언급하지만 난 방위가 죽도록 싫었다. 이른바 '좆도방위'라는 호칭 때문이다.

1년여의 시간이 남았다. 어머니가 계시는 동네의 이웃 동네, 과거 짜장면집과는 정반대의 동네인 강원도 화천군 사내면의 대신전기라는 곳에서 일하기로 했다. 세상에 강원도와 서울 수원을 다람쥐 채 바퀴 돌 듯하다 세월 다 가버렸다. 여전히 돌팔이 전기기술자 딱지를 면치 못했는데, 이게 뭐란 말인가. 물론 사람들 눈엔 어엿한 기술자로 보였을 테지만 스스로에겐 마음이 편치 않았다. 자책할 때마다 이다음에 보자며 혼자말로 위

---

14) 최제우(崔濟愚)는 1860년 4월 5일 '한울님의 말씀'을 듣고 모든 사람들이 '한울님'을 위하며 살도록 하기 위해 동학(東學)을 창시했다. 동학의 핵심은 시천주(侍天主) 사상이라 할 수 있는데, 이는 천주(天主), 즉 한울님을 모시는 사상이다.

안했다. 기회가 되면 진짜 공부 열심히 해서 보란 듯 성공한 삶을 사리라 다짐하고 또 다짐했다. 누가 그랬던가? 젊어서는 눈 깜박임의 횟수, 즉 프레임 작동이 원활해 시간이 천천히 가는 것으로 느껴진다고. 그렇다면 난 어려서부터 늙었었단 얘기가? 그때나 지금이나 시간 더럽게 잘 간다. 다 개가 풀 뜯어먹는 소리겠지. 열심히 살 수밖에...

누가 그랬었나? 시간은 날 결코 기다려 주지 않고 쏜 살처럼 빨리 지나간다고? 눈 몇 번 깜빡였더니 한때 저주했던 문제의 그 공군부대로 입소하라는 소집명령서를 받았다. 다시 한 번 '쿼바디스 도미네'를 읊조리지 않을 수 없었다. 거기서 어떻게 14개월을 보낸단 말인가? 눈 한번 질끈 감으면 지나가는 세월이라지만, 체감온도 62도까지 경험한 나로선 끔찍한 곳이었다. 아! 대성산!!

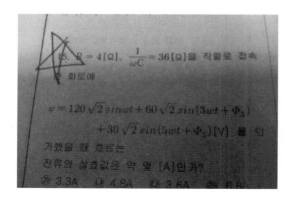

아! 방위!! 어쩌란 말인가

신검 결과, 1을종을 받은 내가 저학력[국민학교 졸업]자라는 이유로 방위로 판정받은 건 치욕 그 자체였다. 남들은 방위로 빠지는 걸 선호했지만 난 거꾸로 현역을 원했다. 이유는 간단했다. 이른바 '좆도방위'로 불리는 것이 마음에 내키지 않았기 때문이다. 게다가 10대 초중반 BX와 식당에서의 그 불쾌했던 경험을 지니고 있던 곳에서의 방위라니 정말 마음에 안 들었다. 하지만 어찌하랴. 속된 말로 돈도 빽도 없는 놈이 뭘 어찌 하겠는가? 듣기 싫어도 방위로 살 수밖에 없었다.

공군부대가 있는 대성산으로 올라가는 버스에 몸을 싣는 순간부터 쓸데없는 잡념이 생기기 시작했다. 공군부대가 얼마나 바뀌어 있을까? 그때 그 아저씨들은 아직도 계실까? BX와 식당은 또 어떻게 변했을까? 등등. 40여 분 남짓, 길지 않은 시간이었지만 산에 오르는 내내 복잡했다. 부대에 막상 당도해 보니 시설은 별로 달라진 게 없고, 극히 일부의 사람을 제외하고는 병사 대부분 모르는 사람들로 바뀌어 있었다. 그리고 완전 늙어서 그렇지, '린나'로 불리던 세퍼트도 건재했다.

방위가 되기 전단계인 3주(?)간의 본격적인 군사훈련이 시작되었다. 강원도에 살면서 군인들이 훈련받는 모습을 많이 보아온 덕에 군사훈련이 그리 낯설지는 않았다. 1983년 5월 입소한 우리 동기는 11명(?)이었다. 나를 제외하곤 대부분 고등학교나 대학을 중퇴하고 입소한 친구들이었다. 얼마 지나지 않아 각각의 특성들이 도출되었다. 이른바 고문관으로 불리는 녀석도 있고, 학교 다니면서 교련을 거친 녀석들도 있었으나 훈련받으면서 나타나는 행태는 그야말로 십인십색이었다.

훈련은 머리와 육체로 익히는 두 가지로 나뉘어 있었다. 가령 '군인의 길'부터 각종 '군사장비의 제원', '북한의 전력' 등 머리로 익히는 것과 '제식훈련', '총검술', '태권도', '구보' 등 몸으로 익히는 것이 그것이었다. 난 동기들 가운데 가장 훈련을 잘 받는 훈련병의 하나였다. 구보 빼고는 총검술, 태권도, 각종 이론서 외우는 것을 가장 빨리 익혔다. 고문관 몇 녀석 때문에 훈련 도중 PT라는 기합을 많이 받자, 교관의 특별 배려(?)로 고문관들을 지도하는 촌극이 벌어지기도 했다.

하지만 빨리 익히는 것도 때론 부작용으로 변질되곤 했다. 내 행태가 이른바 '잘난 척'하는 것으로 비춰졌기 때문이다. 가끔 성질 더러운 조교에게 불려 나가면, 조교는 다짜고짜

"기차바퀴는 무엇으로 되어 있나?" 난 주저 없이 "쇠로 되어 있습니다." 조교는 "아니다. 기차 바퀴는 박달나무로 되어 있다." 물러서지 않고, "기차 바퀴는 분명 쇠로 되어 있습니다." "군대서는 까라면 깐다. 기차 바퀴도 박달나무라고 하면 박달나무다."라면서 사정없이 구타했다. 군대는 그런 곳이었다.

하여간 성질 더러운 조교들에게 가끔 불려가 말도 안 되는 이유로 워커발로 조인트[정강이 뼈]를 엄청 까였다. 그때 맞은 조인트가 지금도 손가락으로 주욱 문질러 보면 움푹 움푹 들어간 곳이 만져진다. 양쪽 똑 같다. 그러나 교훈도 없지 않았다. 조인트 까일 때마다 '혼자만 잘났다고 까불면 안 된다'는 걸 많이도 느꼈다. 물론 아직도 중후하지 못하고 가끔 까불어 대지만 그때를 생각하면 겸손해진다. 그 영향인가? 공동체에서 부족한 이들을 위해 더 챙기는 것을 잊지 않는다.

아무튼 여러 에피소드를 남기고 3주간의 군사훈련을 무사히 마쳤다. 훈련을 마치고 받은 초기 보직은 취사병이었다. 하지만 이런 저런 특수한 면허증을 지니고 있다는 이유로 실제로는 수송부로 배치 받았다. 군대에 다녀온 사람들은 알겠지만 수송부 군기(?)는 예로부터 유명했다. 눈빛만 흐리멍덩해 보여도 군기가 빠졌다고 이른바 빳다[몽둥이]를 피할 수 없었다. 늘 긴장하지 않을 수 없었다. 당시 수송부에는 대대장 차인 지프를 포함 출퇴근 버스와 작업 트럭 등 모두 4대가 있었다.

아무 일이 일어나지 않아도 매일 기름 넣고, 체크리스트에 맞춰 점검하기 바빴다. 게다가 작업차량 임대(?)해주고 출퇴근 버스 차량 청소까지 하다 보면 오줌 누러 갈 시간도 없었다. 또 지금처럼 부품 품질이 좋기라도 한가? 질이 한마디로 개판인데다 비포장의 악산을 사륜구동으로 최대의 토크를 사용해야 오를 수 있는 산길들이다 보니 펑크도 더럽게 많이 났다. 재수 없을 땐 하루에도 서너 개씩 펑크가 났다. 지프는 누워서 떡먹기지만 버스나 트럭 등은 곡괭이질까지 해야 했다.

물론 거기서의 개고생으로 자동차 펑크 수리나 엔진, 미션 등을 자유자재로 분해와 조립할 수 있는 실력이 된 것은 살아가는데 밑천이 되기도 했다. 실제로 훗날 자동차 정비사 자격증을 따는 데도 한 몫 했다. 한편 당시 수송부에는 책임자[상사] 아래 차석[중사] 한 명[출퇴근 버스]과 운전병 두 명[작업 트럭]이 있었지만, 모두들 현역이었다. 난 방위라는 신분에 이른바 '쫄따구'라는 이유로 정비는 거의 내 몫이었다. 게다가 대대장[중령]의 운전기사로 출퇴근까지 책임을 져야 했다.

그런 환경적 요인 때문이었나? 수송부에서 생활하는 동안 스트레스가 적지 않았다. 주어진 일도 버거웠지만, 방위라는 신분의 차별적 요소로 자존심이 말이 아니었다. 방위라고 불러주기는커녕 그들은 주로 '방우'라고 불렀다. 자격지심이겠지만 그 호칭을 들을 때마다 난 속에서 불이 났다. 마치 옛날 짜장면집에서 "야! 짱깨야"로 불릴 때처럼 기분이 아주 더러웠다. 그래도 별 수 없었다. 고분고분하지 않으면 현역들로부터 집단폭행을 당했기 때문에 감히 대항할 엄두를 못 냈다.

그렇게 날이 가고 달이 가면서 어느새 6개월이란 세월이 흘렀다. 수송부에서의 생활도 어느 정도 익숙해져 갔고, 매일 하는 정비도 점차 손에 익으면서 구성원들로부터 인정받기 시작했다. 그도 그럴 것이 총 4대의 자동차를 거의 완벽(?)하게 정비하고 있었으니, 칭찬을 받지 않을 수 없었다. 그런 덕분인지 아주 가끔 영내(營內)에서 회식이 있을 때 특별히 초대되곤 했다. 또 대대장 차를 운전하다 보니 이런 영광(?)도 누릴 수 있었다. 회식자리엔 약간의 술과 고기가 있었다.

사실 난 선친이 빨간 두꺼비[진로]와 친해 요절하신 관계로 술을 입에도 대지 않고 살았다. 하지만 술이 필요할 때가 있었음을 그때 절감했다. 현역들의 편파적인 군복무[방위들 고통

심화]로 불만이 가슴 속에 늘 내재하고 있었다. 이런 회식 자리를 통해 문제를 개선해야겠다고 생각했다. 마침 자리가 마련되자, 술기운을 빌어 일일이 문제를 삼으며 군 복무들 똑바로 하라며 욕을 하기 시작했다. 입이 터지자, 주체를 못하고 속 시원하게 퍼부었다. 욕의 화신이 부활한 것이다.

다음날 출근하면서 동기들로부터 잘했다는 칭찬을 들었다. 으쓱해졌다. 하지만 유쾌, 상쾌, 통쾌는 오래가지 못했다. 곧 헌병대로 끌려가 속된 말로 좆나게 터졌다. "야, 이 새끼야! 똥 방우 주제에 보이는 게 없냐? 죽으려고 환장했냐?" 등등의 말로 오전 내내 욕설과 헌병대의 그 유명한 방망이 세례를 받았다. 어찌나 많이 쥐터지고 욕설을 당했던지 잘못했다고 싹싹 빌었다. 신(神)의 소리가 들렸다. 대대장이 찾는다는 소리였다. 서약서 비스무리 한 종이에 사인하고 풀려났다.

서약서 비스무리 한 종이에 서명하고 풀려나긴 했지만, 뭔지 모를 억울함에 오기가 슬슬 발동했다. "개시끼들 두고 보자"는 생각이 들었다. 그렇게 두어 달이나 지났나? 역시 비슷한 회식자리에 또 끼게 되었다. 술기운이 슬슬 달아오르자, 이번에는 지난번보다 더 크게 난리를 쳤다. 그러면서 이번엔 헌병대까지 찾아가 행패를 부렸다. "사람이 살면서 실수도 할 수 있는 건데, 어떻게 그렇게 사람을 무식하게 팰 수 있느냐." 고 소리쳤다. 어찌된 일인지 그들은 나를 달래기만 했다.

그렇게 지랄발광하다 아침에 출근하자 부대에 비상이 걸렸다. 어떻게 방위라는 놈이 저 난리를 치도록 놓아 두느냐는 것이었다. 이번엔 보안대로 끌려갔다. 보안대서는 욕설은커녕 구타도 없었다. 다만 네모난 책상에 올라가 모서리 부분의 작게 튀어 오른 곳에 무릎을 대고 꿇어 앉아 있으라고만 했다. 한 10분 정도면 되겠지? 하고 반듯하게 있었다. 1시간이 흐르고 2시간이 흘러도 내려오란 말이 없었다. 피가 통하지 않아 다리는 마비가 되었다. 고통이 극심해도 말을 하지 못했다.

차라리 욕설을 듣고 줘터지는 게 낫겠다는 생각이 들었다. 별 생각을 다해도 보안대에서는 아무 말이 없었다. 밥 때가 한참 지났음에도 도통 말이 없었다. 정말 미치는 줄 알았다. 다리는 거의 마비상태로 한쪽 다리에 힘을 주다가 다른 쪽 다리로 번갈아 가면서 어떤 처분을 기다렸지만 묵묵부답이었다. 퇴근시간에 이르러서야 지난번처럼 서약서 비슷한 걸 한 장 쓰고 풀려났다. 이번엔 한 번 더 이런 일이 발생하면, 오산에 있는 본부로 이송하여 처벌(?)한다는 내용이 들어 있었다.

술 마시고 지랄한 정도(?)에 비해 체벌의 강도는 너무도 컸다는 생각이 사라지지 않았다. 현역들의 분장된 의무는 제대로 수행하지도 않으면서 잘도 지내는데, 우리 방위들에게만 너무도 가혹하게 나온다는 생각에 이르자, 또 다시 쓸데없는 오기가 발동했다. 게다가 두 번째 사건 이후로는 수송부의 현역들도 나를 부려먹기만 하면서 온갖 이상한 소리만 해대자, 머리에 불이 붙을 지경이었다. 하지만 또 사고를 쳤다간 정말 영창신세(?)를 면치 못할 것 같아 잠시 휴전상태로 지냈다.

그렇게 참으면서 보냈다. 그러면서 현역들의 행태를 하나씩 기록하기 시작했다. 일종의 살생부(?)를 작성한 것이다. 문제가 발생한 건 제대[소집해제]를 일주일 정도 남겨놓고 벌어졌다. 제대할 때가 되었다고, 동기들 전체를 상대로 부대에서 회식을 시켜준다는 것이었다. 이번에는 영내가 아닌 영외(營外)에서 회식이 이뤄졌다. 역시 술기운이 오르자, 품고 있던 칼[살생부]을 꺼내 들었다. 살생부에 적어둔 이름들을 일일이 거명하면서 제대하고 나서 반드시 문제를 삼겠다고 경고했다.

화기애애했던 회식 자리는 급랭되었다. 곧 파하게 되었지만, 참여했던 간부들과 거명되었던 사람들은 하나같이 "내가 왜 그런 오해를 사게 되었는지 모르겠다."며 자신은 내가 주장하는 것과는 다르다며 부인하고 자리에서 일어나기 시작했다. 분이 풀리지 않았지만, 다들 사라지고 없는 곳에서 더 떠들어 봐야 소용없었다. 다음날 아침, 아무 일도 없던 것처럼 출근했다. 또 부대에 비상이 걸렸다. 이번엔 정말 오산으로 보내야 한다는 말이 돌았다. 일주일 남았는데, 말이 아니었다.

다들 내가 영창을 가는 것으로 생각했다. 난 설마 제대 '일주일 남겨두고 영창을 보내기야 하겠어?'라는 긍정적인 생각과 '저 시끼들은 날 보낼 수도 있다'는 부정적인 생각이 마구 교차했다. 시간이 지나면서 될 대로 되라는 심경으로 기다렸다. 대대장이 조용히 불렀다. 자신이 책임지고 문제를 해결할 테니, 살생부의 내용을 알려달란다. 그리고 조용히 제대할 준비를 하라고 했다. 일주일 후, 곡절 끝에 14개월 대장정(?)의 국방의무를 마쳤다. 드디어 제대[소집해제]를 한 것이다.

1년 하고도 2개월, 물리적으론 무척이나 짧은 기간이었지만, 내겐 얼마나 고통이 심했던지 제대하고도 10여 년 동안 종종 꿈에 "아직 2달 남았으니 다시 올라오라."는 담당자의 말에 소스라치게 놀라 잠에서 깬 적이 한두 번이 아니다. 특히 겨울에 눈이 엄청 내려 개고생을 한 건 별로 떠오르지 않고 현역들 간의 갈등했던 일만 새록새록 떠오르는 걸 보면, 관계(關係)가 얼마나 중요한지를 새삼 느낀다. 하여간 제대를 하기 무섭게 보따리를 쌌다. 이번엔 경기도 화성으로 향했다.

화성군 남양에서의 전기기사 생활,
하나

1983년 5월 10일 입소해서 1984년 7월 9일, 정확히 14개월 복무를 마치기 무섭게 보따리를 쌌다. 향한 곳은 경기도 화성군 남양면의 우주전업사. 숙식 제공과 월급을 25만 원씩 받기로 하고 갔다. 당시 9급 공무원 봉급이 10만 원 정도였으니, 9급 공무원의 두 배 정도. 지금으로 치면 월 500만 원쯤 받기로 한 것이다. 하지만 사장님 내외와 기사라곤 딸랑 혼자였다. 하나부터 열까지 거의 모든 일을 혼자 처리해야 했으니, 노동환경은 말할 게 없다.

지금이야 화성시 남양읍을 가려면 왕복 4차선으로 잘 포장된 도로를 달릴 수 있지만, 1984년 당시만 해도 매송면 51사단 입구까지만 포장되어 있었다. 남양 한번 가려면 비포장도로를 근 1시간은 털털대고 달려야 도착했다. 속된 말로 강원도 산골과 별반 차이가 없었다. 더구나 험로인 데다 전기공사의 작업 반경 또한 넓어 이동하며 겪는 고통이 심하기 이를 데 없었다. 서쪽으로 바닷가에 위치한 서신면, 동으로는 매송면까지 그 범위 또한 대단했다.

늘 자동차에 각종 장비와 재료들을 싣고 다니면서 작업을 하다, 오토바이란 제한된 운송수단에 의지해 공사를 하러 다니려니 여간 힘든 게 아니었다. 그것도 거의 비포장도로를 달려야만 했으니, 상황은 더욱 말이 아니었다. 가령 남양에서 배전함 두어 개를 싣고 송산면[사강]과 서신면의 현장을 찾아 작업하고 돌아오게 되는 경우, 길에서만 최소 3~4시간을 허비하는 일이 다반사였다. 본질인 전기공사를 하는 것보다 때론 이동하다 녹초가 되곤 했다.

마침 주민들의 소득수준이 향상됨에 따라 도시에서 시골로 이동하는 수요가 폭발적으로 늘어났다. 몇 년 지나지 않아 IBRD(국제부흥개발은행) 차관으로 수원에서 서신까지 왕복 2차선으로 깨끗하게 포장됐다. 이때 전기공사 수요도 덩달아 늘어났다. 자동차 1대를 구입했다. 작업환경이 호전된 건 사실이다. 하지만 여전히 거의 모든 작업은 1인 체제였다.

따라서 노동환경은 개선됐다고 볼 수 없었다. 아니 업무의 양이 늘었다는 점에서 보면 오히려 악화된 셈이라고 해야 맞다. 하지만 전기공사의 질, 즉 내용을 놓고 보면 단순하기 짝이 없었다. 일반 건축의 내부 전기시설 공사와 논농사에 필요한 각종 배전시설, 고장 난 전기모터[펌프] 수리 등 과거 전봇대[전주]를 세우고 가설하는 것과는 비교가 안 되었다.

거의 모든 일을 혼자 해결해야 한다는 것이 고충이라면 고충이다. 물론 홀로 감당이 되지 않을 땐 전업사 사장님도 동원하고 일용으로 날품을 파는 사람도 활용했다. 하지만 이 또한 사사건건 고민해야 하는 자체는 피할 수 없었다. 늘 고민하는 지점이지만 일이란 게 힘들어도 타개할 수 있는 방법은 있다. 그러나 사람들 간 갈등은 쉽게 해소되지 않는다.

이 전업사 사장님 댁에 2남 2녀가 있었다. 그런데 어릴 적 나와 비슷한 꼴통이 한 녀석 있었다. 첫 날 밤부터 내 주머니에서 거금(?)을 훔쳐간 간 큰 녀석이다. 꼴통은 꼴통을 알아본다고, 다음 날 아침 그 녀석을 내 방으로 끌고 들어가 "네 이놈, 감히 내 주머니에 손을 대."하자, 바로 이실직고를 하지 않아 그날부터 내 주먹세례를 면치 못한 녀석이다.

그 녀석과의 갈등은 오래갔다. 잘 다니던 학교에서 갑자기 사라지는가 하면, 사람 만들어 보겠다고 틈날 때마다 공사 현장을 대동시키면, 현장에서 바로 도망치는 일이 비일비재했다. 관심이 특효약이라고 생각하고 보살펴도 소용없다. 약발이 먹히지 않았다. 그렇게 지지고 볶던 어느 날, 새로운 갈등이 도래했다. 동네 건달(?)들과의 갈등이 시작된 것이다. 사장 댁 꼴통 하나도 버거운데, 해병대 출신이란 껄렁이 몇 놈이 노려보며 시비를 걸어왔다.

예비군 훈련 받을 때 특히 심했다. 강원도의 이른바 '좆도방위' 출신이지만, 감히 나를 깔보다니. 이 시끼들 언제 한판 붙길 기대하며 기회를 엿봤다. 여기서 잠시, 전기공사를 위해선 항상 손에 공구들이 붙어 다닌다. 가령 뻰찌나 드라이버, 스패너 등은 기본이다. 이런 공구가 늘 몸에 붙어 있다 보니 어지간한 건달들은 전기공사하는 사람들에겐 조심했다. 각종 공구들이 무기였기 때문이다. 이런 정서를 모르는 동네 건달들이 날 대충 본 것이다.

어느 날, 키가 180센티미터는 됨직한 녀석이 시비를 걸어왔다. 말하자면 '자기네 동네에 와서 돈을 벌어먹으려면 자기들에게 신고를 해야 하는데, 건방지게 왜 신고를 안 하냐'는 말도 안 되는 이유였다. 여기서 다시 한 번, 난 사회생활을 일찍 시작한 연유로 사람들과 좀 더 편한 관계를 위해 이른바 '고무줄 나이(?)'를 사용했다. 후일 공직자로 변신한 이후부터 제대로 된 나이인 1962년 범띠로 돌아왔지만 당시엔 1958년 개띠로 표방하고 생활했다.

좌우간 그때 시비를 걸어온 녀석도 1958년 개띠 정도의 나이였다. 평소 벼르고 있어선지 입씨름이 바로 이어졌다. 제법 거칠게 큰소리가 오고가던 중 말로 안 되겠다 싶었는지, 녀석이 갑자기 내 멱살을 쥐어 잡는 게 아닌가? 난 말로하지 왜 멱살을 잡고 지랄이냐며, 좋은 말로 할 때 놓으라고 했다. 하지만 녀석은 힘이 장사였다. 힘으론 도저히 당해낼 재간이 없음을 직감했다. 개똥도 약에 쓰려면 없다더니 늘 지니고 다니던 공구 하나가 없었다.

하지만 나에겐 강한 손가락이 있다. 셋을 헤아릴 동안 멱살을 놓으라고 통첩했다. 녀석은 어디 한번 해보라고 더욱 나의 목을 죄어왔다. "하나, 둘, 셋!"을 마치기 무섭게 손가락은 녀석의 눈을 향했다. 녀석도 해병대 출신답게 얼굴을 우측으로 잽싸게 돌렸다. 다행인지 불행인지 녀석의 귓구멍에 내 손가락이 닿아 있었다. 녀석은 "억!"하면서 귀를 감쌌다. 풀린 나의 멱살, 특기인 두 다리를 잡아 끌어 넘어뜨려 제압했다. 얼굴을 주먹으로 가격했다.[15]

---

15) 항복을 받아냈다. 사건(?) 이후, 친구가 됐다. 조기축구회에 들어오라고 해서 가입도 했다.

화성군 남양에서의 전기기사 생활, 둘

　건달(?)들과 그렇게 일종의 신고식을 치루고 난 이후, 남양이란 곳에서의 삶은 순조롭게 항해하는 듯했다. 하지만 수원에서 서신까지 포장도로가 생기자, 물류 뿐 아니라 전기공사 업체들 간의 경쟁도 치열해졌다. 공사비용도 출혈이 불가피했다. 마치 육지와 섬을 연결하는 연륙교(連陸橋)를 건설하고 나면 섬마을의 경제가 오히려 침체되는 경우와 비슷했다.

　설상가상(雪上加霜), 전기공사업체 면허를 불법으로 임대해 공사하는 업체들도 난립하기 시작했다. 판이 이상하게 변질되자, 불법 부당경쟁이 심화됐다. 면허업체들 간의 경쟁도 어려운 형국인데, 일명 무면허 업자들이 면허를 빌려 사업하는 행태가 늘다 보니 문제가 심각해졌다. 무면허업자를 고발하는 사례가 속출했다. 그때 우리도 피해를 면할 수 없었다.

　어느 날, 남양에 주소를 둔 '우주전업사'가 수원시 세류동의 한 건축물 전기공사를 수주했다. 남양에서 수원까지의 거리가 만만치 않은 관계로, 간혹 수원에 사는 기술자들에게 일을 맡긴 것이 화근이었다. 수원의 전기공사 업체들이 우리가 불법으로 면허를 대여했다며 경기도청에 고발한 것이다. 경기도에서는 명확한 사실 확인 없이 면허를 취소해 버렸다. 경기도의 행위를 용납할 수 없었다. 즉각 변호사를 선임하여 소송했다. 하지만 우리 맘과는 달리 법적 대응은 지지부진하기 이를 데 없었다. 도중에 법원의 중재가 들어왔다. 경기도가 면허를 취소한 것은 정황상으로 타당한 근거가 있다. 그러나 소송당사자의 경우도 억울한 측면이 존재하는 만큼, 새로운 면허를 발급해주는 선에서 정리하자는 것이었다.

요즘과는 달리 과거엔 공공기관을 상대로 소송해 승소하기란 마치 '계란으로 바위치기'라는 말이 들릴 때였다. 우리측 변호사도 이 정도에서 수용하는 게 좋겠다고 했다. 지리한 법적 공방은 일단락됐다. 그렇게 해서 만들어진 게 내 호(號)를 따 만든 승영전기(昇永電氣)다. 곡절 끝에 새로운 전기공사 면허업체[경기도 769호]로 재출발하게 된 것이다.

기쁨도 잠시, 공사업체들의 포화로 별도의 사업모델을 찾기로 했다. 도로가 포장됨으로써 교통량만 증가하는 게 아닌 주거를 위해 도시인들의 유입도 증가하는 것에 착안, 이른바 LPG(액화석유가스) 판매업을 하기로 했다. 이를 위해선 고압가스 자격증이 필요했다. 학력제한 없는 인천시 부평에 위치한 '한국직업훈련원'을 찾아 4개월 코스에 입학했다. 자격증이 없다면 허가를 받을 수 없는 만큼, 반드시 자격증을 따야 하는 기로에 섰다. 하지만 과거 전기공사 자격증을 따기 위해 홀로 학원비와 생활비를 부담해야 하던 때와는 상황이 달랐다. 전업사에서 학비와 생활비 전액을 보전해 주었기 때문이다. 그래도 속된 말로 죽기 살기로 공부했다. 처음으로 아무 걱정 없이 공부하니 그렇게 좋을 수 없었다.

행운의 여신은 존재했다. 4개월 과정을 다 채우기도 전에 고압가스 기계와 화학, 냉동시험에 합격했다. 고압가스 판매업에 꼭 필요한 기계의 경우, 2천여 명 가운데 1차와 2차 시험 모두를 통과한 사람은 단 2명에 불과했다. 나도 놀라고 훈련원의 모든 사람들이 놀랐다. 지금은 하찮은 자격증이지만 거기서 공부의 맥, 즉 요(要)와 령(領) 잡는 법을 터득했다.

그로부터 몇 달 뒤 그토록 갖고 싶었던 전기자격증도 취득했다. 자격증과 면허증 사냥하는 맛을 들이자 1년에 서너 개씩 땄다. 지금이야 쓸모없는 것들이지만, 완전 무용지물은 아니었다. 쓸모없던 자격증 덕에 기능직 공무원이 될 수 있었고, 기능직이던 신분을 일반직으로 세탁(?)할 수 있었던 것도 그 하찮은 자격증 덕분이다. 세상 참 알다가도 모를 일이다.

자격증을 예상 기일에 앞서 취득함으로써 승영가스(昇永 GAS)를 예정대로 오픈했다. 하지만 남양에는 이미 '남양가스'가 자리 잡고 있었다. 때문에 경쟁을 해야만 했다. 다행히 가스 사용세대가 폭발적으로 늘어나면서 자연스럽게 고객은 양분되어 갈등은 별로 없었다. 후일, '승영가스'가 서비스 정신을 강화한 덕분에 고객의 양과 질은 비교가 되지 않았다.

　　그렇게 '전기공사업'과 '가스판매업'을 동시에 운영하면서 그럭저럭 먹고 살았다. 날이 가고 달이 갔다. 한 군데 오래 정착하지 못하는 역마살을 지니고 태어났는지 더 이상 재미를 느끼지 못했다. 전기와 고압가스 일을 잠시 접고, 골재를 전문으로 운반하는 덤프차 회사를 찾아 취업했다. 고작 5대밖에 안 되는 업체였지만, 덤프트럭의 기사로 변신한 것이다.

에이, CBNA[16)야! 항복이다

　전기와 가스 일을 잠시 접고 골재를 전문으로 운반하는 덤 프차 회사에 취업했다. 고작 5대밖에 안 되는 업체였지만, 대 형 덤프트럭의 기사가 된 것이다. 운전을 직업으로 삼아본 적 이 없는 사람이 갑자기 덤프트럭을 운전한다고 하니, 지인들 은 놀라는 표정들이었다. 하지만 울산의 현대자동차를 직접 찾아 덤프차를 인수받아 운전을 시작한 희한한 케이스다.

　차주는 당시 잘 나가던 원우건설[한때 재계 순위 100위권] 의 창업자 동생이다. 그는 골재를 각 레미콘 회사에 납품하기 위해 회사를 설립했다. 정확히 말하자면, 형님 건설회사의 인 맥을 통해 소위 땅 짚고 헤엄치는 회사를 설립한 것이다. 하여 간 규모는 비록 덤프트럭 5대에 불과하지만, 신도시 붐이 막 일기 시작된 것을 고려하면 성장 가능성은 대단했다. 당시 골 재를 납품하는 곳은 군포에 있는 동양레미콘과 안양의 현대 산업개발 등이었다. 석산(石山)이 있는 남양 북양리에서 군포

---

16) 속칭 '씨발놈아'의 영어 이니셜로, 욕을 에둘러 표현한 것이다.

나 안양을 한번 다녀오는데 통상 2시간이 소요된다. 하루 5번 왕복하면 분주히 움직여도 10시간을 운전하는 셈이다. 하지만 험로가 포함된 도로를 2시간에 맞추기 위해선 신호를 무시함은 물론이고 과속도 부지기수로 해야 한다.

자동차의 펑크 또한 다반사였다. 펑크 수리나 점심 식사 등을 고려하면 하루 12시간에서 어떤 때는 14시간씩 운전을 한다. 당시 하루 5번은 골재를 운반해야 하는 게 일과였다. 때문에 운전기사들은 하루 5번, 제발 무사하게 운행할 수 있기를 기원했다. 소·대형 불문, 덤프차 내에 '오늘도 무사히'란 문구가 적인 달력을 하나씩은 다 비치하고 다녔을 정도다.

사실 노동의 강도가 아무리 크다 한들 역지사지하면 접점을 찾을 수 있다. 하지만 구성원들 간 갈등은 쉽지 않다. 이는 조직사회라면 흔한 일이다. 골재를 운반하는 회사도 조직사회라고 갈등은 존재했다. 운전기사 5명 가운데 한 녀석이 새벽부터 일어나 이른바 한탕[왕복 1회]을 더 뛰는 것이었다. 4명은 하루 5탕을 뛰는데 이 녀석만 6탕을 뛰는 것이었다. 당연히 차주인 사장은 그 녀석을 좋아했음은 물론이다. 그녀석을 제외한 모든 운전기사들이 문제를 삼았다. 현재 5탕도 버거운데 6탕씩 뛰면 노동 강도가 지나쳐 결국 사고의 구렁텅이로 떨어질 수밖에 없다고 경계한 것이다. 하지만 그 녀석은 마이동풍(馬耳東風), 우이독경(牛耳讀經)이었다. 눈 가리고 귀 닫고 살지 못하는 성정이다 보니 내가 결국 나섰다.

초기엔 젊잖게 타일렀다. '그대 한사람으로 인해 다수의 기사들이 갈등하는 건 바람직하지 않다. 까불지 말고 하루 5탕만 뛰라'고 일러줬다. 역시 한 번 닫힌 귀는 어찌할 수 없는 법. 말을 무시하고 계속 6탕씩 뛰는 게 아닌가? 드디어 뚜껑이 열리고[17] 말았다. 혼꾸멍을 내주기로 했다. 사람들이 보이지 않는 석산에서 좀 더 멀리 떨어진 곳으로 끌고 갔다.

후미진 곳에 이르자, 난 "당장 6탕에서 5탕으로 줄이지 않으면 가만두지 않겠다."고 선전포고를 했다. 녀석은 바짝 얼어 내 말에 순응할 줄 알았는데, 역으로 "난 앞으로도 계속 6탕씩 뛸 것이니 맘대로 해봐."라는 게 아닌가? 난 "이 개시끼가 말귀를 못 알아먹네." 하면서 그 녀석의 멱살을 움켜잡았다. 그러자 그 녀석도 지지 않고 내 멱살을 잡는 게 아닌가. 멱살 싸움이 시작된 것이다. 사실 난 녀석의 기를 꺾기 위함이었

---

17) '뚜껑 열리다'라는 말은, 기(氣)가 머리 한쪽으로 몰려 기분이 매우 나쁘다는 나만의 속어(俗語).

으나 상황이 이상하게 전개됐다. 말을 듣지 않으면 녀석을 눕혀 놓고 패야 하는데, 그 녀석이 내 멱살을 잡는 순간 뭔가 기운이 달리 느껴졌다. 힘이 장사였다. 그래도 사나이가 거기까지 끌고 갔으면 뭔가 보여줘야 한다는 생각에 녀석을 제압하기 위해 안간힘을 쓰다 오히려 내가 깔리고 말았다.

녀석의 몸집이라야 170센티미터 70킬로그램 정도의 평범한 소유잔데 어찌나 장사였던지 한번 아래로 깔리자, 내 힘으론 도저히 빠져 나갈 수 없다는 판단이 들었다. 녀석이 나를 주먹으로 얼굴을 내리치려는 순간, 나도 모르게 "에이 CBNA[18]야 항복이다 개시끼야!"라는 말이 나오고 말았다. 순간이지만 이 녀석과 힘으로 해서는 승산이 없다는 판단이 된 것이다. 일단 현장에서 빨리 벗어나야겠다는 일념으로 "일어나 개시끼야."했다. 힘은 부족해도 입은 여전히 살아 있었다. 사안이 사안인 만큼 녀석도 독이 바짝 올라있을 법한데, 녀석은 나를 주먹으로 내리치기는커녕 내 말에 벌떡 일어나 옷을 훌훌 터는 게 아닌가? 의아했지만 싸움은 그렇게 싱겁게 끝나고 말았다. 혼을 내주려고 끌고 갔는데 오히려 당한 것이다.

---

18) 속칭 '씨발놈아'의 영어 이니셜로, 상대의 기를 꺾고자 한 욕이 아닌, 일종의 비겁한 상태에서의 욕을 에둘러 표현한 것이다.

한동안 무지하게 쪽팔리고 속상했다. 힘으론 그 녀석을 당할 재간이 없다는 걸 인지한 난 전략을 전면 수정키로 했다. 욕으로 대체키로 했다. 녀석을 식당에서 만나거나 덤프차끼리 상호 교차할 때마다 수인사가 아닌 욕으로 대신했다. 녀석을 만날 때마다 속된 말로 "에이 CBRT[19]야!! 5탕만 뛰어~ 이 개시끼야!!"했다. 만날 때마다 악을 쓰면서 난리를 쳤다.

지랄도 하루 이틀이지, 지속되자 녀석도 더 이상은 듣기 싫었는지 결국 기조를 바꾸었다. 5탕만 뛴 것이다. 결과적으로 전략은 주효했고 뜻은 관철됐다. 그런 해프닝이 있은 후 한동안 잠잠했다. 그러던 어느 날, 역마살이 또 돋았다. 가장 난해한 자동차 운전을 해보기로 했다. 트레일러였다. 덤프트럭 운전을 과감히 포기하고 서초구의 화물터미널로 향했다.

---

19) 속칭 '씨부랑탕'의 영어 이니셜로, 욕을 에둘러 표현한 것이다.

덤프차 운전 때의 사건, 하나

대형 덤프트럭 기사가 되어 한창 날라 다닐 때다. 남양에서 군포나 안양까지 5탕을 소화하려면 보통 12시간은 족히 걸렸다. 가령 새벽 6시부터 골재를 싣고 운전하기 시작해 별 사고가 없으면 보통 저녁 6시면 일과를 종료한다. 하지만 7시에 일과를 시작하면 러시아워 시간에 걸리고 어쩌고 하면 저녁 8시 어떤 때는 9시에 일과를 마쳤다. 때문에 가급적 새벽 4시 반에 기상해서 준비하고 석산(石山)에 도착하면 보통 5시 반. 이런저런 준비 작업을 마치면 보통 6시가 되곤 했다.

하지만 이런 일상적인 경우가 아닐 때도 더러 있었다. 군포나 안양의 레미콘 공장에 마지막 탕을 마치고 집으로 덤프트럭을 가져갔다가 출근할 때 트럭을 끌고 가곤 했다. 난 당시 화성군 매송면 천천리의 삼미아파트에 살았다. 아파트 앞 공터가 넓어 가끔 덤프트럭 주차장으로 활용했다. 많은 사람들이 알고 있듯 덤프트럭은 보통 바퀴가 10개나 된다. 당시는 비포장도로가 많다 보니 펑크가 더럽게 많이 났다. 재수 좋으면 한 번도 없이 지나가지만 옴 붙으면 3~4방씩 났다.

펑크가 얼마나 자주 나는지 당시 덤프차 기사들은 조그만 손 망치를 운전석 옆에 하나씩 비치하고 틈날 때마다 덤프차를 세워, 망치로 때리면서 검사를 한다. 망치로 타이어를 두드려 팡팡 튀면 규정 공기압이 유지되고 있는 것으로 펑크가 나지 않은 것이고, 약간이라도 푹푹한 느낌이 들면 백발백중 펑크였다. 하지만 시간이 지나자 망치로 점검하는 것도 귀찮아 덤프를 번쩍 들어 놓고 직접 발로 밟아가며 검사를 했다. 펑크 난 타이어는 밟는 즉시 느낌이 달리 왔기 때문이다.

여하튼 사고 치던 그날도 여느 때처럼 새벽에 일어나 덤프차 시동을 걸어 워밍업을 시키면서 타이어의 이상 유무, 즉 펑크검사를 했다. 항상 그렇지만 발로 밟아가며 검사할 때 제발 멀쩡하길 기원하며 점검한다. 다행히 정상이라는 느낌이 오자, 배시시 미소를 짓고 출발했다. 그런데 평상과 달리 마주 오는 차들이 헤드라이트를 하이빔, 로우빔을 번갈아 가며 신호를 주는 게 아닌가. 어떤 이는 손가락으로 날 찌르듯 하며 라이트를 올렸다 내렸다를 반복했다. 난 '왜 저러지?' 했다.

삼미아파트에서 51사단 앞 도로를 지날 때까지 전혀 감을 잡지 못했다. 무의식으로 가끔 백미러를 통해 뒤쪽을 보면, 번개가 치듯 번쩍번쩍하는 빛이 보였지만 어떤 의심도 못했다.

그저 "왜 멀쩡한 날 번개가 치고 지랄이냐! 비가 오려나!"를 혼자말로 중얼댈 뿐이었다. 매송면에 들어서자 가로등 불빛이 들어오면서 덤프가 들려진 것을 인식했다. 순간 소스라치게 놀랐다. 덤프를 재빨리 내렸다. 하지만 그간 지나오면서 낮게 설치된 전기 줄이란 전기 줄은 다 끊어진 이후였다.

어이쿠! 이를 어찌한다!! 후회해봐야 지나간 버스였다. 그러면서 순간이지만 삼미아파트에서 매송면까지 오는 과정에서 마주오던 차들이 하나같이 라이트를 올렸다 내렸다를 왜 반복했는지를 알게 됐다. 무식하면 약이 없다는 말이 정확히 들어맞았다. 그간 들려진 덤프가 낮게 가설된 전선을 끊으면서 동시에 합선(合線)되어 번쩍번쩍했던 것도 그때서야 인식한 것이다. 심장소리가 고동(鼓動)처럼 심하게 쿵쾅댔다. 줄잡아 10여 개 이상의 전기 줄을 끊고 지나오지 않았나 싶었다.

한전에 신고할까 말까 망설였다. "에이! 다 아는 사람들인데, 저 정도 고생 좀 하면 어때." 하면서 지나쳐 버렸다. 남양 북양리의 석산에 가서 골재를 싣고 매송면을 지나가며 사고 친 현장을 봤다. 한전의 기술자 친구들이 줄줄이 전봇대[전주]에 올라 수리하고 있는 모습들이 보이자 굉장히 미안했다. 언젠가 이실직고 하겠다고 했지만 차일피일 미뤄지면서 결국 숙유(宿遺)가 되고 말았다. 물질적인 피해야 별로 크지 않았지만, 미안함은 아직도 가슴 속 한켠을 차지하고 있다.

지금이야 덤프차를 생산단계부터 그런 어처구니없는 사고가 일어나지 않도록 각종 경고 장치를 부수적으로 설치하지만, 당시만 해도 운전기사들이 정신을 바짝 차리지 않으면 이런 사고가 날 수밖에 없었다. 내가 사고친지 얼마 지나지 않아 서울의 올림픽 대로에서 유사한 사고가 났다. 나처럼 덤프를 들고 올림픽대로를 질주하다 지하도 입구 상판에 걸려 옴짝달싹 못하고 끼는 사고가 일어난 것이다. 기사는 그 자리에서 숨지고 뒤따르던 차들도 줄줄이 사탕처럼 추돌한 것이다.

운전을 직업으로 하는 일은 고통의 정도가 남다르다. 특히 덤프트럭은 말도 못하게 사고가 잦은 차량이라는 점에서 더하다. 덤프를 들어 놓고 안전장치를 잊고 작업하다 덤프가 갑자기 내려와 깔려 죽는 사고, 내리막길에 주차시켜 두었다가 에어가 빠진 것[브레이크 작동 안 됨]을 모르고 시동 걸었다 속수무책 내달려 일어나는 사고 등 덤프트럭과 관련된 사건과 사고는 헤아릴 수도 없이 많다. 또 운전하면서 힘든 것 가운데 하나는 역시 소·대변 등 생리현상을 빼놓을 수 없다.

소변은 남자라는 특성을 고려하면 상대적으로 괜찮다. 문제는 대변(大便)이다. 평소엔 괜찮다가 꼭 차가 더럽게 밀릴 때 배가 아파오는 경우가 많다. 적당히 참을 만큼 참다가 석산이나 레미콘 공장에 당도하면 화장실로 내달려 해결하지만, 중간에서 급하게 아파오면 누가 보든 말든 길가에 차를 세우고, 재빨리 덤프트럭 칸으로 넘어가 똥(?)을 싸곤 했다. 여하튼 생리현상도 고충이었지만, 기억에 남는 건 역시 덤프를 번쩍 들고 운전하다 전기 줄을 끊은 사건을 잊을 수 없다.

운전, 아무나 하는 게 아니다

　팔자(八字)에 프로그램이 되어 있었나 보다. 어느 날, 대형 덤프트럭 운전을 하다 보니 이왕 하는 거 가장 힘들고 근사하다(?)고 알려진 화물차를 끌어보고 싶었다. 후다닥 보따리를 싸 서울 서초의 화물터미널 근처 '자연통운'이란 물류회사에 취업했다. 20여 대의 크고 작은 트럭을 보유한 나름 중견(?) 회사였다. 난 트레일러 가운데 가장 운전하기 난해한 것으로 이름난 이른바 풀카(fullcar : 대형 카고 트럭에 또 하나의 트럭이 붙어 있음)라는 화물운송 전용 트럭을 배정 받았다.

지금과는 다르게 1980년대 말엔 비행기에 기장과 부기장이 있듯, 화물차도 운전수[일명 사수]와 조수가 있었다. 난 풀카 경험이 전무하다는 이유로 조수로 배정되었다. 조수의 역할은 사수의 사소한 심부름부터 화물차 정비, 보조 기사 등을 하는 것이었다. 내 사수는 나와 연배는 비슷했지만 화물차 운전 경력은 더럽게 많은 이른바 베테랑이었다. 담배가 손에서 떨어지는 시간이 없는데다가 술도 무진장 처마시는 녀석[지금은 거의 사라졌지만 당시엔 음주운전이 다반사였음]이었다.

우리 팀(?)의 주요 운전 코스는 서초 화물터미널에서 수출용 컨테이너를 싣고 부산항에 내려주고, 거기서 운 좋으면 화물을 바로 싣고 올라오는 것이고, 운이 사나우면 포항으로 가서 철강을 싣고 서울과 수도권의 여기저기 공단 거래처에 운반하는 것이었다. 코스는 비교적 단순했다. 보통 한탕[왕복 1회]을 하는데 3일 정도가 소요됐다. 거의 길거리에서 생활했다. 회사 차원의 운이 없으면 우리에겐 운 좋은 날이었다. 화물이 잡히지 않으면 여관에 투숙할 수 있었기 때문이다.

항상 고민되는 지점이지만, 여기서도 가장 힘들었던 건 역시 사수와의 갈등이었다. 사수는 천성인지 게으른데다가 지저분하기 이를 데 없는 녀석이었다. 밥을 먹고 이를 닦는 건

연중행사처럼 보였고, 가끔 휴게소에 들르면 커피와 담배, 술이나 가까이 하지, 제대로 된 세면 한번 하는 법이 없는 녀석이었다. 게다가 수면을 취할 수 있도록 설치된 곳[운전하는 공간 바로 뒤에 마련]의 침구(寢具)는 약간 과장하면 이[蝨][20]가 댓 말은 나올 법했다. 게다가 발 냄새도 장난이 아니었다.

발 냄새 얘기가 나와서 하는 말이지만, 녀석은 잠자는 것도 무척이나 고약했다. 보통 침구에서 잠을 청하게 되면, 머리 쪽엔 머리를 두고 발은 발쪽으로 향하게 되는데, 이 녀석은 이런 기본적인 매너도 없는 녀석이었다. 지가 꼴리는 대로 잠을 청하는 한마디로 개시끼였다. 어쩌다 나도 졸려 잠시 눈을 붙이기라도 할라치면 그 놈의 발고랑내[발 냄새] 때문에 도저히 잠을 이루지 못할 정도였다. 그럼에도 녀석은 뭐가 문제냐는 듯이 잠꼬대(?)까지 하면서 자는 괴짜 중에 괴짜였다.

사실 이 정도는 애교로 봐줄 수도 있다. 눈 딱 감고 귀 막고 코 막으면 되는 일이다. 문제는 화물을 운송하는 과정이다. 당시 화물트럭의 적정량은 앞의 트럭 화물칸과 뒤의 화물칸을

---

20) '슬(蝨)'이라 불리는 '이'는 곤충의 일종으로 포유류에 기생하며 흡혈을 한다. 과거엔 많았으나 요즘엔 보기 쉽지 않다.

모두 합하면 25톤이었다. 그런데 화물을 실었다 하면 보통 40톤, 많게는 52톤까지 실었다. 과적 운행을 밥 먹듯 하는 것이다. 이는 화주도 차주도 돈이 된다는 생각에 위법 행위를 마구 저지르는 것이다. 또 과적하는 횟수가 많아야 이에 비례해서 받는 수당제도(?)도 악순환을 반복하게 하는 기제였다.

과적으로 인한 도로파손은 말할 것도 없지만, 더 큰 문제는 교통사고로 인한 인명 손실이다. 25톤 자동차면 부품들이 모두 그에 맞게 설계되는 법인데, 이를 무시하고 화물을 적재하니 사고는 불가피한 것이다. 뭔가 이상을 느껴 급히 브레이크를 밟아도 '정지거리'를 초과하는 일은 다반사다. 간혹 달리던 승용차가 신호 바뀌었다고 생각 없이 급브레이크를 밟았다가 과적 화물차에 덮쳐 희생당했다는 슬픈 사연들은 모두 이 같은 경우 때문이다. 과적차량이 저승사자로 불리는 이유다.

이뿐만이 아니다. 서울에서 출발할 때 보통 연료비 외에 5만 원 정도의 일비를 별도로 지급 받는다. 사수는 연료비를 아껴야 한다(?)는 이유로 내리막에선 거의 기어를 중립으로 놓고 달린다. 순전히 가속도를 이용[서울서 부산까지 운전하면 하루 5천 원 정도의 연료비 절감, 물론 사수의 용돈으로 쓰임]한 것이다. 졸도지경이 한두 번이 아니었다. 갑자기 끼어드는 차나 급정지하는 차들을 만나면 두 다리가 순식간에 땀으로 범벅된다. 대형사고 한번 없던 것은 거의 기적에 가깝다.

워낙 호기심이 많은 데다, 과도한 역마살(?)로 인해 풀카 운전까지 하게 되었지만, 생명의 위협을 지속적으로 느끼면서까지 계속할 수는 없었다. 사수에게 잔소리가 이어지기 시작했다. 내리막에서는 엔진브레이크를 적절히 활용하길 주문했고, 과적 또한 장기적으론 모두가 망하는 일인 만큼, 적정량의 화물만 싣고 다니자고 설득(?)했다. 사수는 이렇게 운전하기 시작한 게 어제 오늘 일이 아닌데다 지금까지 큰일이 없었다면서, 수정할 이유나 필요를 느끼지 못한다고 일축했다.

이 녀석도 우이독경이었다. 차악(次惡)을 택하기로 했다. 그간 번갈아 가며 운전하던 것을 내가 주로 운전을 했다. 녀석은 조수석의 의자를 반쯤 뒤로 눕혀 거의 쉬면서 지내게 했다. 난 거의 준법운전 비슷하게 했다. 안전이 최고라고 여겼기 때문이다. 하지만 나의 이런 기조는 그리 오래가지 못했다. 탕수가 확연이 줄어들자, 회사에서는 매출 손실로 보기 시작한 것이다. 사수가 다시 운전대를 잡는 시간이 많아졌다. 나와는 또다시 원초적인 갈등이 비롯되었음은 말할 것도 없다.

나의 성정(性情)도 만만치 않기는 그 녀석의 게으름과 지속적인 더러움(?)에 비견되었다. 계속 잔소리를 해댔다. 그래도 가시적인 개선은 없었다. 그렇게 지지고 볶으면서 지내던 어느 날, 의왕시의 한 거래처인 LP가스 용기 제조공장[신성공업?]에서 '지게차 운전기사'를 뽑는다는 방이 나붙었다. 과거 가스판매업을 했던 경험 때문인지 '가스통'이 어떻게 제작되는지 궁금했다. 이력서를 제출했다. 합격했다. 자연통운에서의 인연(?)은 그렇게 마무리 되고 의왕으로 출근하기 시작했다.

무지하게 쪽팔렸던 지게차 운전

그 놈의 호기심과 일명 '개폼'을 잡고 싶은 마음으로부터 비롯된 대형 덤프트럭 운전, 이왕이면 가장 힘들고 난해하기로 이름난 차를 끌어보겠다며 풀카(fullcar)까지 경험했다. 하지만 운전은 아무나 하는 것이 아니라는 것을 한참이나 뒤에 깨달았다. 나도 모르게 출구전략을 모색했던 모양이다. 장고 끝에 악수(?)라고, 과거 가스판매업을 했던 경험 때문인지, 'LPG 용기' 제작이 갑자기 땡겼다. 마침 거래처였던 의왕시의 한 가스통 제조회사[신성공업?]에 '지게차 기사'로 취업했다.

돌이켜 보면, 이 또한 호기심과 개폼의 또 다른 형태였다. 회사의 규모는 150여 명이 일하는 전형적인 중소기업이었다. 가스용기 제작을 위해선 철판 다루는 일이 기본이다. 따라서 지게차는 필수다. 크고 작은 지게차 3대가 있었다. 하지만 지게차 면허를 가진 사람은 달랑 혼자였다. 관청엔 1대만 신고하고 실제론 3대를 운행했다. 지게차도 법적으론 '중장비(重裝備)'로 분류되었기 때문에 면허증 소지자를 반드시 채용해야 했다. 지금이야 흔한 면허증이지만 당시엔 나름 귀했다. 출근 첫날, 사장님으로부터 회사의 간단한 설명을 듣고 현장으로 배치됐다. 그러면서 면허증 소지자란 이유로 지게차를 능숙하게 다루는 직원을 조수(?)로 붙여주었다. 지게차 기사의 임무는 다양하다. 용기 제작의 특성상 원자재인 철판을 풀카나 트레일러에서 하철하여 공정에 맞춰 이곳저곳으로 신속하게 옮겨주는 게 주요 작업이다. 초기엔 조수와 공장장의 배려(?)로 지게차의 동선이 어떻게 되는지 익히는 데만 시간을 보냈다. 코딱지(?) 만한 공장임에도 공정은 더럽게 복잡했다.

그간 덤프트럭에 골재를 싣고 레미콘 공장에 도착하면 정해진 장소에 덤프를 들면 땡[끝]이었고, 컨테이너나 철강을 운반할 때도 일정 장소에 도착하면 알아서 지게차가 달려와 화물을 말끔하게 처리해 주던 것과는 상황이 딴판이었다. 트레일러가 공장에 들어오면 지게차가 잽싸게 붙어 철판을 내려야 하는 입장이 된 것이다. 그런데 그간 지게차가 엄청나게 빠른 속도로 철판을 내려주던 일이 간단한 작업이 아니라는 걸 알았다. 고도로 숙련된 리프트 관(觀)[21]이 필요했던 것이다.

면허증 소지자라는 이유로 조수로부터 간단한 교육(?)만 받고 철판을 내리다 땅바닥으로 와르르 내동댕이쳐진 적이

---

21) 리프트(lift)는 화물을 올리거나 내릴 때 쓰는 장치로 지게차의 핵심이라 할 수 있다. 이 리프트를 얼마나 자유자재로 조작하느냐에 따라 능력이 결정된다.

있다. 인명피해는 없었지만 회사에선 심각하게 봤다. 철판을 제자리로 운반[수습]하려다 보니 많은 사람들이 사고(?)친 현장을 찾아 힘을 거들어야 했다. 회사에선 이를 손실로 여겼다. 시간만 넉넉하면 정확히 처리할 수 있다고 보였지만, 시간이 돈이자 경쟁력인 회사에선 결코 기다려주지 않는다. 트레일러에 실려 온 철판을 10분에서 15분이면 뚝딱 해치워야 했다.

사고 친 이후, 조수가 기사를 하고 난 사실상 조수 역할을 했다. 5일이 지나고 10일이 지나도 조수를 따라 잡을 수 없었다. 아니 흉내도 내지 못했다. 더구나 조수 뿐 아니라 공장의 노동자들 어지간한 사람들은 다들 지게차를 능숙하게 다루었다. 조수를 포함해 다들 면허증만 없을 뿐이지, 실제론 지게차를 자유자재로 조종하는 베테랑들이었다. 대안이 없었다. 기가 빠져 조수만 졸졸 따라 다녔다. 지게차의 기본적인 정비는 말할 것도 없고 기름 넣어주는 일 조차 모두 내가 했다.

사실 그런 것 말고 달리 할 수 있는 일이라곤 개뿔도 없었다. 그렇게 보름은 그냥 흘러갔다. 조금씩 동선이 들어왔다. 철판을 다루는 요령도 생겼다. 하지만 회사에서 기대하는 수준엔 한참 모자랐다. 철판을 내리고 올리는 것 정도는 나름 능숙해졌지만 철판을 리프트에 올려놓고 공장 내부 이곳저곳을 활발하게 움직이는 단계까지는 한두 해로도 부족해 보였다. 갈등하기 시작했다. 괜히 왔다는 생각이 강하게 일어났다. 명색이 면허증을 가지고 취업했는데, 스타일이 말이 아니었다.

폼생폼사라고, 밥값도 못한다고 생각하니 미치고 팔짝뛸 일이었다. 게다가 직원들이 "아니, 면허증 있는 사람 맞느냐?"고 물어올 땐 얼굴을 들 수 없었다. 쪽팔린 적이 한두 번이 아니다. 사실 지게차 면허증을 딸 때 1차 시험[필기]은 기존에 가지고 있던 실력으로 패스하고, 2차 시험[실기]은 달랑 30분 연습하고 취득한 것이다. 실전에 약할 수밖에 없는 건 당연하다. 이런 내막을 모르는 사람들 입장에서는, '면허증 소지자는 당연히 실력이 뛰어날 것(?)'이란 관념이 강했던 듯했다.

마음의 상처가 이만저만이 아니었다. 과거 이른바 '돌팔이 전기기술자'로 살 때가 생각났다. 실제 자격증 소지자는 실전에서 약하다는 것을 생각해낸 것이다. 인정하기로 했다. 실전이 약한 것은 당연하다고 생각하고 현장경험을 계속 늘려가기로 다짐했다. 속상한 마음을 내색하지 않으면서 최대한 조수를 보필하면서 경험을 쌓아 갔다. 그러던 어느 날, 조수는 어떤 이유에선지 퇴사해 버렸다. 하루아침에 스승(?)을 잃은 난 충격을 받았다. 앞으로 어떻게 해야 하나? 고민에 휩싸였다.

회사에선 방법이 없다고 했다. 알아서 처리하란다. 하늘이 노래졌다. 불안한 마음이 그득했지만 묘책이 없었다. 맡을 수밖에 없었다. 철판을 내리고 올리는 데는 능숙했지만, 여전히 공장 내부를 휘젓고 다니기엔 역부족이었다. 조심조심 하다 보니 공정에 차질이 빚어졌다. 궁여지책으로 회사에선 지게차를 잘 다루는 한사람을 선정하여 지게차 운전만 하도록 조치했다. 채용공고를 냈으니 직원이 충원될 때까지 나에겐 '대타 지게차 기사'가 하던 일을 좀 해달라는 제안을 해왔다.

졸지에 자리가 바뀔 판이었다. 하지만 거부할 수 없었다. 그간 제대로 지게차 운전을 못해 이런 사달이 난 만큼, 미안한 마음에 승낙하고 말았다. 그렇게 'LPG 용기'를 직접 제작하는 노동자가 되었다. 철판을 옮기는 일부터 용기형태로 둥글게 마는 일, 용접하는 일, 페인팅 하는 일, 밸브 설치하는 일 등 제작공정에 따라 조수역할을 했다. 하지만 날이 가고 달이 가도 충원되는 직원은 없었다. 이상했다. 이러다 가스통 만드는 노동자로 지속하는 건 아닐까? 슬슬 불안이 몰려왔다.

사람들이 수군대는 것도 고개를 갸우뚱하게 했다. 이름만 걸어둔 지게차 기사라고. 당장 사장님에게 달려갔다. 바로 돌직구가 날아들었다. 그대로 있는 게 생산성이 높으니 현장에

있으란다. 속된말로 역할을 제대로 못하니 난 현장에서 일하
고, 지게차 운전에 능숙한 이는 그에 맞게 일하는 게 회사에
도움이 된다는 논리였다. 순간 벼락을 맞은 느낌이었다. 그간
미안했던 마음이 싹 사라졌다. 거부했다. 사고발생시, 책임져
야 하는 것도 싫었지만, 자존심이 허락하지 않았기 때문이다.

　그간 가장 난해하다는 풀카를 가지고 전국을 누비던 내가
그깟 지게차 운전 경험이 미천하여 현장 노동자로 대체된다
는 건 도저히 받아들일 수 없는 일이었다. 과감하게 그만두기
로 했다. 하지만 취업해서 회사에 누(累)를 끼친 것 같아 그간
받았던 월급을 고스란히 돌려줬다. 마음이 불편했기 때문이
다. 출·퇴근하면서 봤던 '레커[견인차] 기사 모집' 현수막이
떠올랐다. 전화를 걸었다. 면허증만 있으면 바로 채용하겠단
다. 지게차 기사에서 레커차 기사로 변신(?)하는 순간이었다.

레커[견인차] 운전, 이건 아니잖아

그 놈의 과도한 호기심과 개폼을 잡으려다 대형 화물차와 LP가스 용기 제조 공장의 지게차 기사 생활은 득보다 실이 컸다. 개 눈엔 똥만 보인다고 출구전략으로 삼은 게 의왕시의 '의왕레커'였다. 면허증만 있다면 언제든 콜이라는 말에 '놀면 뭐하냐'는 생각으로 바로 취업했다. 사실 면허증은 오래전에 따두었지만, 이 또한 지게차처럼 레커 경력이라곤 개뿔도 없었다. 레커차 회사가 소규모이긴 하나 숙련될 때까지 조수역할을 해야 한다고 일러줬다. 당연히 배워야 한다는 마음으로 주저 없이 오케이 했다.

초기, 기사가 일러주는 대로 이런저런 기능을 익혔다. 재미있었다. 뭔가 배운다는 건 역시 예나 지금이나 즐거운 일이다. 특히 면허증을 딸 때와는 달리 현장에서 이뤄지는 생동감을 직접 체험할 수 있다는 건 큰 자산이란 점에서 좋다. 하지만 눈만 뜨면 출근해서 사고현장 만을 배회하거나 순회하는 것은 마뜩찮았다. 초를 다퉈가며 생명을 살리거나 재산 손실을 감소시킬 수 있다는 간접적인 역할은 분명 위안이 되는 일이지만, 본질적으론 사고가 일어나기만 기다리면서 시간을 보낸다는 건 영 내키지 않았다.

일반적으론 택시들로부터 사고 소식을 접했다. 지금이야 구조가 많이 달라졌지만, 당시엔 택시가 사고 현장을 발견하는 즉시 레커회사에 알려준다. 포상금 형식으로 5만원씩 지급했기 때문이다. 물론 알려준 회사의 레커차가 정비공장에 이송시켰을 경우에 한해서다. 가령 사고 신고를 접수받은 레커회사는 즉각 무전기로 각 레커차 기사들에게 사고현장으로 출동할 것을 지시한다. 이때 기사들은 반 미친놈들처럼 사고 현장으로 향한다. 신호위반은 말할 것도 없고 속도위반은 기본이다. 죽기 살기로 달려간다.

현장에 먼저 도착해야 견적이 보다 많이 나올 법한 차량을 선택할 수 있는 기회를 잡을 수 있다. 레커차가 사고차량 꽁무니에 먼저 대는 놈이 그 차를 정비공장에 이송할 수 있는 권한이 주어지기 때문이다. 일종의 상도덕으로 레커차 업계에선 불문율이다. 요즘이야 차주들이 원하는 공장으로 가겠다고 강력 주장하면 그에 따를 수밖에 없지만 당시로선 정비공장과 레커차 회사 간의 암묵적인 컨센서스가 있어 차주도 어찌할 도리가 없었다. 물론 일정시간이 지나 자동차 수리를 마치면 바가지는 불가피했다.

당시 택시기사가 레커차 회사에 사고현장을 알려주면 레커차 회사에서는 알려준 기사에게 건당 5만원을 지급했고, 레커차는 자동차 정비공장으로부터 이 돈을 보전 받는 구조였다. 당연히 정비공장에서는 자동차를 수리하면서 들어간 돈보다 훨씬 많은 견적(?)을 통해 소비자에게 청구하는 것이다. 장담할 순 없지만, 일부에선 이런 관행이 남아 있지 않을까 싶다. 좌우간 택시기사가 됐든 경찰로부터 신고가 접수됐든 이런 과정을 통해 현장을 찾아 정비공장으로 차량을 이송해주면 갈등은 많이 줄어들 것이다.

비나 눈이 오면 사고가 빈발하여 걱정할 게 없다. 이때는 레커를 총동원해도 일손이 부족할 정도로 분주하다. 문제는 사고가 일어나지 않을 때다. 이른바 '사고다발지역'을 수시로 배회해야 한다는 점이다. 어떤 때는 종일 사고가 나기만을 기다리는 경우도 있었다. 한 곳에 머무르는 것도 지겨워 군포의 동양레미콘 삼거리에서 두어 시간 죽치다 아무 소식 없으면 수원 쪽 지지대 고개 정상으로 이동하여 또 두어 시간 보내다 소식 없으면 안양 쪽으로 배회하는 일 등이 도대체 할 짓이 아니란 생각이 들었다. 레커차의 속성상 누군가는 반드시 그런 일을 해야 하지만, 내 정서와는 달라도 너무 달랐다. 며칠 지나지도 않았는데 회의감이 들기 시작했다. 여기도 내가 오래 있을 곳이 못되겠다는 생각이 맴돌았다. 하지만 이왕 들어온 거 한 달은 채워보자는 생각으로 버텼다. 그러던 어느 날, 지인으로부터 사기(詐欺)를 당하는 일이 벌어졌다. 나의 팔랑귀가 또 문제를 일으켰다. 세류동의 방 한 칸짜리에서 두 칸짜리 전세로 옮겨가기 위해선 부동산을 통해야 하는데 이를 간과하고 지인 말만 믿고 돈을 건넨 게 화근이었다.

그간 사람의 말을 믿고 당한 일이 한두 번이 아닌데, 또 당한 것이다. 그 놈의 부동산 복비[수수료] 좀 아껴보겠다고 했다가 거금(?)을 날린 것이다. 이 개시끼 눈앞에 나타나기만 해봐라. 입을 찢어 버리겠다고 성토하며 눈을 부릅뜨고 찾았지만 코빼기도 보이지 않았다. 한동안 멍때리며 지냈다. 레커차 운전을 더 이상 할 수 없었다. 결국 한 달을 채우지 못했다. 월급도 받지 못했다. 면목이 없어 요구하지도 않았다. 다시 화성의 남양으로 향했다. 전기공사 기사일과 가스판매업에 종사하면서 재기를 도모했다.

그러던 어느 날, 속에서 불이 나 살 수가 없었다. 법(法)을 몰라 당했다는 생각에 견딜 수 없었다. 법을 공부해야겠다는 생각이 들었다. '권리 위에 잠자는 자는 보호하지 않는다'는 민법의 법언에서도 일러주듯 모르면 당한다는 것을 인식한 것이다. 뭐 공부를 했다고 해도 이놈의 팔랑귀 덕분에 지금도 당하고 사는 것을 고려하면, 크게 도움이 되지는 못했다. 그럼에도 당시엔 법을 공부하면 적어도 당하지는 않을 것으로 판단했다. 오래지 않아 부동산과 관련된 법을 공부하기로 작정하고 노량진으로 향했다.

지금도 노량진은 학원가로 유명하지만 당시에도 행정고시 학원과 입시학원들이 즐비했다. 난 부동산 학원으론 최고로 알려진 '제일고시학원'에 등록했다. 사실인지 모르겠으나 당시 학원장은 부동산 학원을 차려 200억 원을 벌었다는 소문이 날 정도로 명성이 자자했다. 마침 부동산 중개업법(?)이 개정되어 '공인중개사'라는 타이틀로 제도가 바뀐 지 얼마 안 되었을 때다. 그래서인가? 부동산 투자(?)에 관심들이 대단했다. 부동산 열풍이 아닌 광풍이 불기 시작했다. 1989년 가을, 이제 고시원 생활이 시작됐다.

노량진에서 공부를 하게 될 줄이야

　1989년 가을 노량진, 내가 고시원 생활을 하리라곤 꿈에도 생각 못했다. 어찌하랴? 팔자가 그리도 더러운 걸. 누가 성질 급한 놈 아니랄까봐 부동산 학원으론 당대 제일간다는 '제일 고시학원'에 등록하기 무섭게 교재 6권을 후다닥 구매하여 기거할 고시원으로 내달렸다. 말이 고시원이지, 책상 하나에 몸 하나 겨우 누일 정도로 좁디좁은 방 한 칸짜리였다.

　속된 말로 코딱지만했다. 하지만 방이 크고 작은 건 별 문제가 되지 않았다. 누워 잘 수 있다는 게 어딘가? 짐 정리할 것도 별로 없지만 대충 정리하고 교재부터 훑기 시작했다. 읽어갈수록 눈의 초점이 흐려졌다. 흐리멍덩해지더니 급기야는 하늘이 노래졌다. 분명 한국어로 쓰여 있는데 도무지 이해할 수 없는 글들로 가득했다. 한마디로 암호 수준이었다.

　"에이 CBRT!!"[22]란 말이 절로 나왔다. 그 많은 교재 내용들

---

22) 속칭 '씨부랑탕'의 영어 이니셜로, 마음이 편치 않음을 에둘러 표현한 것이다.

가운데 내가 알고 있는 게 아무 것도 없다니 한심하기 짝이 없었다. 나이에 비해 일찍 세상을 알기 시작했다는 내가 도대체가 이해할 수 없는 글들만 가득하다니 환장할 일이었다. 과거 전기자격증을 따기 위해 청계천의 서울공과학원에서 물리공식을 배우다가 망연자실한 때와 비슷한 심정이었다.

노량진에 올라온 지 며칠 되지도 않아 바로 보따리를 쌀 수도 없고, 참으로 난감했다. 원래 '머리라고는 아둔하기 짝이 없는 놈'이었으니, 문리를 모르는 건 당연하고 만약 알게 된다면 얼마나 좋겠냐는 심정으로 맨땅에 헤딩하기로 했다. 절망에서 희망으로 상황을 반전시키기 위해서는 개념정리가 필요했다. 따라서 법률용어를 하나씩 분석하기 시작했다.

한편으론 부담을 줄이기 위해 가능한 분위기 파악하는데도 애썼다. 그래도 그렇지, 공부한 지 보름이 지나도 들어오는 건 개뿔도 없었다. 선생님들이 열강을 해도 들리지 않았다. CBR[23]이 절로 나왔다. 이러다 정말 돈과 시간만 날리는 건 아닌지? 슬슬 불안해지기 시작했다. 상황이 이상하게 전개됐다.

---

23) 속칭 '씨부랄'의 영어 이니셜로, 자책하는 마음을 에둘러 표현한 것이다.

시계 불알마냥 학원과 고시원만 왔다 갔다 한 꼴이었다.

누가 그랬나? 구두 만드는 곳에 다녀오면 가죽 냄새를 풍긴다고. 그간 아무 생각 없이 다녔다고 생각했는데, 갑자기 강의내용이 귀에 들어오기 시작했다. 암호 같았던 말들이 풀리다니 그저 놀라웠다. 흥미와 취미를 초월하면 재미(滋味)가 된다더니 틀린 말이 아니었다. 부동산학개론, 민법총칙, 계약법, 세법, 부동산공법 등의 개념들이 재미있기 시작했다.

불이 붙자, 전체 강의 내용이 파죽지세로 정리됐다. 암호 같던 내용들이 어느 날 아침 일이관지(一以貫之)²⁴⁾ 된 것이다. 궁해 변화를 도모하면 통한다더니,²⁵⁾ 3달이 채 되지 않았다. 대체 어떤 이유에선지 단정할 순 없지만, 법을 공부하고부터는 고압선에 감전된 것처럼 굉장한 충격을 받았다. 세상이 어떻게 생겨먹었는지, 어떻게 움직이는지 알게 된 것이다.

---

24) "자신의 도는 하나로 꿰뚫었다.(『논어(論語)』「이인(里仁)」: 吾道, 一以貫之.)"는 공자의 말에서 비롯되었다. 즉 학문의 근본은 일이관지(一以貫之), 즉 '일관해야 한다는 것'이 그의 의도다.

25) 『주역(周易)』에 "궁하면 변화를 도모하고, 변화를 도모하면 통하며, 통하면 오래간다."(窮則變, 變則通, 通則久.)는 말이 있다.

한동안 춤을 덩실덩실 추듯 기뻤다. "아! 세상은 이렇게 만들어져, 저렇게 움직여 가는구나."를 중얼거렸다. 어이상실(?)했는지 동문수학한 사람들을 가르치기 시작했다. 세미나 형식으로 이뤄졌는데 적지 않은 사람들이 모여들었다. 그럼에도 초기의 목표는 이룬 만큼, 하산(?)하고자 했다. 부동산에 관해선 적어도 사기(詐欺)를 당하지는 않겠다는 판단에서다.

하지만 이놈의 팔랑귀가 또 반란을 일으켰다. 하산할 수 없도록 발목을 잡고 나선 것이다. 공인중개사를 따서 개업하면 '큰돈을 벌 수 있다'는 소리에 그만 홀라당 넘어간 것이다. 난 사람들에게 부동산 관련법을 강의해주면서 한편으론 법학지식을 좀 더 강화하고 싶은 강한 욕구가 일어 헌법과 민법, 형법, 경제원론, 주택정책론, 토지정책론 등을 따로 공부했다.

어찌된 일인지 공부를 하면 할수록 세상이 어떻게 움직이는지 더 잘 보였다. 평소 불면증이 심해 잠을 이루지 못했는데, 오히려 공부를 많이 할 수 있는 시간이 되었다는 점에서 좋기도 했다. 하여간 새로운 세상 공부를 하면서 공인중개사 시험 날짜만 손꼽아 기다렸다. 허걱! 왠 날벼락? 연말에 예정된 시험이 연기되었다는 소식이 뉴스를 통해 흘러나왔다.

"이런 CBR!!"[26] 부동산 가격이 지나치게 과열되어 중개사를 더 이상 배출해서는 안 된다는 여론에 따라 시험이 연기되었다는 것이다. 허탈했지만 별 수 없었다. 부동산 공부를 잠시 접고 제일고시학원 맞은편에 있던 '대산전기학원'으로 잽싸게 옮겼다. 어차피 시험은 연기됐고, 수원으로 내려가기도 싫었기 때문이다. 좀 더 가치 있는 자격증을 따기로 했다.

전기학원에 등록하여 공부하다 보니 어느새 해가 바뀌었다. 공인중개사 시험을 4월에 실시한다는 뉴스가 전파를 타고 내 귀에 당도했다. 갑자기 급해졌다. 공인중개사와 전기자격증 시험이 겹친 것이다. 따로 할 사정이 아니었다. 며칠 남진 않았지만 다시 한 번 헤딩하기로 했다. 자주 코피를 쏟아 하늘이 노래져서 그렇지 불면증이 시험기간엔 보약이었다.

아무튼 며칠 남진 않았지만 확실히 무장을 했다. 파김치가 된 어느 날, 어떤 이유에선지 공인중개사와 전기기술자 시험의 문제가 눈앞에 아른거렸다. 문제가 뭐가 나올지 그림이 주~욱 그려진 것이다. 희한한 일이었지만 시험들이 요식행위로

---

26) 속칭 '씨부랄'의 영어 이니셜로, 한탄하는 마음을 에둘러 표현한 것이다.

느껴졌다. 그래도 실수를 하지말자는 생각으로 임했다. 역시 2개의 시험 모두 요식행위로 느껴질 만큼 잘 넘어갔다.

1990년 5월, 공인중개사와 전기자격증을 동시에 취득[당시 국졸 수준으로 대학에서 딸 수 있는 자격]했다. 의기양양하게 수원으로 향했다. 공인중개사를 개업해 속된 말로 떼돈을 벌어 제대로 된 공부 한번 해봐야겠다는 생각을 한 것이다. 하지만 세상은 호락호락하지 않는 법. 이미 수원엔 부동산 거래 과열로 공인중개사업 허가 제한지역으로 묶여버렸다.

평상심을 유지하던 사람도 복권을 사면 욕(欲)이 발동해 파도치기 시작한다더니, 큰돈을 벌어보겠다고 마음먹으니 별놈의 생각이 다 들었다. 전국이 부동산 과열로 어지간한 지역은 이미 부동산 거래 허가제로 바뀌어 버렸고, 공인중개사 사무소도 제한하는 추세에 있었다. 그래도 욕심(欲心)이 앞을 가려 외조부가 계시는 강원도 동해시의 북평으로 향했다.

동해시에서의 공인중개사 생활

떼돈(?)을 벌어 제대로 된 공부 한번 해보자는 요량으로 시작된 공인중개사업. 재수 더럽게 없는 난 또 막차(?)를 탔다. 수원에서 개업한다는 건 언감생심이라 외조부가 계시는 강원도 동해시로 향했다. 하지만 전국의 어지간한 토지거래는 이미 허가제로 묶여 버렸고, 공인중개사 또한 허가제로 묶여 개업조차 쉽지 않았다. 그럼에도 외조부만 믿고 무작정 갔다. 외조부는 당시 유지 중의 유지였다.

사실 동해시에서 개업하기로 한 데는 당시 노태우 대통령이 추진하던 북방개척과도 무관하지 않았다. 마침 동해시가 북방개척의 전진기지로 선정된 것이다. 또 동해시의 발전 가능성이 무궁무진하다는 언론의 대대적인 보도도 나의 이 잘난 팔랑귀를 자극하는데 한몫 했다. 정말 뭔가 될 것 같았다. 가슴이 뛰었다. 한번 치기 시작한 파도는 가라앉을 줄 몰랐다. 한마디로 돈에 눈이 뒤집힌 것이다.

후다닥 돈을 벌어야겠다는 어리석은 마음에 허가를 어떻게든 받아야만 했다. 속된 말로 빽(?)을 동원했다. 외조부의 강력한 빽. 믿기지 않을 정도로 빠르게 허가증이 나왔다. 일사천리로 개업 준비를 마치고 간판을 내 걸었다. 내 호를 딴 '공인중개사 승영사무소'가 탄생한 것이다. 떡을 왕창해서 대박기원 고사와 홍보를 겸해 동네 주민들에게 돌렸다. 시골이라 그런지 사무실 내방객도 대단했다.

첫 끗발이 개 끗발이라고, 좋은 기운은 며칠 못 갔다. 민낯이 고스란히 드러난 것이다. 우리나라 사람들, 아니 서울사람들의 부동산 투자(?) 능력은 그야말로 귀재라는 것을 입증시켜주기라도 하듯 어지간한 토지는 이미 그들 손아귀에 다 들어간 상태였다. 의뢰인이 뭘 좀 알아봐 달라 하여 토지대장을 확인해 보면, 십중팔구 서울 사람들, 그것도 강남·서초구에 주소를 둔 사람들이 대부분이었다.

사무실 개업은 무난하게 이뤄졌지만 의뢰인들과 잡담(?)하는 공간으로 변해갔다. 속된 말로 실속은 하나도 없는 속빈강정, 즉 외화내빈(外華內貧)의 전형만 절감하며 속절없이 지냈다. 어쩌다 중개가 성사돼 받는 수수료 가지고는 여직원 월급 주고 등기소나 시청에서 발급받는 수수료를 지불하고 나면 땡이었다. 토지거래를 위해서는 현장을 자주 방문해야 하는데 이런 비용도 만만치 않게 들어갔다.

그러던 어느 날, 어머니의 '장작개비'가 떠올랐다. 정직하게 땀 흘려 벌지 않은 돈을 벌고자 지랄발광하고 있는 나를 발견한 것이다. 떼돈을 벌어 제대로 된 공부 한번 해보겠다는 생각이 잘못되었음을 인식한 것이다. 잠시지만 돈에 눈이 뒤집혀 정당하게 땀 흘려 일하고자 하는 마음을 잃어버렸던 것이다. 그런 날 자책하며 팔랑귀를 원망했다. 도대체 떼돈 벌어 공부해서 뭐하려고 했는지 원.

동시에 내가 중개사 업을 할 수 없는 결정적 유전자가 존재한다는 걸 뼈저리게 느꼈다. 가령 동일한 부동산[토지나 주택 등]을 두고 매도자에겐 가능한 부정적으로 얘기해서 팔도록 해야 하고, 매수자에게는 어떻게든 긍정적으로 얘기해 구매할 수 있도록 해야 한다는 점이었다. 모순(矛盾)도 보통 모순이 아니었다. 물론 사람들 삶 속에서 누군가에게는 반드시 그런 일이 필요한 일이기는 하다.

하지만 내 정서론 도저히 받아들일 수 없는 일이었다. 더 이상 중개업을 유지할 수 없다는 결론에 이르렀다. 자괴감에 빠져 살던 어느 날, 리비아 대수로 공사에 필요한 인재를 모집한다는 신문광고를 접했다. 전기기사가 눈에 들어왔다. 주저 없이 원서를 썼다. 보름이나 지났을까? 합격했다는 전화가 왔

다. 그렇게 동해시에서의 공인중개사 생활은 개털로 끝나고,
열사의 땅 리비아로 향했다.

리비아 트리폴리에서의 노동자 삶,
하나

1990년 말, 김포에서 대한항공에 몸을 실었다. 직항이 없어 태국과 사우디아라비아, 바레인을 거쳐야 도착하는 북아프리카의 리비아. 편도로만 자그마치 23시간이란 어마무시한 시간을 비행하는 구간이다. 게다가 당시만 해도 기내에서 흡연을 마구 해댈 때였다. 기내 식사가 끝나면 거의 화재현장을 방불케 할 정도로 기내는 연기로 가득차기 일쑤였다. 담배를 전혀 입에 대지 않는 난 호흡을 제대로 할 수 없어 아주 죽을 맛이었다.

얼마나 두통이 심하고 피곤이 가중되었는지 리비아에 도착하기 전 기내에서 혼절하는 줄 알았다. 죽을 팔자는 아니었던지, 완전 녹초가 되어 트리폴리공항을 빠져나왔다. 대기하고 있던 '동아건설 트리폴리사무소'로 향하는 대형버스에 몸을 실었다. 시차 때문인지 몸은 더럽게 피곤했다. 하지만 눈만 멀뚱멀뚱할 뿐 잠이 오지 않아 미칠 지경이었다. 그럼에도 미지의 세계에 왔다는 느낌이 들었는지 호기심과 긴장감에 가슴이 뛰었다.

트리폴리사무소에서는 일주일에 한 번씩 들어오는 항공기에 맞춰 일과가 진행된다. 동아건설의 트리폴리지사 역할과 한국으로 드나드는 인력을 중간에서 관리해주는 것이 주요 임무였다. 말하자면 귀국하는 노동자들은 트리폴리사무소에서 2~3일 지내다 공항으로 이동해 귀국하고, 반대로 한국에서 리비아에 입국하면 트리폴리사무소에서 2~3일 지내다 사막의 각 현장으로 배치하는 것이다. 나도 현장으로 배치되기 전까지 머물렀다.

운이 좋은 건지 나쁜 건지 모르겠으나 난 사막(沙漠)의 현장으로 가지 않고 리비아 본부격인 트리폴리사무소로 발령이 났다. 이를테면 대기하던 사무소에 그냥 머무르게 된 것이다. 동료들은 축하한다고 했지만, 발령 다음날 아침부터 서무과장과 대판한 걸 생각하면 축하받을 일도 아니었다. 시차 적응을 못했는지 늦게 잠이 들어 출근시간을 지키지 못한 것이다. 미스터 약속으로 불리던 내가 출근시간을 어기다니 유구무언이었다.

서무과장은 나를 즉각 호출했다. 얼굴을 보자마자 퍼붓기 시작한다. 이제 갓 해외취업한 사람이 기강이 이렇게 해이해서 쓰겠냐는 것이었다. 난 잘못이 명백한 만큼 꿀 먹은 벙어리마냥 꼼짝 못하고 잘못했다고 사죄했다. 어떤 마음이었는지 모르겠으나 서무과장은 30여 분이 훌쩍 지날 만큼 한 얘기 또 하고 한 얘기 또 했다. 술도 안 마신 사람이 무슨 놈의 말을 그렇게 반복하는지 환장할 노릇이었다. 갑자기 뚜껑이 열리고[27) 말았다.

"에이 CBR![28) 여기서 그냥 귀국해야겠다. 뭐 이런 개시끼가 다 있어." 해버렸다. 사무실의 기운이 싸해졌다. 사무실 사람들의 시선이 우리에게 집중됐다. 후에 알게 된 일이지만, 서무과장은 트리폴리사무소의 사실상 2인자였다. 그는 항공기 추락사고 현장에서도 생존한 인물이다. 그가 탔던 항공기는 1989년 7월 27일 김포에서 이륙, 태국과 바레인, 사우디[제다]를 거쳐 다음날 트리폴리에 도착 예정이던 대한항공 803편[DC-10]이다. 시야가 확보되지 않은 악천후에도 불구하고 무리하게 착륙을 시도하다 추락한 것이다. 당시 탑승객 중 72명이 그 자리에서 숨졌다. 서무과장은 당시의 충격으로 유럽 사람들처럼 안구가 파랗게 변했다. 잘 모르는 사람들은 혼혈인

---

27) '뚜껑이 열리다'라는 말은, 기(氣)가 머리 한쪽으로 몰려 기분이 매우 나쁘다는 나만의 속어(俗語).

28) 속칭 '씨부랄'의 영어 이니셜로, 나의 속상한 마음을 에둘러 표현한 것이다.

으로 오해할 수 있을 만큼 심했다. 항공기 사고 트라우마로 다신 해외지사로 나가지 않겠노라 맹세했는데, 회사에선 해외지사 파견을 거부하면 사표를 받겠다는 압박에 굴복해 다시 리비아로 나온 사람이다.

아무튼 서무과장은 내 선임 전기기사가 소고기를 수시로 빼돌려 트리폴리 시장에 내다 팔다 들통 나 형사범으로 귀국 조치 되었기에 나름 사명감을 가지고 관리감독을 제대로 해보겠다고 속된 말로 나를 조진 것이다. 그런데 사람을 봐가면서 볶아야 하는데, 지랄 같은 성정의 나를 두고 그 난리를 쳤으니, 감당이 될 리 만무했던 것이다. 고분고분 듣고 있던 내가 갑자기 강경하게 나오자 깜짝 놀란 것이다. 당황하는 기색이 역력했다.

그럼에도 최대한 당황하는 기색을 감추고 "이 사람이 잘못했으면 가만히 있을 것이지, 어떻게 오자마자 그만두겠다니? 계약서 봤어? 6개월 이내 귀국하면 항공기 요금 200여 만 원을 모두 당신이 물어야 하는 데, 감당할 수 있겠어?" 하는 것이 아닌가. 뚜껑이 열린 난 물러서지 않았다. "알아. 항공기 요금 내가 다 물면 되는 거 아냐? 귀국한다. 별 그지 같은 시끼를 다 보겠네. 그만 둔다. 에이 CBR!!." 하면서 사무실을 뛰쳐나왔다.

비상이 걸린 건 그쪽이었다. 전기기사라곤 딸랑 하나인데, 귀국하겠다고 펄펄 뛰니 문제가 심각해진 것이다. 트리폴리에서의 전기기사 역할은 어마어마했다. 트리폴리사무소[대략 30여 동의 건물, 지역의 특성상 방 하나에 에어컨 한두 개는 필수. 캠프 내의 에어컨만 수백 대]의 전기시설은 물론 대사관과 대사관저, 교민들 집과 심지어는 대한항공의 직원들이 쓰는 무전기까지 수리해줘야 할 만큼 전기기사의 역할은 실로 막중했다.

리비아 트리폴리에서의 노동자 삶, 둘

사정이 이렇다 보니, 서무과장이 나를 달래지 않을 수 없었다. 최악보다는 차악을 선택하는 게 낫겠다고 판단한 때문인지 나를 직접 찾지 않고 한 다리 건너 쓰리쿠션으로 사태를 수습코자 했다. 건축전문가 손 대리가 나를 찾아 왔다. 그는 지금 여기서 귀국해 버리면 트리폴리사무소도 한동안 어려움이 있겠지만 나 또한 물심양면으로 피해가 불가피하니, 한발씩 양보하는 게 어떻겠느냐는 제안이었다. 같은 기술자의 중재에 마음이 흔들렸다.

사실 나도 씩씩대며 사무실을 박차고 나왔지만, 정말로 귀국하게 되면 정신적으로나 물질적으로 피해가 막심하겠다는 생각이 들었다. 지금도 만만치 않지만, 당시 1,000불[1년 계약]씩 월급을 받기로 했던 것을 감안하면 왕복 항공료 2백여 만 원은 굉장한 금액이었다. 참고로 계약 조건에 1년을 모두 채우면 왕복항공료를 회사가 부담하고, 6개월에서 1년 사이면 편도, 6개월 이내에 귀국하면 왕복항공료를 모두 본인이 부담하는 조건이었다.

손 대리의 중재를 받아들였다. 다시 사무실을 찾아 서무과 장과 화해했다. 이렇게 한바탕 홍역을 치르고 시작된 트리폴리사무소에서의 전기기사 생활은 순탄치 않았다. 사무소 전체 직원이라야 외국인 직원[일부 조선족 동포들과 영국, 인도, 태국, 필리핀 등]들 포함해서 60여 명(?)정도였으니, 소문이 금방 퍼졌다. 성질 더러운 놈이 들어왔다고. 그래선지 노려보며 두고 보자는 놈들도 눈에 띄었다. 거기에도 일종의 텃세(?)가 있었던 것이다.

하지만 우호적으로 대하는 녀석들도 있었다. 늘 부탁을 해야 하는 처지에 있는 녀석들이 그들이다. 가령 당시의 리비아는 양질의 전기시설을 갖추지 못했다. 때문에 우리 사무소 내에는 별도의 발전소 시설을 갖추고 전기를 공급했다. 그럼에도 크고 작은 배전 시설이 자주 고장을 일으켰다. 지역의 특성상 정전 시의 고통은 장난이 아니었다. 게다가 특권(?)인 정수관리시설과 비디오를 시청할 수 있는 방 키도 내가 쥐고 있었기 때문이다.

예나 지금이나 그곳은 지하수를 정수하지 않고는 마실 수 없다. 때문에 정수기를 수리한다는 명분으로 꺼두면 어느 누구도 정수한 물을 사용할 수 없다. 철지난 얘기지만 정수기의 성능이 얼마나 좋은지 리비아 국토부 장관도 종종 사무소를 찾아 정수(淨水)를 받아갈 정도다. 리비아가 면적[한반도의 17배]에 비해 작은 나라[외국인 포함 3백만 명]지만 관료들은 대체로 엘리트들이었다. 바다 건너 프랑스로 유학을 다녀온 녀석들이 다수였다.

그래서인지는 모르겠으나 그들은 쓸데없는 권위를 찾아볼 수 없었다. 금세기 최고의 토목공사라는 대수로 공사를 함에 있어서도 이른바 갑질(?)을 한다는 느낌을 받거나 들은 적이 없다. 비록 카다피가 독재하고 있었지만 관료들의 행태는 전혀 달랐다. 그들의 생활 자세를 보고 놀란 적이 한두 번이 아니다. 정치인들은 물론이고 고위 관료들도 손수 운전(?)하고 다니는 일이 허다했다. 우리도 따라하면 좋겠다는 생각을 많이 했던 시절이다.

좌우간 내 선임기사는 비디오를 관리해야 한다는 명분으로 방 키를 틀어쥐고 시청권을 하루 3시간 정도만 허용하는 아주 개 같은 놈이었다. 당시 동아건설 본사에선 일주일에 한 번 오가는 항공기에 야동을 비롯한 각종 프로그램을 녹화한

테이프 수십 개씩을 파우치[29]에 넣어 보내왔다. 전기기사는 각 현장의 특성을 고려하여 적절히 안배해야 함에도 지 맘에 드는 테이프를 선별(?)하여 시청하다가 지겨워지면 사막의 각 현장으로 보내곤 했다.

사정이 이렇다보니 전기기사의 꼴값(?)은 대단했다. 식당의 고급 재료로 만든 음식을 제공받는 건 기본이고, 어지간한 지위에 있는 사람들도 전기기사에겐 깍듯하게 예우(?)했다. 여담이지만 최필립[30] 당시 리비아 대사와 말동무가 된 것도 이런 정서와 무관하지 않다. 가끔 대사관으로부터 연락이 오면 바로 출동해 전기시설을 수리해주다 보니 친해진 것이다. 자기가 꼴릴 때만 방문한 선임 기사의 그것과는 판이하다 보니 눈에 확 띈 모양이다.

한번은 관저에서 만찬 행사가 늦게까지 이어지다 정전된 일이 있었다. 리비아 전기회사에 신고하면 함흥차사라나. 급

---

29) 파우치(Pouch)가 사전적 의미로는 '화장품이나 핸드폰 따위의 간단한 소지품을 넣는 작은 가방'을 뜻하지만 여기서는 '여행용 가방 정도의 큰 가방'을 말한다.

30) 한때 박근혜 대통령의 정치적 멘토로 불렸다.

전이 와 잽싸게 가보니 내부시설이 아닌 전봇대에 올라가야 하는 일이었다. 과거 활선작업[31]에 능통했던 실력을 유감없이 발휘했다. 그 일이 있고부터 더 자주 관저를 드나들었다. 최필립 대사도 나의 적극적인 태도에 감탄했는지 여러 얘기를 자주 나눴다. 그의 세계관을 통해 세상을 넓게 이해하는 계기가 되기도 했다.

여하튼 선임의 전기기사 특권(?) 운운하며 목에 깁스를 하며 산 것을 생각하면 코웃음이 절로 나왔다. 난 대사관이 되었든 관저가 되었든 교민의 집이 되었든 심지어는 리비아 정부 관료의 집이 되었든 내 손을 필요로 하는 곳이면 가리지 않고 찾았다. 정수가 필요한 사람은 언제든 받아갈 수 있도록 문을 상시 개방했고, 비디오를 보고 싶은 사람은 언제든 가능하도록 24시간 오픈했다. 비디오 테잎을 관리하던 시건 장치는 아예 없애 버렸다.

내·외국인 할 것 없이 좋아했다. 특히 태국 녀석들이 환호했다. 비디오방이 그들로 늘 북적였다. 무슨 놈의 비디오[야

---

31) 전류가 통하고 있는 '살아있는 전선'을 만지면서 작업하는 것을 말한다.

동]를 그렇게들 좋아하는지, 그들을 다시 보는 계기가 되기도
했다. 그럼에도 한편에선 출근 첫날부터 홍역을 치른 전력 때
문인지, 가자미처럼 사시(斜視)로 노려보는 녀석들이 있었다.
그들은 해외에서 보통 10년씩 생활한 베테랑들이다. 속된 말
로 신고식을 치르지 않고 지내다 보니 아마도 내가 눈의 가시
였던 모양이다.

리비아 트리폴리에서의 노동자 삶, 셋

어느 날 저녁, 트리폴리사무소의 구조개편을 위한 현장회의가 있었다. 소장의 간단한 인사말을 필두로 각 부서장들의 의견이 하나둘 개진됐다. 이에 대한 토론시간이 되었다. 구성원들도 한마디씩 하라고 하여 내 순서가 되자, 난 구조를 가능한 혁신하자는 의견을 제시했다. 내 말이 끝나기 무섭게 평소날 못마땅해 하던 녀석들이 반기를 들고 나섰다. 논리라곤 개뿔도 없이 감정만 앞세워 물정모르는 이의 의견이라고 묵살하는 것이었다.

시시비비가 오래 지속되지 않았다. 상호 감정이 격해지자 바로 붙었다. 막상 몸싸움이 시작되자, 난 순간이지만 굉장히 당황했다. 개시끼들이 떼거리로 달려들었기 때문이다. 속된 말로 '한 놈만 조지자'는 생각으로 눈에 들어온 목침을 들어 가격하려는 순간 떼거리 중의 한 놈이 재빨리 내 팔을 비틀어 목침을 빼앗았다. 무장해제 되자, 육박전(?)이 벌어졌다. 힘의 논리 그대로였다. 난 녀석들에게 제대로 된 주먹 한 번 쓰지 못하고 당했다.

영화에 나오는 것처럼 얼굴이며 팔, 다리, 등, 배를 가리지 않고 무자비하게 얻어터졌다. 그래도 계속 덤볐다. 그러자 녀석들의 입에서 날 죽여 사막에 묻어버리겠다고 위협했다. 그런 말에 기죽을 내가 아니었다. "그래, 아주 죽여라 이 개시끼들아!!" 고래고래 소릴 지르며 육박전은 지속됐다. 그럴수록 더 터졌다. 속절없이 터지다 보니 얼핏 이러다 맞아 죽겠다는 생각이 들었다. 전략을 수정해야겠다는 판단이 들어 일단 몸싸움을 멈췄다.

현장에서 벗어난 난 성한 곳이 없었다. 눈탱이 밤탱이에 코피도 줄줄 흘렀다. 몰골이 말이 아니었다. 억울해 잠을 이룰 수 없었다. 각개전투로 격파키로 했다. 다음날 전기기사 특유의 무장(?)을 하고 녀석들의 현장을 찾아 조지기 시작했다. "야 이 개시끼야! 내 주먹맛 좀 봐라."면서 선즉제인(先則制人)[32]했다. 한 녀석을 제압함과 동시에 전날의 사과를 받아내자 가속도가 붙었다. 현장을 돌면서 같은 방식으로 항복과 동시에 사과를 받았다.

며칠 지나지 않아 사시로 보던 녀석들이 사라졌다. 속된 말

---

32) 『사기(史記)』, 「항우본기(項羽本紀)」에 나오는 말로 '선수를 치면 상대를 제압할 수 있다'는 말이다.

로 평정한 것이다. 나도 나이가 많은 베테랑 선배들에겐 형님 대접을 하기로 하고, 동년배들 간엔 친구처럼 지내기로 했다. 그렇게 한 번 더 홍역을 치르고 나서야 리비아 트리폴리에서의 전기기사 생활은 평온했다. 매일 저녁 탁구와 테니스 등을 즐기면서 지냈다. 하지만 도저히 풀 수 없는 갈등은 따로 있었다. 바로 학력(學歷)에서 오는 갈등이었다. 해법이 없어 죽을 맛이었다.

그간 '실력만 있으면 된다'는 말이 몽땅 뻥이라는 걸 알았다. 엄연한 사실을 무시할 수 없다는 것도 거기서 확인했다. 자격을 갖춘 기술자라 하더라도 학력에서 오는 갈등은 피할 수 없었다. 저학력이란 이유로 차별이 한두 가지가 아니었다. 나와 유사한 학력 소지자는 모두가 도매금이었다. 이를 어떻게 극복할 것인가? 숙고의 숙고를 거듭했다. 인권변호사가 되기로 했다. 인권변호사가 되어 차별 없는 세상을 만들겠다고 다짐한 것이다. 누가 그랬나? 큰 아픔을 겪고 나면 어지간한 갈등은 약이라고. 맞는 말이었다. 다람쥐 채 바퀴 돌 듯하던 평소의 일과는 시시콜콜했다. 문제가 없었다. 보다 근원적인 문제에 접근하다 보니, '우리의 삶 어떻게 할 것인가?'라는 자문이 계속됐다. 31년이 지난 지금까지도 이어지고 있다. 일과를 마치면 어떻게 효과적으로 공부할 것인지 고민하기 시작했다. 장기전에 돌입하기로 했다. 이를 위해선 해외 병부터 극복하는 게 과제로 떠올랐다.

많은 사람들이 알고 있듯, 해외에서의 노동 강도는 국내의 그것과는 차원이 다르다. 절반 정도의 노동 강도에 보수는 보통 30퍼센트 이상 많다. 한번 해외로 나가면 귀국하기 쉽지 않다는 말은 대체로 이 같은 연유 때문이다. 시어머니 욕하다 닮는다고 나도 두려움이 없지 않았다. 틈만 나면 귀국한다고 마음을 굳게 다졌다. 다행이도 귀국한 것은 그야말로 신(神)의 뜻, 인샬라(Insha'Allah)[33]였다. 공부할 수 있는 토대가 마련된 것이다.

---

33) '알라의 뜻대로 하소서'라는 아랍어. 그들은 어떤 사건이나 사태가 발생하면 늘 '알라의 뜻'이라는 이른바 '인샬라(Insha'Allah)'를 읊조린다.

검정고시 명문 수도학원

1991년 말, 무탈하게 귀국한 것은 그야말로 신의 뜻, 인샬라(Insha'Allah)였다. 환경이 무지하게 좋은 건 아니었지만, 공부를 할 수 있는 토대가 마련된 것 하나만으로도 무척 좋았다. '우물쭈물하다 그럴 줄 알았다'는 얘기가 되지 않기 위해 귀국하기 무섭게 검정고시로 이름난 신설동의 수도학원으로 향했다. 이듬해 8월에 있는 검정고시[중학교 과정] 반에 등록했다. 과정이 시시하기 짝이 없었지만, 시험을 통과하기 위해선 분위길 파악해야 했다.

당시 검정고시를 준비하는 학우들은 다양했다. 연배들이 나보다 훨씬 높은 형님과 누님뻘 되는 분들이 많았고 아주 어린 학우들까지 다양했다. 어찌된 일인지 자세한 기억은 없지만 개강 초부터 반장(班長)을 맡았다.

머리털 나고 반장이란 타이틀은 처음 써봤다. 국민학교 때 맨날 쌈질만 하고 다니다 중학교 과정의 학원에서 반장을 맡다니, 스스로를 잊을 만큼 구름 위를 나는 기분이었다. 하지만 변화무쌍한 반을 어떻게 이끌지 어깨가 무거웠다. 난 학우들에게 두 가지를 약속했다. 첫째는 어떻게든 학우들의 학업 열을 올려 전원이 과정을 통과하도록 하는 것이고, 둘째는 상대적으로 어렵게 공부[苦學]하는 아이들을 발굴해 공부를 지속할 수 있도록 지원하겠다는 것이었다.

이 두 가지의 약속을 해소하기 위해서는 먼저 학우들에게 한자(漢字) 공부를 시켜 향학열을 북돋도록 해야겠다는 생각이 들었다. 한자 2,000자만 익히면 그다지 어렵지 않게 과정을 패스할 수 있다고 확신했기 때문이다.

즉각 학원장을 만났다. 학원의 정규수업을 마치면 별도의 '한자교실'을 운영할 수 있도록 자리를 마련해 줄 것을 요청했다. 학원장은 통이 큰 사람이었다. 흔쾌히 수락했다. 난 매일 정규수업을 마치고 별도로 1시간씩 한자를 강의했다. 하지만 날마다 입이 댓 발씩 나오는 사람도 있었다. 수위 아저씨다. 과정 끝나면 바로 퇴근해야 되는데, 우리 때문에 1시간씩 퇴근이 늦어졌기 때문이다. 아무튼 학우들의 학업 열은 이렇게 해서 분위기를 잡아나갔다.

그리고 고학(苦學)하는 학우들을 지원하는 방안은 사정이 나은 학우들의 십시일반(十匙一飯)과 마침 물질적으로 넉넉

한 학우들이 적지 않은 돈을 쾌척해 매달 3~5명씩 선발해 지원했다. 좋은 일인데 순탄하면 얼마나 좋을까? 이른바 '문제 학우' 녀석들 때문에 골을 때려야 했다. 어려서 꼭 나와 같은 녀석들이다. 공부엔 관심 없고, 거리를 배회하면서 쌈질이나 하는 그런 녀석들. 문제는 학원에 출석을 잘 하지 않고 사고를 치고 다닌다는 점이었다.

며칠 다니다가 주야장천 결석을 일삼다 보니, 이들을 관리하기가 쉽지 않았다. 이들을 어떻게 할 것인지 고민하다 일종의 학생회를 조직했다. 일주일에 한 번씩 모여 이들을 구제하기 위한 회의를 했다. 지금의 아내를 거기서 만났다. 사실 아내는 '한자교실'에 참여하던 학우였는데, 내가 마음에 들었는지 늘 졸졸 따라 다니다 학생회 모임까지 쫓아온 것이다. 아내는 직장을 가진 이른바 주경야독하는 학우였다. 그러면서 지남철처럼 날 따라 붙었다.

이런! 내가 맘에 두었던 학우는 따로 있었는데. 이른바 '문배우'로 불리던 예쁜 학우였다. 어떻게든 그녀를 내 사람으로 만들기로 하고 적지 않게 공을 들이던 참이었다. 이런 마음을 아는지 모르는지 상관 않고 따라 붙은 것이다. 아내의 행태를 이해할 수 없었다. 하지만 '졸졸 따라다니기 작전'을 끝내 외면하지 못한 난 아내에게 항복하고 말았다. 불같은 사랑 한번 해본 적은 없지만, 은은하게 지속하는 아내의 심성은 하늘을 찌를 만큼 착하다.

아무튼 난 '중학교 과정'과 '한자특강', '문제 학우 구제하기' 등에 주력했다. 모든 일이 순조롭게 진행되는 줄 알았다. 호사다마(好事多魔)라 했던가? 시험을 코앞에 두고 '인샬라'인지, '쿼바디스 도미네(Quo Vadis Domine)'인지 기로(岐路)에 섰다. 한번 물면 집요하게 파고드는 개떡 같은 성질에다 만성적인 불면, 불규칙한 식사[3종 세트] 탓인지 위장에 탈[病]이 생긴 것이다. 위가 거의 천공(穿孔) 직전이란 진단이 나왔다. 당장 학업이 문제였다.

바로 입원하지 않으면 숨질 수도 있다는 엄포(?)에 쫄아 공부고 뭐고 다 때려치우고 당시 수원 남문에 위치한 정선근 내과[현, 남수원 병원]에 즉시 입원했다. 아내도 날 간호하겠다고 잘 다니던 직장[다국적기업 한국지사]과 학업을 모두 포기하고 수원으로 내려왔다. 죽을병은 아니었던지 며칠 입원했더니 기력이 쌩쌩해졌다. 퇴원하겠다고 했더니 최소 2주는 있어야 한단다. 2주를 꽉 채우고 퇴원했다. 하지만 뭔가 사기 당한 느낌을 강하게 받았다.

시일이 좀 지나 다른 병원을 방문하여 위를 재검사한 결과 입원까지 할 필요는 없고 약물만으로도 치료가 가능하다는 소견을 받았다. 여하튼 시험을 코앞에 두고 병원을 들락거리며 몇 주를 보냈더니, 다시 학원을 간다는 건 무리였다. 게다가 아내는 나를 간호하겠다고 수원으로 내려온 이후부터는 사실상 혼인[34]생활이나 다름없었다. 신접살림을 해야 할 판이었다. 복병이었던 셈이다. '우물쭈물하다 그럴 줄 알았다'는 말이 딱 어울리는 꼴이었다.

복병은 복병이고 현실은 현실이다. 그간 몇 달 동안 학원을 다닌 게 아까웠다. 검정고시를 치르기로 했다. 학원갈 입장이 못 되어 아내의 가정교사 역할을 하면서 독학으로 돌파키로 했다. 운이 좋았는지 8월 시험에 아내와 나란히 합격했다. 중학교 과정을 마친 것이다.

기쁨도 잠시, 먹고 살 생각에 학업은 이어갈 수 없었다. 꿈

---

34) 혼인(婚姻)의 혼(婚)은 신부가 시어머니, 시아버지가 계시는 시가(媤家)에 가는 것을 뜻하고, 인(姻)은 신랑이 장인, 장모가 계시는 장가(丈家)가는 것을 뜻한다. 따라서 결혼(結婚)이라 하면, 여성이 남성에게 종속되는 것을 의미하므로 올바른 어휘가 아니다. 수평적인 개념의 혼인(婚姻)으로 써야 한다.

을 잠시 접기로 했다. 게다가 아내는 임신(?)까지 했다. 어이쿠! 이 개떡 같은 팔자!! 죽으나 사나 먹고 살아야 했다.[35]

---

35) 자격증 면허증을 밑천으로 여기저기 이력서를 제출했다. '삼천리도시가스 수원지역사무소'의 '도시가스 설계기사'로 취업이 됐다.

도시가스 설계 기사

　어렵게 시작한 학업이었지만 의외의 복병(?)을 만나 우선 먹고 살아야 했다. 삼천리도시가스 수원지역관리사무소의 '도시가스 설계기사'로 취업했다. 아내와 좀 지나면 새로운 가족구성원이 하나 늘어나는 상황에서 인권변호사를 위한 학업(?)은 잠시 접지 않을 수 없었다. 하지만 빨리 기반을 마련해 학업을 재개하겠다는 불타는 의지는 확고부동했다.

　삼천리도시가스 수원지역사무소의 직원은 20여 명(?)으로 전형적인 소기업이었다. 하지만 도시가스 설계와 시공으로만 연 매출 10억 원[오늘날 가치로 100억 원(?)]이 넘는 나름 중견 회사였다. 주요 직분은 도시가스 설계기사였지만, 수원의 30 퍼센트를 차지하는 면적의 도시가스 사용세대를 관리하는 일 [요금과 전입·전출 관리 등]도 분장된 업무였다.

　능력을 인정받기 위해 밤낮을 가리지 않고 도시가스 설계를 익혔다. 자격증은 과거에 따두었지만, 도시가스 설계는 경험이 없었기 때문이다. 늘 하는 얘기지만 만성적인 불면은 이럴 때 무척 좋았다. 잠이 안 오다 보니, 공부할 수 있는 시간이 많기 때문이다. 특히 새벽에 남들 다 잘 때 공부하면 머리에 굉장히 잘 들어온다. 상대를 제압하는 비결이다.

3개월 만에 독자적으로 설계를 하기 시작하자, 가장 빠르게 사원에서 계장으로 승진하고 또 3개월이 지나기 무섭게 대리로 승진했다. 그리고 1년이 되자 과장으로 승진했다. 속된 말로 초고속 승진한 것이다. 설계와 영업은 물론 사원 관리 등 사실상 사장 다음가는 자리에 오른 것이다. 대기업이나 공공기관과는 달리 소기업의 이런 신속성은 좋았다.

사원 때보다 과장이 되자, 월급도 거의 배나 되었다. 게다가 숙직비를 6천 원씩 더 받기 위해 거의 날마다 도맡고 먹는 것도 최소화 하며 살았다. 옷도 구매하는 일이 거의 없었다. 남들이 버린 옷들을 가져다 빨아 입고 가구도 이사 갈 때 버리는 것들을 가져다 깨끗하게 닦아 사용했다. 지금이야 많이 좋아졌지만, 그때 모은 가구 일부가 남아 있다.

지금 연구소의 일부 책장도 누군가 버린 것을 가져왔다. 잘 사용하고 있다. 남이 잘 먹고 잘 입는 것을 부러워하지 않고 살아준 아내 덕분에 정자동에서 월세로 살다 우만동의 13평짜리 임대아파트를 마련해 이사도 했다. 보금자리가 생긴 것은 순전히 아내 덕이다. 물론 팔랑귀 덕분에 거덜을 낸 지금은 별로지만 그때를 생각하면 가슴이 설레인다.

아무튼 도시가스 회사 들어가 육체적으론 고단했지만 기대한 것보다 일은 잘 풀렸다. 한마디로 승승장구했다. 하지만 세상사가 다 그렇듯 좋은 일만 있는 건 아니었다. 도시가스 설계와 시공, 안전관리, 영업까지는 큰 문제없이 잘 운영됐으나 직원 관리하는 부문에서는 사장과 종종 마찰을 빚었다. 특히 월급과 관련하여 적지 않은 갈등을 겪었다.

가령 신입사원 월급을 50만 원씩 지급키로 하고 채용했으면 지켜져야 함에도 월급날 되면 꼭 5만 원씩을 깎는 것이었다. 월급을 가지고 장난치다니, 도저히 이해할 수 없었다. 사장의 생각은 푼돈이 목돈 된다는 지론을 펼쳤지만, 난 받아들일 수 없었다. 신입들에게 별도의 보너스(?)를 통해 보전해주었지만 이런 식의 착취는 문제가 아닐 수 없었다.

그러던 어느 날, 사달이 나고 말았다. 독자의 이해도를 감안, 잠시 도시가스의 공급시스템을 보자. 수원지역은 삼천리도시가스가 독점 공급하고 있다. 삼천리도시가스는 원료인 액화천연가스(LNG)를 한국가스공사로부터 공급받는다. 즉 삼천리도시가스는 공급받은 원료를 가지고 기화시켜 도로를 따라 매설한 관을 통해 수원지역으로 이송하는 것이다.

말하자면 LNG 공급은 '한국가스공사'가 맡고, 안전은 '한국가스안전공사'가 각 가정으로의 공급은 '삼천리도시가스'가 책임지는 것이다. 한국가스공사와 한국가스안전공사는 공기업이고, 삼천리도시가스는 타 도시가스 회사들처럼 사기업이다. 사정이 이렇다 보니 도시가스 회사는 공기업에게는 을(乙)이지만, 각 지역사무소(?)들에게는 완전 갑(甲)이다.

도시가스 설계와 시공은 철저히 법과 규정에 따라 움직인다. 안전과 직결되기 때문이다. 하지만 강조가 지나치면 비리도 저절로 따라 붙는 법. 설계 단계부터 가스안전공사의 승인이 필요한데, 속된 말로 뇌물이 없으면 무조건 부적합 판정이다. 지금이야 그렇지 않겠지만 당시엔 공사금액에 비례하여 뇌물액수도 정해질 만큼 뇌물수수는 다반사였다.

층층시하라고, 지역에서 설계와 시공을 하는 사람들에게는 고충이 더욱 심했다. 삼천리도시가스로부터 별도의 검사를 받아야 했기 때문이다. 자기들이 관리하는 관로이기 때문에 별도로 검사해야 한다는 명분이었다. 때문에 지역관리소는 삼천리도시가스에 영원한 을(乙)일 수밖에 없었다. 사정이 이렇다 보니 지역사무소의 직원들은 애로가 많았다.

직원들의 고충은 아랑곳 않는 사장은 본사 직원들만 떴다 하면 극진히 모셨다. 직원들의 월급은 깎는 사람이 그들에겐 통이 컸다. 나와 사장이 충돌하는 지점이었다. 어차피 공사 개떡같이 하면 부적합 판정할 것이고, 규정에 맞게 설계 시공하면 '적합 판정'을 받아 가스를 공급할 수 있는 것이니, 쓸데없이 뇌물을 주지 말라는 것이 내 주장이었다.

사장은 내 말에 귀를 기울이는 척만 하지, 실제 그들이 나타나기만 하면 특유의 친화력을 발휘했다. 사장의 이중적인 태도가 맘에 들지 않았다. 사장과 본사 시끼들을 힐난했다. 소문이 꼬리를 물자, 그들의 귀에도 들어간 모양이다. 내가 설계 시공한 현장을 둘러보면서 시비를 걸어왔다. 평소 같으면 '시험성적서'를 한번 훑어보고 곧 서명을 한다.

그런데 그날은 시험성적서를 확인하고도 이런저런 문제를 제기하면서 서명을 회피하는 게 아닌가? 나름 성실하게 설명해도 받아들일 자세가 아니었다. 특유의 뚜껑이 열리고[36] 말았다. 들고 있던 고급 카메라를 바닥에 던져 박살내면서 "이런 개시끼 뭐가 어쩌고 어째. 아가리[37]를 찢어 버리기 전에 당장 꺼져 이 개시끼야." 하자, 놀라 달아났다.

분이 덜 풀려 사무실로 달려갔다. 앞으로 저런 개시끼들에게 뇌물을 제공하지 말라고 단단히 일러두기 위해서였다. 놀라 달아난 본사 시끼가 일련의 사태(?)를 그새 사장에게 고여바친 모양이다. 사태를 파악한 사장은 날 마구 나무란다. 남의 집시끼와 우리 집시끼가 싸우면 우리집시끼를 편드는 게 정서거늘, 전혀 딴판이라니 기가 막힐 일이었다.

그렇다고 그간 설계 시공할 때마다 제공한 뇌물들을 다 폭로하는 것도 정서상 쉽지 않았다. 지금도 잔재가 존재하지만, 당시는 검찰과 경찰도 소소한 뇌물수수는 다반사로 이뤄지던 때였다. 충격이 컸다. 찌질한 을(乙)이 될 것인지, 결별할 것인지를 두고 사장과 담판을 했다. 쉽게 정리됐다. 사장은 더 이

---

36) '뚜껑이 열리다'라는 말은, 기(氣)가 머리 한쪽으로 몰려 기분이 매우 나쁘다는 나만의 속어(俗語).
37) '입'을 비속하게 이르는 말.

상 나와 사업을 못하겠다는 사인을 보내왔다.[38)]

---

38) 길지 않은 시간이었지만 사회의 구조적 비리를 많이도 경험했다. 군포의 '현
    대가스'라는 산소충전소로 향했다.

날 강도 같은 인간

길지 않은 시간이었지만 사회의 구조적 비리를 많이도 경험했던 도시가스회사 생활을 청산한 난 군포공단 내에 위치한 '현대가스'라는 산소 충전소에 취업했다. 예로부터 자격증 많은 놈 밥 굶는다 했거늘, 나에겐 가끔 효자노릇도 했다. 아니, 자격증 믿고 진득하게 있지 못하고 여기저기 싸돌아다녀 거지 신세를 면치 못한 것이라면 틀린 말도 아닌 듯하다.

'현대가스'는 액화산소를 공급받아 기화시켜 산소용기에 충전하는 사업장이다. 하루 10여 톤을 처리하는 관련업계에선 나름 알려진 충전소다. 난 안전관리과장으로 일했다. 안전에 관한 부분만 책임지면 되는 비교적 편한 자리였다. 하지만 안전관리라는 게 사장의 경영과는 상충되는 자리다. 안전을 강조하다 보면 생산 효율(?)이 뚝 떨어지기 때문이다.

정규 직원들은 10여 명이나 되었을까? 대부분 일당제로 사람들을 고용했다. 산소용기에 충전하는 일을 당시 사람들은 상노가다로 칭했다. 빈 산소용기를 실은 자동차가 충전소에 들어오면 충전장소로 이동하여 충전한 뒤 다시 차에 실어주는 비교적 단순작업이다. 하지만 무게가 장난이 아닌 가스용기를 하루에 수백 개씩 충전한다는 건 보통일이 아니다.

산소는 용기에 보통 150kg/㎠ 정도의 고압으로 충전한다. 워낙 고압이다 보니 산소용기를 취급함에 있어선 안전 수칙이 크게 강조된다. 첫째, 운반할 경우 반드시 캡을 씌운다. 둘째, 밸브 개폐 시 앞에서 열지 않고 반드시 옆에서 열도록 한다. 셋째, 기름 묻은 손으로 용기를 만지지 않는다. 넷째, 굴리거나 넘어뜨리거나 던지지 않는다. 뭐 이런 정도다.

하지만 몽땅 무시되는 곳이 충전소다. 이런 수칙을 모두 지켰다간 밥 굶기 딱 좋다나. 특히 시간이 돈이라는 사장의 경영방침에 산소용기를 거의 집어 던지거나 굴려 이동시켜 하루보통 5~600개씩 충전한다. 밸브를 보호하는 캡을 씌우지 않고 산소통을 던지거나 굴리는 행위는 위험천만한 일임에도 아랑곳 않는다. 경험을 밑천 삼아 무시하는 것이다.

더 큰 문제는 노동 강도가 워낙 쎄다 보니 이직률이 높다. 신규직원을 뽑아 현장에 배치하면 대체로 10일 정도가 변곡점이다. 조용히 그만두는 것이다. 아무리 상노가다로 불리지만 이건 아니다. 사장은 노동 강도를 줄여주기는커녕 오히려 이런 상황을 즐기고 있었다. 강도(?)가 따로 없었다. 사정이 이러니, 더욱 노동 강도를 높여갈 수밖에 없는 것이다.

가령 노동 강도를 높여 생산성이 높아지면 수익이 높아져 좋고, 노동 강도에 치여 그만두면 그간의 임금을 지급하지 않아 도움이 되는 것이다. 양수겸장이었다. 악성을 교묘하게 이용하는 것이다. 그러면서도 꼴에 자식 교육은 관심이 있었던지 아들 하나는 예술 공부를 시킨다고 서울의 모 음대를 보냈다. 개뿔 호박에 줄긋는다고 수박이 되는 건 아닌데.

아무튼 나와는 극과 극을 달리는 인간이었다. 도저히 상종 못할 자로 보여 당장 때려치우고 싶었지만, 어떻게 그런 생각이 들었는지 내부 혁신을 통해 노동자의 권리를 최대한 보장받을 수 있도록 해야겠다는 오기가 슬슬 발동했다. 이른바 솜에 물들이는 전략을 구사하기로 했다. 직원들 가운데 사장 친척이 운전기사를 포함해 둘이나 있었기 때문이다.

나와 직원들은 가깝지도 멀지도 않은 사이였다. 안전관리를 강조하다 보면 생산성이 떨어지고, 생산성이 떨어지면 그만큼 퇴근도 늦어지는 구조였다. 당시만 해도 할당량이 정해져 있었기 때문이다. 이런 상황에서 고난도의 상노가다를 가끔 거들어주니 하나 둘 마음을 열었다. 노동 강도는 불문하고 밀린 임금이나 받으면 좋겠다는 얘기들이 나왔다.

놀라운 일이 아닐 수 없었다. 신규 직원들만의 문제가 아니었다. 이미 몇 달씩 체불상태였던 것이다. 사장이란 자가 다시 보였다. 정말 파렴치한이 따로 없다는 생각이 들자, 뚜껑이 열렸다.[39] 하지만 이성적으로 접근했다. 사장의 덩치가 장난이 아니었기 때문이다. 사장을 찾았다. 밀린 임금을 당장 지급하지 않으면, 태업(怠業)에 돌입하겠다고 압박했다.

이상한 놈 하나가 들어와 직원들을 선동한다고 시끄러웠다. 하지만 사장은 내 요구를 수용하지 않을 수 없었다. 직원들이 나를 적극 지지했기 때문이다. 만족스럽진 않지만 숨통이 트일만큼, 밀린 월급 일부가 지급됐다. 상황이 이렇게 전개되자 한 가지 더 요구했다. 안전에 직결되는 사안인 만큼, 노동 강도를 줄여줄 것을 요청했다. 사장은 거부했다.

예상한 일이지만, 물러서지 않았다. 하지만 사장도 회사의

---

39) '뚜껑이 열리다'라는 말은, 기(氣)가 머리 한쪽으로 몰려 기분이 매우 나쁘다는 나만의 속어(俗語).

명운 어쩌고 하면서 강경하게 나왔다. 사표 쓸 각오로 직원들의 의지를 힘으로 보여주자며 그야말로 선동을 했다. 첨예하게 대립했다. 얼마 지나지 않아 임금만 제때 받으면 땡, 노동 강도는 문제 삼지 말자는 얘기들이 흘러 나왔다. 내가 더 이상 존재할 이유가 없었다. 사표를 던지고 말았다.

주유기 습격사업

현대가스에서 지랄발광(?)을 하고 나온 이후, 한동안 빈둥빈둥 놀았다. 다들 그렇겠지만 돌아치다 보면 시간 더럽게 잘 간다. 아주 즐거웠다. 하지만 처자식을 굶길 수 없어 수원의 '경기 기전(?)'엘 들어갔다. 주유시설을 건축하거나 주유기기 수리를 전문으로 하는 회사다. 일종의 틈새시장이다. 겉으론 후진회사로 보이나 은근 떼돈(?)을 버는 회사였다.

당시 주유소(?)를 건축하려면 평균 2억 원 정도가 들었다. 건축비로 1억, 주유시설 1억이 들었다. 흔히 사용하는 주유기가 대당 평균 8백에서 천만 원이나 했고, 위에서 노즐을 내려 주유하는 장치는 대당 3천만 원 가까이 했다. 주유 손잡이[일명 : 총]만 해도 원가가 만원도 안 되는 것을 5~6만원이나 했다. 이른바 주먹구구식의 부르는 게 값이었다.

주유기 천만 원짜리를 분해하면, 개뿔 고가일 이유가 전혀 없음에도 물정 모르는 사람들이 많다 보니 견적을 크게 부풀리는 것이다. 마침 돈 좀 있는 사람들은 주유소 사업에 마구 뛰어 들었다. 큰돈을 벌 수 있다는 잘못된 정보를 믿고 투자했다가 망한 사람이 줄줄이 사탕이었다. 사실 돈을 버는 사람들은 이런 틈새를 이용해 작업하는 사람들이다.

사장은 주유소 건축을 수주 받으면 주로 건축하청을 통해 일정한 수익을 올리고, 주유시설은 본인의 전공(?)을 살려 또 수익을 올렸다. 준공을 하고 나면 그때부터는 주유기기와 시설을 관리해주는 거래처가 되었다. 속된 말로 꿩 먹고 알 먹는 식이었다. 땅 집고 헤엄치기를 그렇게 쉽게 하는 경우도 없으리라. 아무튼 그의 경영 수완은 보통이 아니었다.

게다가 운전미숙 혹은 실수로 주유기와 접촉하는 사고가 종종 발생한다. 남의 불행이 나의 행복이라고, 사장은 백발백중 바가지 잔치를 벌인다. 사고를 낸 운전자들은 대부분 원상복구 하는 비용에 대해 주저하지 않는 경향이 있다. 때문에 이를 적절히 악용하는 것이다. 어떤 부품을 어떻게 교체하는지 묻지도 따지지도 않는 허점을 기막히게 활용한다.

그들은 눈 깜짝 않고도 코 베어갈 만큼 눈치가 백단이다. 가령 주유기 사고가 접수되면 초고속으로 달려간다. "어이구! 엄청 망가졌네."를 연발하며 뜯는다. 현장에선 거의 손을 보지 않는다. 무조건 주유기를 뜯어 회사로 가져간다. 외부의 모습과는 달리 내부 장치는 대개 고장이 없어도 전자장치를 비롯한 이런저런 부품을 새것으로 마구 교체한다.

요즘은 그런 일이 없겠지만 당시는 멀쩡한 걸 교체하는 일이 허다했다. 도적이 따로 없는 것이다. 더구나 멀쩡한 부품을 뜯어 두었다가 다른 주유기 수리할 때 요긴하게 활용(?)하기도 했다. 주유기 외장은 경우에 따라 페인팅으로 마무리 하는 경우도 있으나, 대개 새것으로 교체한다. 손만 대면 새것으로 둔갑하는 것이다. 마이더스의 손이 따로 없다.

당시 수원을 포함해 경기도 남부 일대가 거래처였다. 봉고차에 주유기기를 잔뜩 때려 실고 한 바퀴를 순회하고 나면 만원짜리로 작은 금고가 가득 찰 정도로 돈을 쓸어 담았다. 그럼에도 사장은 자린고비로 유명했다. 마른 수건도 쥐어 짜내는 독종이었다. CBRT![40] 일관되게 독종으로 살 것이지, 자식들에겐 얼마나 인자한지 눈을 뜨고 볼 수가 없었다.

때와 장소에 맞춰 골프와 스키 등을 시키는데 한마디로 가

---

40) 속칭 '씨부랑탕'의 영어 이니셜로, 욕을 에둘러 표현한 것이다.

관이었다. 이중적인 성정의 소유자다. 그에게서 경영철학은 기대할 것이 없었다. 아니 경영의 경도 모르는 사람이다. 최소한의 도덕성도 없었다. 장사꾼의 기본적인 상도(商道)도 없는 도적 그 이상도 이하도 아니었다. 심보가 아주 나쁜 자였다. 평소 개 같다 보니 공동체 의식도 개뿔 없었다.

아무튼 내 팔자가 사나운 건지 더러운 건지 모르겠으나 어딜 들어가기만 하면 이런 개떡 같은 행태들이 마구 보였다. CBR!41) 문젤 제기하지 않으면 내가 아니지. 사장에게 돌직구를 날리기 시작했다. 어떻게 교체하지도 않은 걸 교체했다고 속이고, 바가지를 그토록 심하게 씌울 수 있느냐고 비판했다. 내가 어떤 돌직구를 날려도 사장은 꼼짝 못했다.

후환이 두려웠기 때문이다. 기껏해야 사장은 "경영자치고 그렇게 하지 않는 사람이 어디 있느냐."며 강변하는 정도다. 그 때마다 난 '남들이 도둑질 한다고 따라 도둑질 할 수 있는 것이냐?'고 따졌다. 하지만 귀 구멍에 콘크리트를 했는지 우이독경이었다. 갈등하지 않을 수 없었다. 처자식을 위해 계속

---

41) 속칭 '씨부랄'의 영어 이니셜로, 독백하는 마음을 에둘러 표현한 것이다.

다녀야 할 것인지? 때려치울 것인지? 흔들렸다.

    도시가스 다닐 때, 시청의 모 직원이 해줬던 이야기가 뇌리를 스쳤다. 비록 박봉이지만 자기업무 하면서 공부도 할 수 있는(?) '기능직 공무원'이 있다는 얘기가 떠오른 것이다. 마침 신년(新年)이 얼마 남지 않은 상황이라 매달리지 않기로 했다. 과감하게 '주유기 습격'을 정리키로 했다. 악업을 얼마나 쌓았는지 몇 년 후, 그 회사는 사라지고 말았다.

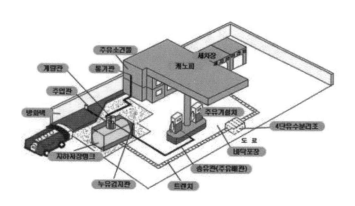

기능직 공무원이 되다

　인연(因緣)이란 게 있긴 있는가 보다. 나이가 들수록 불교의 연기설[42]이 점점 더 가슴을 파고든다. 별로 달갑지 않은 추억을 가지고 있는 도시가스 회사였지만, 재직 시엔 괜찮은 분들을 많이도 만났다. 그 중에서도 수원시청의 황모 팀장[퇴직]은 각별했다. 당시 도시가스 설비를 책임지고 있던 그는 덕이 출중한 이웃의 큰 형님 같은 분이었다.

　어느 날, 그로부터 시청사의 도시가스 설비 증설에 대한 설계 의뢰가 들어왔다. 시청의 현장을 방문하여 설명을 해주고 이런 저런 담소를 나누던 중, 나도 모르게 신세 한탄을 했다. 직장을 다니느라 공부를 할 수 없어 고민이라고 토로한 것이다. 황 팀장은 박봉이지만, 자기업무 하면서 학업(?)을 겸할 수

---

42) 연기설(緣起說)은 모든 존재를 인연(因緣)에서 비롯한 것으로 본다. 연기의 법칙은 '이것이 있으므로 저것이 있고, 이것이 생(生)하므로 저것이 생(生)한다. 이것이 없으므로 저것이 없으며, 이것이 멸(滅)하므로 저것이 멸(滅)한다'는 형식으로 표현된다. 하나의 원인으로 모든 것을 설명하는 일원론적인 세계관이나 세상의 모든 것이 결정되어 있다고 하는 운명론적인 해석을 거부하고, 모든 현상엔 일정한 원인과 조건이 반드시 있다는 주장을 한다.

있는 '기능직 공무원'을 알려주었다.

난 공직에도 기능직이 있다는 것을 그때 처음 알았다. 사실 기능직 공무원이라 하면 사회적 시선(?)이 그저 그래선지, 신분을 정확히 밝히지 않는 경우가 더러 있었던 게 사실이다. 하지만 기능직도 어엿한 공직의 한 축이다. 신분도 일반직과 동일(?)하다. 능력을 제대로만 발휘하면 승진도 문제없다. 속된 말로 기죽을 이유가 전혀 없는 것이다.

아무튼 주유기 습격 사업(?)을 때려치울지 말지를 고민하던 중, 도시가스 회사 다닐 때의 그 형님 말씀이 떠 오른 것이다. 당시 황모 주무관은 새해가 되면 시청 게시판에 조그마하게 선발공고가 날 것이라 했다. 마침 신년도 얼마 남지 않은 상황이라 유유자적하며 보냈다. 노느니 염불(?)한다고 시청을 가봤다. 정말 선발공고 방이 나붙었다.

대충 훑어보니 기계직 공무원 5명, 전기직 공무원 5명, 운전직 5명을 선발한다는 내용이었다. 기계직으로 지원할지, 전기직으로 할지, 아니면 운전직으로 지원할지를 고민했다. 결론은 운전직을 선택했다. 낮에 일하고 밤에 공부할 수 있는 최적의 환경이겠다는 생각에서다. 자격증과 기초 자료를 구비해 총무과 인사계로 찾아가 지원서를 제출했다.

서류를 접수한 이모 차석[구청장으로 퇴직]은 훑어보더니 대뜸 '왜 공직에 들어오려 하느냐'고 물었다. 나는 조금도 망설임 없이 '공부하기 위해 들어가려 한다'고 답했다. 묻는 사람이나 답한 사람이나 도긴개긴이었다. 30년이 다 되어 가는 지금, 그때를 상기하면 웃음이 절로 나온다. 대체 무슨 생각으로 그런 답을 했는지 아직도 미스터리다.

게다가 이모 차석은 기계직 공무원과 전기직, 운전직의 특성을 차례로 설명해 주었다. 그러면서 학업을 병행하기 위해서는 운전직 보다는 기계직을 선택(?)하는 게 아무래도 유리할 것이라는 귀한 말씀도 곁들였다. 더구나 기계직은 지원자가 적어 미달되는 경우가 많아 과락 면하고 평균 60점만 넘으면 합격할 수 있다는 유인책(?)도 곁들였다.

원서 마감일인 토요일 오후, 그에게서 전화가 왔다. 기계직에 예년과 달리 6명이 지원했단다. 한 사람은 떨어질 수밖에 없으니 열심히 공부하란 메시지다. 까불면 당할 수 있다고 생각하고 서점을 찾았다. 공고생을 위한 『특강 기계기능사』 한 권을 구매했다. 600페이지가 넘는 굉장히 두꺼운 책이었다.

혹시나 싶어 시험 당일 아침까지 확인했다.

아무리 기능직 시험이라지만 떨어질 수 있다고 생각하니 긴장됐다. 그래선지 특유의 여유만만한 정서는 싹 사라졌다. 조용히 시험장을 찾았다. 시험지를 접하는 순간 깜놀[깜짝 놀람]했다. 그간 족집게 도사로 분장(?)하여 나올법한 문제를 두루 찍어 놨는데, 한 문제도 출제가 안 된 것이다. 고등 하수준(?)의 문제들만 줄줄이 소시지처럼 나왔다.[43]

---

43) 얼마 지나지 않아 합격증이 당도했다. 기능직 공무원이 된 것이다.

응답하라 1994, 하나

1994년 6월 27일 임용장을 받았다. 동기 가운데 4명이 '상수도관리사무소'로 발령 났다. 오모 주무관의 인솔 아래 상수도관리사무소로 향했다. 도착하기 무섭게 '이의 가압장'이란 일종의 대형 상수도 펌프장으로 배치될 것이란 얘기가 흘러 나왔다. 그곳은 24시간 근무하고 24시간 쉬는 격일제 근무지라는 말과 함께. 탄식이 절로 나왔다. 경찰이나 소방도 아닌 일반 공공기관에 무슨 뚱딴지같은 소리. 아연했다. 공직을 괜히 선택했다는 후회가 밀려왔다.

잠시 후, 관리계의 한 직원이 소장실로 들어가라는 사인을 줬다. 인사하라는 얘기였다. 아직도 해석 불가능한 일이지만 난 그 자리에서 "인사는 무슨 인사냐."며 그냥 귀가하겠다고 답했다. 그리고 자리를 뜨려는 순간, 기전계의 차석이었던 하모 주무관[시청 과장 퇴직]이 달려와 실랑이(?)가 벌어졌다. "임용장 받은 지 얼마나 되었다고 그러냐?" 소장께 인사하러 들어가라고 했다. 거부 의사를 밝히자, 갈 때 가더라도 인사는 하고 나오라는 부탁을 해왔다. 하모 차석과의 말도 안 되는 밀당 끝에 결국 그의 유인책에 말려 "인사만 하고 가겠다."는 답을 하고 소장실로 들어갔다. 이미 들어갔던 동기들 3명은 신고(?)를 마쳤는지 차를 마시며 담소를 나누고 있었다. 소장에게 가볍게 목례를 하고 소파에 앉았다. 소장은 대뜸 팔을 내밀었다. 악수하자는 사인으로 알고 나도 팔을 내밀었더니 악수가 아닌 뭘 달라는 표시를 했다. 난 알아듣지 못해 돌직구로 대체 뭘 달라는 거냐고 물으니 사령장을 달라는 것이었다.

그러고 보니 동기들의 사령장은 소장이 앉은 자리 앞 탁자에 가지런히 놓여 있었다. 눈치라곤 더럽게 없던 난 그제서야 오른쪽 뒷주머니에 구겨 넣었던 사령장을 꺼내 소장께 건넸다. 꼬깃꼬깃한 사령장을 받아든 소장은 "세상에 사령장을 구겨서 주머니에 넣어뒀다 보여주는 사람은 30년 공직생활 가운데 처음 봤다."면서 껄껄댔다. 소장은 이제 공무원이 되었으니, 국가를 위해 헌신해야 한다고 강조했다. 하지만 귀가할 생각 때문인지 귀에 들어오지 않았다.

인사가 끝나자 소장실을 나왔다. 두리번거리다 밖에서 기다리던 하모 차석을 만났다. 난 '공무원 생활은 없었던 것'으로 하고 귀가를 할 것이니, 시청에 그리 전해달라고 했다. 그리고 자리를 뜨려는 찰라, 하모 차석은 그러지 말고 자기와 '이의 가압장' 구경이나 한번 가자는 제안을 했다. 나는 "이런 공직생활 생각 없다. 갈 필요성을 느끼지 못한다."며 거부했다. 하모 차석은 아랑곳 않고 펌프장이 어떻게 생겼는지 구경이나 하고 가라며 간절하게 요청했다. 하모 차석의 거듭된 요청에 마음이 약해졌는지 "에이! 죽은 사람 소원도 들어준다는데, 산사람 얘기 들어주지 못할게 뭐 있냐?"며 앞장서라 했다. 10여 분 비탈길을 지나 문제(?)의 가압장을 방문했다. 150마력짜리 3기 가운데 2기가 가동 중에 있었다. 정비가 제대로 이뤄지지 않아 소음이 장난이 아니었다. 게다가 직원이 부족하다 보니 청경이 근무하고 있었다. 2인 1조 격일제로 근무하게 되어 있었지만 결원이다 보니 부득이 청경 홀로 근무 중이었다.

노동환경이 열악하기 짝이 없었다. 하모 차석이 왜 그렇게 간절하게 부탁을 했는지 비로소 이해가 됐다. 당시만 해도 기능직에 대한 시선과 처우는 말이 아니었다. 나보다 선배들의 경우, 대개 8급으로 임용된 것이 잘 말해준다. 사정이 이렇다 보니 양질의 인적자원을 확보하기 어려웠다. 물론 세상살이가 팍팍해지다 보니 박봉에도 공급이 수요보다 많아지면서 서서히 급수도 낮아지긴 했지만, 당시의 노동환경은 거의 후진국에서 겨우 벗어난 정도랄까? 지금이야 '기능직이란 제도 자체가 폐지'되었지만, 내가 임용될 때만 해도 기능직의 경우는 그 열악함을 논할 수조차 없었다. 더구나 기업에 비해 봉급이 절반에도 미치지 못할 만큼 물질적으로도 박했다. 가령 1994년 임용 당시 기본급이 346,500원이었다. 각종 수당을 다 포함해도 80만원 남짓했다. 27년이 훌쩍 지난 지금은 각종 수당이 기본급에 산입 되어 대체로 500만 원을 넘어 서고 있지만, 당시의 노동환경은 언급조차 하기 부끄러울 정도였다.

아무튼 이의 가압장을 방문해 그와 같은 환경을 목격한 난 충격(?)을 받았다. 공공기관의 환경이 이 정도일 줄은 몰랐다. 그만 두고 귀가하겠다는 생각이 상당히 물렁해져 가던 무렵, 하모 차석과 청경은 내가 열심히 복무하면 그것이 곧 국가에 기여하는 일이 되는 것이고, 또 내가 하고 싶은 학업을 병행할 수 있는 여건도 마련될 수 있다는 얘기를 곁들였다. 후자의 얘기에 번뜩였다. 공부할 수 있는 기반이 마련될 수 있다는 한마디에 그만 꽂힌 것이다.

응답하라 1994, 둘

여러 곡절(曲折)을 거쳐 시작된 '이의 가압장'에서의 공직 생활은 청소하는 일부터 시작됐다. 한동안 직원들이 부족했던 탓인지 가압장이 지저분하기 이를 데 없었다. 물 뿌리고 쓸고 대걸레로 닦아냈다. 공간이라야 고작 숙직할 수 있는 방과 주방 하나에 기계 운영실 겸 사무실, 500마력 정도의 펌프를 동시에 사용할 수 있는 배전시스템실, 차 한 대 겨우 들어갈 만큼의 주차장, 지하의 펌프장 등이었다. 대형 펌프장 치곤 터가 좁아 불과 며칠도 되지 않아 가압장 상부는 깨끗해졌다.

가압장 상부 쪽이 말끔해지자, 대형 펌프장이 자리 잡고 있는 지하로 발길이 이어졌다. 이곳이야 말로 존재감이 있는 곳이다. 가압장의 특성상 주요 임무는 펌핑을 통해 배수지[보통 산 중턱에 자리 잡고 있음]로 물을 올려주는 것이었다. 배수지에서는 자연수압으로 시민들의 주방으로 향하는 것이다. 이를 위해선 3300V 고압 모터에 연결된 펌프를 24시간 365일 가동해야 한다. 때문에 전기사고[정전]나 펌프 고장은 곧 단수를 의미한다. 구조상 가장 긴장해야 하는 지점이 여기다. 매끄러운 가동을 위해선 체크리스트에 따라 수시로 정비를 하는 수밖에 없었다. 하지만 이 또한 전문가가 부족해서였는지 때를 놓쳐 펌프의 소음이 요란하기 짝이 없었다. 게다가 고장을 우려한 나머지 타부서의 직원들이 긴급 지원을 나와 땜방만 하고 다닌 흔적이 역력했다. 그리스(grease)를 주입하면 반드시 쌓이는 똥44)을 치우지 않아 산더미를 이루었고, 조금씩 쓰다 쌓아둔 걸레들이 여기저기 널 부러져 있었다. 상수의 질과는 무관한 일이지만, 상수도 시설로는 논할 수 없었다.

성질 급하고 더러운 내가 그런 모습을 두고 볼 순 없었다. 편의상 '기계직'으로 임용되긴 했지만, 전기 전문가로 오랫동안 생활한 바 있고, 자동차 정비와 모터수리도 이미 풍부한 경험이 있던 나로선 모터와 펌프, 고압배전 선로 등을 익히는데 별도의 시간이 필요 없었다. 펌프 등 각종 시설물을 때 맞춰 점검하고 정비했다. 속된 말로 닦고 조이고 기름을 친 것이다. 귀를 찢을 만큼 요란했던 소음도 한결 부드러워지고, 펌프실 위아래가 깔끔해졌다. 좀 과장하면 가압장이 반짝였다.

펌프실을 내려다 볼 때마다 찌푸려졌던 인상이 뿌듯함으로

---

44) 윤활유의 일종인 그리스(grease)를 사용하고 난 이후의 폐(廢)그리스를 속된말로 '똥'이라 부른다.

변했다. 가끔 상수도관리사무소에서 순회하는 동료 직원들이 변화된 가압장을 보고는 다들 놀라는 기색이 아직도 선하다. 반복되는 일이었지만 특유의 고집을 지속했다. 불과 3개월도 지나지 않아 '모범 공무원이 들어왔다'는 찬사(?)가 들렸다. 이상했다. 세상에 일반 기업의 노동 강도에 비하면 조족지혈과 같은 일이었음에도 모범 공무원 소리를 듣다니, 기(氣)가 차면서도 한편으론 공직의 정서(?)를 이해하는 계기가 됐다.

마침 여름이라 그런지 가압장 주변에 지들 멋대로 자란 잡초가 무성했다. 가만히 놓아두면 상수도관리사무소에서 때때로 예초를 해준단다. 성질 급한 난 두고 볼 수 없었다. 박봉이긴 하지만, 공구상이 즐비한 구천동으로 달려가 사비로 예초기 한대를 구입했다. 때만 되면 둘러메고 잡초를 제거했다. 뿐만 아니라 과거 전기기술자나 가스기술자 노릇하면서 가지고 있던 공구들을 대거 가압장으로 옮겨 놓았다. 이가 없으면 잇몸으로 산다고, 펌프장 관리하는데 아주 요긴하게 사용했다.

공직에 임용된 이후 가장 변화된 삶이라고 한다면, 역시 전쟁에 가까운 삶을 살다 '성찰할 수 있는 삶'이 된 것이 아닐까 싶다. 그리고 보니 검정고시 학원에서 아내를 만나 아이 낳고 살면서 혼인식(婚姻式)에 대한 생각을 못했는데, 돌아볼 수 있는 삶이 되다 보니 행하기로 했다. 다만 서양에서 유입된 오늘날의 혼인식은 달갑게 여기지 않던 터라 전통혼례로 할지? 천주교에서 간단하게 할 것인지를 고민했다. 마침 우리 부부와 아이가 세례를 받았던 지동성당에서 치르기로 정했다.

바로 성당을 찾았다. 6개월을 단 한 번의 결석도 없이 수료하고 세례를 받은 전력 때문인지 반갑게 맞아주셨다. 혼인식을 성당에서 치르고자 하니 도와달라고 했다. 신부님과 수녀님은 흔쾌히 수락을 했다. 날은 10월 12일로 정했다. 허례와 허식을 누구보다 싫어하는 난 양가의 가족들만 모셨다. 사용료는 없었으나 신부님과 수녀님께 수고 많으셨다고 각각 5만 원씩 드리고 곧 '본수원 갈비'로 이동했다. 먹고 죽을 만큼 많이 주는 갈비탕(?)을 한 그릇씩 비우는 것으로 막을 내렸다.

약간의 살림살이를 장만한 것까지 계산해 보니 대략 50만 원이 소요됐다. 우리 분수에 딱 어울리게 혼인식을 치른 것이다. 사실 내가 허례와 허식을 비판하는 이유는 분에 넘치는 행태들을 마구 저지르는 점 때문이다. 특히 불특정 다수에게 청첩장을 뿌려 한몫 챙기려는 작태들을 보면 눈을 확 찔러 버리고 싶어진다. 이를테면 어려운 이웃이나 직원들을 돕자고 하면 단돈 만 원도 고민하는 사람들이 축의금이나 조의금을 5만

원, 10만원씩 척척 내는 것을 보면 속이 아주 뒤집어진다.

진정성 없는 축의금이나 조의금이 무슨 의미가 있단 말인가? 혼인식을 거창하게 해서 '행복하게 산다는 보장'만 있다면 얼마나 좋겠는가? 사람 삶이 과연 그런가? 아기 낳는 연습을 하고 시집가는 게 아닌 것처럼, 우리 고유의 남을 배려하는 혼인식이 되어야 한다는 생각에 변함이 없다. 누구나 알지만 실천하지 않는다. 나부터 실천하고 구현했다. 7년 전, 장인의 작고(?)에도 주변에 알리지 않은 것도 같은 이유다. 특히 공직자는 민중들과 다르지 않으면 안 되기 때문이기도 하다.

아무튼 공직에 임용된 이후, 구성원들로부터 인정받아 좋았고, 학업을 병행할 수 있는 토대가 마련되어 좋았다. 또한 아내가 기대했던 혼인식도 무리 없이 치렀다는 점에서 1994년은 이래저래 잊을 수 없는 해가 되었다. 하지만 내가 공직에 들어와 반드시 해야 할 일[당위]도 생겼다. '민중을 위해 살아야 한다는 것'이었다. 공직은 일반 기업과 다름을 깨달은 것이다. 이를 위해선 민중의 살림살이와 국방을 알아야 하고, 민중의 신뢰를 잃지 않아야 한다. 숙명(?)을 인식한 것이다.

또 다른 형태의 팔랑귀

가압장 생활이 궤도에 오르자, 어느새 책이 손에 붙어 다녔다. 탄력이 붙자, 상수도관리사무소장을 찾았다. 첫 인사 때 꼬깃꼬깃한 사령장으로 시작된 인연으로 좋지 않은 이미지가 남아 있지 않을까 우려했으나 기우였다. 후에 긍정적인 이야길 들어선지 소장은 아주 반갑게 맞아 주셨다. 난 맡은 바 직무를 충실히 이행하고 있다고 보고하고, 틈틈이 하고 싶은 학업을 병행하고자 하는데 허락해 주시면 좋겠다고 정중히 청했다.

소장은 나에 대해 제대로 알기나 하고 말씀하시는 건지 모르겠으나 "당신 같은 사람이 공부를 안 하면 누가 하겠나? 열심히 하게나." 하면서 흔쾌히 승낙하는 게 아닌가? 기분 좋게 소장실을 나서면서 뭔지 모를 뿌듯함을 느꼈다. 일이 바로 성취될 것만 같았다. 하지만 이전보다 더 신중해야 한다는 생각을 했다. 소장을 비롯한 선배와 동료 공직자들의 신뢰를 잃지 않기 위해 더 열심히 펌프와 전기설비에 대해 살피고 정비했다.

그렇게 시작된 공직과 학업은 순조로웠다. 그러던 어느 날,

과거 공인중개사 할 때 중개보조원으로 있던 녀석이 찾아왔다. 영통신도시가 앞으로 뜰 것이니, 분양을 받으란 얘기였다. 돈이라곤 개뿔도 없는데 어떻게 분양을 받을 수 있느냐고 물으니, 살고 있는 아파트(13평)를 전세 놓고, 그 돈으로 계약금과 중도금의 일부로 충당하고, 열심히 벌어 마무리 중도금 납부, 잔금은 대출을 받으면 된다는 기가 막힌 묘책을 내놓았다.

한동안 부는 바람이 없어선지 펄럭이지 않던 팔랑귀가 또 방향을 잃고 헤매기 시작했다. 독자적으로 결정할 일이 아닌 듯해 아내에게 생각이 어떠냐고 물었다. 부창부수라 했던가? 아내는 뭐 내가 하고 싶은 대로 하란다. 남편의 팔랑귀를 누구보다 잘 아는 사람이 적절히 제어해주기는커녕 하고 싶은 대로 하라니. 아내는 늘 이런 식이다. 내가 어떤 얘기를 해도 찬동부터 하는 통에 보다 쉽게 거덜 나는 이유가 아닌가 싶다.

여하튼 코딱지(?) 만한 13평 임대아파트를 분양받은 지 채 2년도 안 돼 내놓았다. 아주대학교가 주변에 있어선지 바로 나갔다. 갑자기 계약하고 나니 살 집이 없어졌다. 다시 상수도 사무소장을 찾았다. 이의 가압장에서 살 수 있도록 해달라고 요청했다. 소장은 가압장에 거주하는 사람이 있다면 오히려 안정적인 업무가 될 수 있다며 바로 허락을 했다. 즉시 5.5평짜리 컨테이너를 하나 구입해 가압장 내로 이사를 완료했다.

일종의 관사처럼 살았다. 생활비를 절약할 수 있어 좋았다. 출퇴근에 따른 비용과 이런저런 경상비가 절감되어 괜찮았다. 하지만 걱정거리도 없지 않았다. 아내와 아들 녀석 외에 조카 녀석이 둘이나 있었기 때문이다. 여름이야 문 열고 살면 문제가 없지만 겨울이 문제였다. 전기장판으로 난방을 하는 관계로 전자파와 화재가 우려돼 마음 놓고 사용을 못했다. 그렇게 2년을 살았다. 아이들에게 많이 미안했던 시절이다.

1994년 6월에 임용되어 정확히 1년 6개월이 되자, 8급으로 승진했다. 기분이 묘했다. 계급사회라는 걸 다시 인식했다. 봉급이 조금 올랐지만, 역시 돈쓰는 데 귀신인 나의 씀씀이를 감당하기엔 역부족이었다. 그런데 어느 날 눈에 들어오지 않던 대형 오토바이가 갑자기 아른거렸다. 아파트 중도금을 내기 위해 넣어 두었던 돈의 일부를 인출해 750㏄ 가와사키 중고 오토바이를 500만원이란 거금을 주고 덜커덕 끌고 왔다.

맡은 바 직무도 충실히 수행하고 학업도 병행을 잘 하다 가끔 이렇게 사고를 치는 통에 아내는 속이 많이 상할 법한데도 제대로 된 잔소리 한번 없다. 오죽 타보고 싶었으면 상의도 없이 몰고 왔겠냐는 식으로 이해하곤 했다. 사실 그럴수록 아내의 마음을 헤아려 사고를 덜 쳐야지 수없이 다짐해도 시간 지나면 말짱 꽝이 됐다. 술꾼이 술 깨면 또 마시는 것처럼 쉽지 않았다. 마음속의 질주본능(?)은 아직도 잠재하고 있다.

오토바이 얘기가 나왔으니 하는 말이지만, 굉장히 쪽팔리는 에피소드가 있다. 가압장에서 주야장천 지내다 보니 교도소 생활하는 것 같은 느낌이 강했다. 그러다 보니 가끔 밖으로 뛰쳐나가고 싶은 충동이 일어난다. 그때마다 오토바이를 탔다. 순식간에 시속 140킬로미터의 속도를 낼 만큼 성능이 탁월했다. 물론 훨씬 더 가속할 수도 있지만, 오토바이가 나를 배척(?)하고 독주하려 해 부득이 더 이상의 속력은 어려웠다.

한번은 아내의 심부름으로 남문의 지동시장으로 향했다. 정지 신호에 걸려 서 있는데, 택시기사 아저씨가 대뜸 "그 오토바이 얼마 갑니까?" 난 "750만 원짜린데 중고로 500만원 줬어요." 했다. 자신도 꼭 한번 타보고 싶단다. 혹 이런 거 때문에 오토바이를 타는 걸까. 아마도 고급승용차 타는 사람들도 같은 마음 아닐까 싶다. 이런 우쭐한 마음도 잠시였다. 남문로터리에서 지동시장으로 진입하려는 순간 넘어지고 말았다.

아뿔싸! 이를 어쩌란 말인가? 운전할 땐 무게가 별 거 아니지만, 넘어지면 타인의 힘을 빌려야 일으킬 만큼 무게가 장난이 아니다. 시장이라 그런지 사람들도 무지하게 많았다. 그런 곳에서 꽈당 넘어졌으니 주목을 받을 수밖에. 정말 쥐구멍으로라도 숨고 싶은 심정이었다. 얼굴이 화끈거렸다. 그래선지 초인적인 힘이 났다. 젖 먹던 힘까지 나왔는지 오토바이를 벌떡 일으킨 것이다. 잽싸게 시동을 걸어 현장을 벗어났다.

그렇게 지랄방광, 좌충우돌하며 지내다 1997년 9월이 되자, 영통 신도시의 입주가 시작됐다. 누군가는 가서 근무를 해야 하는 상황. 행인지 불행인지 선배 동료 직원들의 도움으로 가압장에서 영통배수지로 근무지가 바뀌게 되었다. 배수지의 규모는 가압장의 수십 배에 달했다. 관리하기 쉽지 않은 곳이었지만 32평 정도의 잘 지어진 관사가 있다는 게 매력이었다. 게다가 눈앞에 펼쳐지는 정원 같은 환경이 끝내 주었다.

아! 마(魔)의 영통배수지

1997년 9월이 되자, 영통 신도시의 입주가 시작되었다. 누군가는 신도시의 배수지에 가서 근무를 해야 하는 상황이었다. 행인지 불행인지 선배와 동료 직원들의 도움으로 가압장에서 영통배수지로 근무지가 바뀌게 되었다. 관리하기 만만치 않았지만 32평의 잘 지어진 관사가 있다는 게 굉장한 매력이었다. 하지만 이로 인해 영통신도시에 분양받았던 아파트[24평]는 단 하루도 살아보지 못하고 전세로 주었다.

사람들 삶이 원래 그런 것일까? 왜 좋은 일에 마(魔)가 끼는 것일까? 얼핏 생각하기론 잘 지어진 배수지의 관사에 들어가면 어지간한 경상비 지출이 없어 금방 부자가 될 듯한데, 이상하게 배수지만 들어가면 십중팔구 거덜이 났다. 부자는커녕 완전 망하지 않으면 다행일 정도로 마가 많은 곳이 배수지다. 나도 예외가 아니었다. 영통배수지에서 7년 가까이 살았지만 나올 땐 속된 말로 반 거지신세를 면치 못했다.

주거래은행인 기업은행에서 2천만 원, 연금공단에서 2천 5백만 원을 빌려 방 두 칸[18평]짜리 전세로 나왔으니, 이쯤 되면 알만하지 않은가. 이후 9천 5백만 원[22평]짜리 전세로 옮겼다가 다시 1억 2천만 원[19평]짜리로 옮겼다가, 다시 두세 번을 거쳐 대출을 왕창 받아 퇴직하기 전 집을 하나 마련한 것도 과거의 배수지 후유증(?)이다. 만일 배수지에서 계속 살았더라면, 완전 거지 신세를 면치 못했을 것이다.

그럴만한 사연이 없진 않지만 가압장으로 들어가기 전, 가지고 있던 13평짜리 아파트도 헐값에 팔았고, 영통에 분양받았던 24평 아파트도 전세로 주었다 결국 다 날렸다. 여담치곤 무시무시한 얘기지만, 모배수지에는 들어가는 사람마다 쪽박 차지 않으면 이혼을 하고 나왔다. 말도 안 돼는 얘기 같지만 그런 일이 반복되자, 누구도 그 배수지에는 들어가려는 사람이 없었다. 결국 일찌감치 무인 배수지가 되었다.

일각에서는 이런 현상을 두고 풍수상 물은 아래로 내려가려는 성질 때문에 '재물도 달려 내려가는 것'이란 말들을 한다. 나의 경우를 돌이켜 보면 무시할 수 없는 얘기로 들린다. 아무튼 영통배수지에서 자리를 잡아갈 무렵, 이전에 경험하지 못한 나라에 큰 재난이 발생했다. 외환위기[IMF 긴급 구제]가 온 것이다. 뉴스에서는 연일 부실기업과 실직하는 사람들을 보도하기 바빴다. 나라가 백척간두[45]에 선 것이다.

새집이 부서지면 새알도 깨진다고, 공직자의 사명(使命)이 무엇인지 고민하기 시작했다. 공직자의 사명인 '민중의 마음을 넓혀주고 채워주는' 이른바 확충(擴充)의 개념을 다시 한번 새롭게 인식하고, 어떤 형태로든 일을 벌이기로 작정했다. 소박하긴 하지만 실직자 자녀들을 대상으로 실용한자(實用漢字)를 가르치기로 했다. 바로 실천에 옮겼다. 이른바 〈승영한자교실〉은 그렇게 탄생된 것이다. 물론 전액 무료다.

현수막을 배수지 정문에 내 걸고, 〈교차로〉와 〈벼룩시장〉이란 사설 정보지에 모집공고를 냈다. 신도시의 특성(?)이 반영된 탓일까? 예상보다 실직자 자녀보다는 그렇지 않은 자녀가 훨씬 많이 모집에 응했다. 다행이란 생각이 들면서도 초기의 의도와는 달라 어떻게 할 것인지 고민했다. 결국 모두 다 받아들이기로 했다. 실직자든 재직자든 미래의 인재를 양성하는데 있어 굳이 가릴 이유가 없었기 때문이다.
　〈승영한자교실〉에서는 주 2일[1일 25자]을 기준으로 1시간

---

45) 백척간두(百尺竿頭)란 백자[대략 30미터]나 되는 높은 장대 위에 올라섰다는 의미로, 위태로운 지경을 이르는 말이다.

씩 가르쳤다. 어떻게 소문이 났는지 부모들이 아이들을 하나 둘 꾸준히 데려 왔다. 기분은 물론 좋았으나 나에겐 적지 않은 부담이 되기도 했다. 책상과 의자, 칠판, 교재 등은 처음 개설할 때 준비했지만, 공부하는 아이들의 숫자가 늘어나면서 복사기와 용지, 심지어는 아이들 급수시험 보러갈 때 버스 임차 비용까지 부담하다 보니 재정에 문제가 됐다.

그래서인가? 속된 말로 미친 놈 소리를 많이도 들었다. 〈한 자교실〉을 왜 개설하여 봉급을 엉뚱한데 허비하냐는 게 요지였다. 덕불고필유린(德不孤必有隣)[46]이라 했던가? 마침 상수도사업소로 발령이 난 김모 관리계장[구청장으로 퇴직]이 공보실에 이런 소식을 전해 〈칭찬합시다〉라는 미담 프로그램의 첫 번째 대상자로 선정됐다. 과분하게도 지역이긴 하지만 머리에 털 나고 처음으로 방송도 타는 복을 받았다.

〈한자교실〉과 더불어 〈비법영어〉도 가르치면서 2003년 환경사업소로 발령 나기 전까지 지속했다. 배수지의 〈한자교실〉에서 가르침을 받았던 아이들은 후일 대체로 명문대학을 졸

---

46) 『논어(論語)』 「이인(里仁)」 : 子曰, 德不孤, 必有隣.

업하고 직장인이 되어 세상을 함께 호흡한다. 헤어진 지 어느덧 20여년이 됐다. 그러고 보니 30대 중반이 되었다. 그 아이들이 사회의 중추가 된 것이다. 몇몇의 부모들과는 아직도 친분을 유지한다. 이보다 좋은 일이 어디 있을까?

8년 9개월

8년 9개월, 상수도사업소에서 근무한 경력이다. 돌이켜 보면 이의가압장과 영통배수지에서의 에피소드가 적지 않다. 하지만 가장 뇌리에 남는 걸 꼽으라면, 역시 '물 사고'가 아닐까 싶다. 흔히 일어날 수 있는, 하지만 결코 일어나서는 안 되는 것이 물 사고다. 딸랑 두 곳, 미천한 경험이었지만 내게 있어 두 가지는 늘 두려운 부분이다. 하나는 정전이나 펌프 고장으로 인한 단수였고, 또 하나는 이런저런 사유로 물이 넘쳐나는 이른바 범람하는 경우다.

가압장에서 한창 근무하던 어느 날, 새벽 3~4시쯤 되었나? 음주운전 하던 사람이 가압장으로 들어오는 전봇대[전주]를 정면으로 들이 받아 전봇대가 그야말로 90도로 동강나는 초유의 사태(?)가 벌어졌다. 세상에, 전봇대를 수없이 세워봤지만 90도로 똑 부러진 건 처음 봤다. 상당한 경사에 바나나처럼 굽어져 있는 도로의 중간 지점에 위치한 가압장 주변은 이른바 사고다발 구간이다. 위험한 도로였음에도 무지했던 그는 그 자리에서 숨지고 말았다.

안타까운 일이 겹으로 닥쳤다. 가압장에 비상 전원이 없던 것이다. 어떤 자가 설계했는지 눈을 찌르고 싶은 마음이 들만큼 비상시 고려가 안 되었다. 게다가 물을 저장할 수 있는 공간도 고작 천 톤에 불과할 만큼 작은 규모였다. 정전 10여 분이면 곧 바로 범람할 수 있는 구조였다. 아무튼 비상벨이 울리자, 난 마치 준비라도 하고 있었던 것처럼 번개처럼 일어나 유입밸브 쪽으로 무작정 뛰었다. 혀를 내두를 정도로 헉헉대며 밸브를 돌려 잠갔다.

문제는 밸브를 100퍼센트 잠근다 하더라도 완벽한 차단은 불가능하다는 사실이다. 강하면 부러진다나. 오늘날 사용하는 유입밸브는 대체로 이 같은 밸브를 사용한다. 하여간 일시 정전이 아닌 전봇대를 교체하고 배전선로를 정비하려면 굉장한 시간이 필요했다. 물은 밀려들어오지, 펌프는 정지됐지, 비상 전원은 없는 상황에서 속된 말로 똥줄이 탔다. 잠시 후, 경찰과 소방, 한전 관계자들이 출동해 수습에 들어갔지만 피해를 원천 차단할 수는 없었다.

피해가 불가피하다고 보고, 물 공급을 중지해달라고 수자원공사에 요청했다. 하지만 수원시만의 공급 관로가 아닌데다 예고 없는 중단은 사실상 사고[단수]를 의미하기 때문에 난

색을 표명했다. 이런 사태가 벌어지리라곤 상상도 못한 터라 답답하기만 했다. 시간이 경과되자, 조짐이 가시화되기 시작했다. 저수조를 가득 채운 물은 주변의 논으로 흘러들면서 피해가 시작된 것이다. 눈덩이처럼 불어나자, 수자원공사에 상황을 설명하고 협조를 구했다.

홀아비 마음 과부가 알아준다고, 사태의 심각성을 인식한 수자원공사에선 전면적인 단수조치보다는 압(壓)을 대폭 줄여주었다. 유입되는 물의 양이 급격히 줄어들었다. 피해 또한 차츰 줄어들었다. 그렇게 마음을 졸이며 지내다 정오가 다돼서야 복구가 되었다. 이 사태 이후, 보조 전력을 따로 설치했다. 소 잃고 외양간 고친 격이었지만 이중으로 들어오는 전력 설비가 동시에 훼손되지 않는 한, 외부 전원이 차단되는 일은 없도록 조치가 된 것이다.

이와 유사한 사태(?)는 영통배수지에서도 있었다. 영통배수지는 말이 배수지(配水池)지 실제는 가압장과 배수지가 동시에 역할을 하는 다목적 배수지다. 청명산 허리를 계단식으로 잘라 건설한 배수지로 이른바 '고배수지', '저배수지'로 불렸다. 저배수지는 일반배수지 역할을 하는 동시에 일부 공간을 활용하여 펌프시설을 설치했다. 이를 통해 고배수지로 물을 올려 자연 압으로 내려 보내는 시스템이다. 이의가압장보다 신경이 몇 배나 쓰이는 곳이다.

어느 날, 갑자기 정전이 됐다. 상수도사업소 관계자와 한전의 전문가들이 긴급 투입돼 배수지 내부의 배전선로를 샅샅이 살폈다. 하지만 원인을 찾지 못해 우왕좌왕했다. 배수지 수위는 내려가고 원인은 밝혀지지 않아 모두들 피가 말랐다. 다행이도 단수 일보직전, 배수지 입구의 배전선로 박스 내의 기기가 고장 나 있는 것을 발견했다. 신도시 배수지답게 전봇대가 하나도 없는 지중화 선로로 구축되어 있어 완벽한 줄 알았는데 복병이 있었던 것이다.

그러고 보니 진짜 복병이 있다. 수위를 측정하는 '수위계'가 가끔 오작동해 터지는 사고야 말로 진짜 사고다. 폭포수처럼 범람하기 때문이다. 배수지의 높이는 4미터다. 수위는 보통 2미터에서 3,5미터 사이로 프로그래밍 해둔다. 이하로 내려가면 밸브가 열리고, 차면 밸브가 닫힌다. 작은 부분이지만 중요하다. 수위계 센서와 유입밸브가 연동되어 있기 때문에 이놈의 센서[초음파]가 어쩌다 문제를 일으키면 바로 사고로 이어질 수밖에 없는 구조다.

당시만 해도 수동식 수위계와 초음파 수위계 두 종류가 있었다. 장단점이 동시에 있다. 수동식은 수위에 따라 추(錘)가 위아래로 움직이다 보니 고장이 적은 반면 추가 멈추는 단점이 있고, 초음파 수위계는 정확도는 뛰어난 반면 아주 가끔이긴 하지만 습기로 인해 오류가 발생되는 단점이 있다. 영통배수지는 선진화된 배수지인 만큼 전체가 초음파 수위계를 사용했다. 사용과 관리는 편했지만 가끔 오류로 인해 터지는 사고가 사람을 불안하게 했다.

이른바 첨단 배수지라고 자부했음에도 사고가 나는 건 아이러니였다. 역사는 밤에 이루어진다고 꼭 밤에 일이 터졌다. 사고[범람]나면 주변 아파트 사람들이 베란다에서 소리를 질러댔다. 수면 중에 여기저기 고함이 들려 나가 보면 백발백중 저배수지에서 물이 넘쳤다. 피해만 없다면 얼마나 좋을까. 마치 폭포수에서 떨어지는 물처럼 수량이 어마어마하다. 배수지 법면이 순식간에 휩쓸려 내려가 배수구를 흙과 돌로 금방 채운다. 생각만 해도 끔찍하다.

어떤 경우든 처음 사고는 상수도사업소 차원에서 도움을 준다. 하지만 두 번 세 번 사고가 반복되자, 벼룩도 낯짝이 있지, 매번 보고할 수가 없었다. 아내와 삽을 둘러메고 리어카를 끌고 다니면서 아파트 단지 이곳저곳 배수구에 쌓인 흙을 다 퍼내다 보면 몰골이 말이 아니다. 씩씩대며 다시는 유사한 사고가 일어나지 않도록 눈을 부릅뜨고 감시하자며 다짐하지만 소용없다. 몇 달 혹은 몇 년에 한 번씩 주기적으로 터졌다. 손가락으로 꼽지 못한다.

영통배수지에서 나오고 수년이 지나서도 물 넘치는 꿈을 꾸다 놀라 깬 적이 있다. 그만큼 후유증은 오래갔다. 아무튼 육안으론 영통배수지가 나무랄 데 없는 환경임에도 살면서 점점 쪼그라든 점은 지금도 이해가 되지 않는다. 하지만 나름 공직자로서 최소한의 도리는 행했다는 점에서 자부심을 느끼게 하는 곳이다. 또 좌충우돌하던 김해영이 존재(存在)의 이유를 확실히 밝힐 수 있었다는 점에서도 영통배수지는 영(靈)이 확실히 통(通)했던 곳이다.

법학을 때려치운 이유

리비아에서 노동자로 활동할 때, 학력(?)에 대해 철저히 차별당한 경험으로 인해 마음의 상처는 상상 이상이었다. 나와 유사한 처지에 있는 사람들 또한 철저히 차별을 당했다. 인권변호사가 되어 차별 없는 세상을 만들어야겠다는 일념으로 별의 별 짓을 다하며 한 길만 보고 달렸다. 죽을 팔자는 아니었던지 천길 나락으로 떨어지다 겨우 동아줄 한 가닥(?)이 잡혔다. 발판의 계기가 마련된 것이다.

마치 멧돼지처럼 저돌적으로 몰두했다. 어떻게든 법학과를 들어가야만 했다. 하지만 속된 말로 개나 소나 법학과를 지원하는 이들이 많다 보니 경쟁률이 장난이 아니었다. 아무래도 무리다 싶어 궁리 끝에 우회하기로 했다. 일단 철학과로 가서 이중전공이나 복수전공을 하기로 했다. 일종의 틈새 전략을 구사한 것이다. 그렇게 지랄발광하며 대학에 들어간 건 순전히 인권변호사가 되기 위함이었다.

철학과에 들어가 공부하면서 놀란 것은 구성원들이었다. 어쩌면 그리도 개성들이 강한지 선생님들이나 학우들 대부분이 보통 사람들로 보이지 않았다. 물론 경우에 따라선 점수 맞춰 들어온 학우들도 보이긴 했으나 대체는 인상이 강하게 남을 만큼 캐릭터들이 분명했다. 뭐 나도 인상으로 따지면 꽤나 험악한(?) 축에 들었지만, 연세가 지긋한 선생님들이나 젊은 학우들의 인상 또한 만만치 않았다.

철학과가 본래 그런 것인지를 따질 겨를도 없이 공부에 매진했다. 그야말로 후다닥 철학과 과정을 마치고 법학과의 과목을 이수코자 몰두한 것이다. 그러던 어느 날, '살아있는 노자(老子)'로 불리는 송항룡 선생님의 강의를 만났다. 삶의 의미가 크게 전환될 수 있는 계기가 될 만큼 충격이 컸다. 선생님의 캐릭터는 독특했다. 도가철학자의 전형 그대로다. 무위자연(無爲自然)의 삶을 실재로 구현하셨다.

안경부터가 남달랐다. 안경의 크기가 약간 과장하면 얼굴의 반을 차지할 만큼 큼지막한 안경을 주야장천 착용하셨고, 머리는 언제 감았는지 분석해야 할 만큼 대충하고 다니셨다. 나처럼 몇 개 나지도 않는 수염을 당당하게 기르셨고, 와이셔츠를 입었다 하면 때(?)가 빛으로 변할 때까지 입으셨다. 양말 색은 가리지 않아 색이 다른 양말도 비일비재했고, 신발도 짝이 맞지 않는 경우도 드물지 않았다.

　　양복에 하얀 고무신을 신고 오시기도 하고, 어떤 때는 한쪽은 구두, 한쪽은 고무신인 경우도 있었다. 게다가 강의실에선 흡연을 시도 때도 없이 하셨다. 담배를 입에 대본 적이 없던 나로선 곤혹스럽기 짝이 없었다. 어느 날, 연기에 고문을 당하는 기분과 해로움에 대해 나열하고 금연해 주실 것을 정중히 부탁드렸다가 담배의 해악(?)에 대해 논리적으로 증명(?)해보라는 말씀에 꼬리를 내린 적도 있다.

　　그런 선생님이 어느 날, 나에게 돌직구로 물으셨다. "왜 사나? 뭐하려고 사나?" 두 가지였다. 순간 기(氣)가 막혔다. 즉답은 안 했지만, 속으로 '뭐 이런 시시한 질문을 다 하시지? 왜 사냐고? 뭐 하려고 사냐고? 먹고 살려고 살고, 인권변호사가 되어 사회적 약자를 위해 살려고 하지.'를 중얼거렸다. 답이 없자, 선생님은 몇 번을 더 물으셨다. 고집하면 나도 한 고집 하지. 입 다물고 묵언수행 하듯 했다.

뭔가 답을 줄 듯 말 듯하다 선생님은 더 이상 말씀을 하지 않고, 전문적인 강의에 몰두하다 강의를 마치곤 하셨다. 다음 강의에 오셔서도 똑 같은 말씀만 되풀이 하신다. "왜 사나? 뭐 하려고 사는가?" 그럴 때마다 나도 똑 같은 생각을 했다. 그렇게 몇 주가 지난 무렵, 대오각성(大悟覺醒)[47]을 했다. 뭐에 한 번 꽂히면 밀어붙이는 탓에 '내가 왜 사는지'에 대한 심도 있는 생각을 그간 못했던 것이다.

전과 달리 왜 사는지? 무엇 하려고 사는지? 자문자답하기 시작했다. 선생님은 이것을 생각하도록 그간 "왜 사나? 뭐하 려고 사는가?"를 끊임없이 물으셨던 것이다. 국민학교 때 강 복남 선생님과 학원의 몇 분 선생님들의 강의를 들었던 게 전 부였던 내가 '보다 깊이 있게 고민'할 수 있었던 건 그 때가 처 음이었다. 충격을 제대로 받은 난 삶의 지향을 더욱 명확하게

---

47) 번뇌(煩惱)에서 벗어나 진리를 크게 깨닫는 것을 이른다.

해야겠다는 생각을 다부지게 했다.

인권변호사가 되기 위해서는 어떻게 해야 빠르게 접근할 수 있는지? 어떻게 움직여야 사회적 약자가 팍팍 줄어들 수 있는지? 그려 보았다. 한 코미디 프로의 인기 멘트였던 "이건 아니잖아!!" "이건 아니잖아!!"로 결론이 났다. 무엇이 되어 무엇을 하겠다는 그림만 그렸었지, 무엇을 어떻게 해서 사회를 통으로 바꾸어 가겠다는 청사진은 부족했던 것이다. 과감(果敢)하게 방향을 전환키로 결론을 냈다.

우선 철학으로 확실히 무장하고, 이를 현실에서 어떻게 구현해 나갈 것인지를 고민했다. 정치학이 좋겠다는 결론에 이르렀다. 법학을 과감하게 때려치우고 정치외교학을 복수전공하기로 했다. 왜 행정학이 정치학의 아류로 취급되고, 정치외교학이 철학의 아류로 취급되는지 공부를 해보니 그 이유를 알게 되었다. 아무튼 철학과 정치외교학을 공부하면서 세상이 어떻게 움직이는지 명확히 인식했다.

내가 공직자로 또 학자로서, 운동가로서 강건하게 살아갈 수 있게 된 배경은 '살아있는 노자로 불리는 송항룡 선생님 덕분'이다. 한 인간이 어떤 생각을 가지고 어떻게 살든 그게 뭐 중요하냐며 반론을 제기할 사람도 없진 않겠지만, 사람들의 다양한 삶을 이해하고, 보다 양질의 삶으로 전환시키기 위해서는 어떤 사람의 소견도 가볍게 여겨선 안 된다는 생각이다. 지속하는 지금, 나만의 착각일까?

상수도사업소에서 환경사업소로

8년 9개월, 상수도사업소에서의 대장정을 마쳤다. 환경사업소로 전격 발령이 난 것이다. 공직의 특성상 종이쪼가리 하나로 움직이는 만큼, 환경사업소로 향해야 했다. 말이 환경사업소지, 하수처리장이었다. 수원시민의 생활하수를 한곳으로 모아 처리하는 곳이다. 전혀 예상하지 못한 상태에서 발령 나자, 가장 먼저 떠 오른 건 주거문제였다. 개뿔 집이 없다보니 당장 나갈 곳이 없었다. 한마디로 황당했다.

시청 총무과[현 행정지원과] 인사계를 찾았다. 김모 차석[과장퇴직]을 만나 저간의 사정을 얘기하고 발령을 취소해 줄 것을 요청했다. 잠시 후, 인사팀장[과장퇴직]과 논의를 마치고 나온 김모 차석은 난색을 표명했다. 이미 상수도사업소장의 의견을 반영한 인사였기 때문이란다. 후에 알았지만 상수도사업소의 향후 시설 운용은 완전 자동화라는 청사진이 그려져 있었다. 즉 시설의 무인화 정책이었다.

가령 CCTV와 컴퓨터 프로그램을 적극 활용하여 인적자원을 최소화(?) 하겠다는 정책이다. 시간이 한참 지난 오늘날은 배수지는 물론 초기에 근무했던 이의가압장도 모두 무인시설이 되었다. 아무튼 이를 미리 인지하지 못하고, 대비하지 못한 난 참으로 한심한 놈이었다. 직장인의 한사람으로서 무지의 극치였고, 한 집안의 가장으로서도 형편이 말이 아니었다. 하지만 발등의 불은 꺼야 하는 상황이었다.

궁(窮)하면 변화를 도모하고, 변화를 도모하면 통한다고 했던가?[48] 아쉬운 대로 인접 동네의 빈집으로 있던 나촌배수지[154,000V 초고압선이 지붕 위로 지남] 관사에 입주할 수 있도록 상수도사업소장께 부탁을 했다. 다행히 사업소장은 수락을 해주어 길거리로 나앉을 형국에서 간신히 벗어났다. 약간의 수리를 하고 나촌배수지로 이사했다. 급한 불을 껐으나 2년이란 한시적 거주라 불안은 여전했다.

이렇게 해서 일단 환경사업소로 출근했다. 그러고 보니 거주는 상수도사업소, 업무는 환경사업소에서 하게 되는 별난 형태였다. 여하튼 환경사업소로 발령을 받고 당도해 보니 환경사업소라는 이름에 걸맞지 않게 현장의 환경은 말이 아니

---

48) 『주역(周易)』에 "궁하면 변화를 도모하고 변하면 통하며 통하면 오래간다."(窮則變, 變則通, 通則久.)는 말이 있다.

었다. 특히 내가 배치된 당시의 '오니반'은 형언할 수 없을 만큼 열악했다. 그럼에도 나를 아는 사람들은 환경사업소로 발령 난 것을 축하한다는 덕담(?)을 해 왔다.

환경사업소는 특별수당을 월 27만 원씩 더 지급받는 사업장이었기 때문이다. 오죽하면 27만 원씩 더 주겠는가? 기가 막혔다. 난 그럴 때마다 월 50만원씩 당신에게 지급할 테니 근무지를 바꾸자고 덕담을 반박할 정도로 열악하기 짝이 없는 곳이었다. 게다가 근무하는 반의 이름도 마음에 안 들었다. 오니반(汚泥班)이 뭔가? 오니반이. 영어로는 슬러지(sludge)라고 하는데, '더러운 진흙'이란 말 아닌가?

실질적으론 '더러운 찌꺼기를 처리'하는 반의 일원이었다. 속된말로 현장의 노동환경도 개판(?)이고 이름도 개판이었다. 어떤 CBRT[49]가 설계를 하고 이름을 지었는지 나타나면 눈을 찔러버리고 싶을 만큼 마음에 안 들었다. 어찌하랴! 하나씩 고쳐갈 수밖에. 이름부터 바꾸기로 했다. 당시는 현장에 유입동, 수처리반, 통제실, 오니반 이렇게 4개의 반이 있었다. 이해

---

49) 속칭 '씨부랑탕'의 영어 이니셜로, 욕을 에둘러 표현한 것이다.

를 도모하기 위해 처리과정을 보자. 하수가 유입동으로 들어오면 수처리, 일종의 필터링 과정을 거쳐 정수된 물은 하천으로 방류시키고 갈아 앉은 하수찌꺼기는 오니반으로 유인, 폴리머(polymer)란 화학첨가물을 만나 짝짜꿍[일종의 탈수] 하면 이른바 슬러지(sludge)가 되는 것이다. 이 슬러지는 대형 덤프트럭에 실려 인천의 항구에 정박하고 있는 오니처리 전용선으로 옮겨지고, 오니처리 전용선은 이를 공해상(公海上)에 투기하는 구조다.

1993년인가? 우리나라도 런던협약에 가입함에 따라 2012년부터 해양투기가 전면 금지됐다. 지금은 슬러지를 건조시켜 시멘트 원료로 쓰고 있다. 좌우간 현장 구성원들의 자존감을 조금이라도 높이기 위해 개명부터 서두르기로 했다. 유입동은 '환경조절반'으로, 수처리반은 '환경처리반'으로, 통제실은 '중앙관제실'로, 오니반은 '환경친화반'으로 각각 새 명칭을 정해 소장께 변경을 건의하여 관철시켰다.

그리고 현장의 노동환경 가운데 초미의 현안은 역시 '숙직 문제'였다. 현장의 숙직(宿直)이란 사전적 의미와는 차원이 달랐다. 거미줄 같은 하수처리 시설이 수시로 고장을 일으키는 통에 숙직 한번 서면 몸과 마음은 거의 녹초가 된다. 예컨대 현장 직원들은 예나 지금이나 5일(?)에 한번 연중무휴 순번제로 숙직을 하는데, 24시간 근무하고 나면, 근 이틀 정도는 정신이 혼미해 정상 활동이 불가능하다.

하수처리 과정에서 발생되는 악취와 가스(?)에 노출된 탓이다. 일종의 중독 증상이랄까. 근무체제를 개선해야 한다는 생각이 들었다. 구성원들의 의견을 수렴했다. 근무시간을 최소화 하는 게 그나마 대안이라는 결론(?)에 이르렀다. 가령 5일에 한 번씩 돌아오는 당번자의 경우, 오후 6시부터 근무하는 형태가 좋겠다는 의견이 지배적이었다. 이런 현장의 중지를 모두 담아 소장께 건의하여 관철시켰다.

숙직문제가 일부 개선됨으로써 환경사업소 현장의 노동환경은 상당한 시너지를 몰고 왔다. 환경사업소 구성원들의 소극적 자세에서 적극적 하수처리 행정으로 변모된 것이다. 하지만 하수처리에 있어 크고 작은 문제와는 별도로 난제들은 항상 발생했다. 가령 하수처리 시설의 선진화 정책에 따라 이뤄진 하수처리 시설에 복합 체육시설을 함께 건설함으로써 나타나는 부작용 등이 대표적이라 할 수 있다. 하수처리 시설을 선진화 하여 그야말로 깨끗한 물을 하천으로 바다로 내보내는 정책이 우선시 되어야 하는지? 아니면 하수처리 시설을 적당히 운영(?)하면서 그 예산으로 체육시설을 확충할 것인지? 그것도 아니라면 두 마리 토끼를 동시에 잡는 정책으로 갈 것인지? 이런 문제는 앞으로 수원시의 모든 구성원이 머리를 맞대고 더 고민을 해야 할 지점으로 보였다. 멀지 않은 시기, 재론이 필요할 듯하다.

아무튼 환경사업소의 크고 작은 고민을 하며 지내던 어느 날, 수원시 기획예산과에서 수원시를 혁신하기 위한 1퍼센트의 인적 자원을 선발한다는 방이 나붙었다. 치열한 경쟁을 통해 연구단의 일원이 되었다. 이후 혁신선도팀의 일원으로 활동하다 공무원노조의 간부가 되었다. 사람 사는 곳에 문제없는 곳을 보지 못했다. 물러서지 않고 지랄발광하며 살았다. 어느덧 노동운동을 헤아려 보니 18년이다.

공무원 노동운동

　상수도사업소에서 환경사업소로 이동하여 한참 복무하면서 내부 문제를 조금씩 개선하다 노동조합의 간부가 되었다. '공직사회개혁'과 '부정부패척결'이란 기치(旗幟)가 마음에 들어 흔쾌히 참여했다. 하지만 막상 간부가 되어 현장을 다녀 보니 고쳐야 할 점들이 말도 못하게 많았다. 상사와 부하 직원 간 소통이 제대로 이뤄지지 않아 발생되는 갈등으로부터 구조적으로 갈등이 일어날 수밖에 없는 크고 작은 현안들이 산적했다.

　말도 많고 탈도 많았지만 18년간 노동운동 깃발을 흔든 지금 돌아보면, 공직사회는 형언할 수 없을 만큼 많이 변화됐다. 수직적인 공직문화에서 수평적인 문화로 상당히 바뀌었고, 위민행정이 자리를 잡았다. 물론 공직을 잘못 이해하여 악성민원으로 골머리를 앓는 부분도 없지 않지만, 대체는 시민을 위한 조직으로서의 당위성에 부합할 만큼 상당히 신장됐다. 공직사회의 골치 꺼리였던 부정부패의 고리도 많이 사라졌다.

　하지만 노사 양자의 성찰이 요구되는 부분도 없지 않은 게 사실이다. 사측 입장에 있는 사람들은 과거의 노동관 행태를 답습하여 그대로 행하려 하고, 노동운동가들 또한 구태의연한 운동방식에서 크게 진전을 보이지 못하고 있다. 그야말로 기계적 평행을 달린다. 상생을 얘기하고 공생을 논하면 누가 폄훼할까 두려워 말을 못한다. 속된말로 '너 죽고 나 살기'가 횡행하는 이유다. '어리석기도 힘들다'는 고사가 떠오른다.

청나라 때, 정판교(鄭板橋)란 사람이 산동에 부임해서 내주(萊州)의 거봉산(去峰山)으로 유람을 간 적이 있다. 원래는 산에 있는 정문공비(鄭文公碑)를 감상할 예정이었는데, 시간이 늦어 산중에 있는 모옥(茅屋 : 일종의 초가집)에 머물게 됐다. 모옥의 주인은 내공이 출중한 유학자 모습의 노인이었는데, 스스로를 호도노인(糊塗老人)이라 칭했다. 노인의 집엔 탁자 크기의 큰 벼루가 하나 진열돼 있었는데 조각이 뛰어났다.

정판교는 벼루의 정교함에 감탄했다. 다음 날 아침, 노인은 정판교에게 벼루의 뒤에 써넣을 글을 하나 부탁하자, 정판교는 흥이 일어 '난득호도(難得糊塗)'란 네 글자를 썼다. 그리고 아래에 '강희수재, 옹정거인, 건륭진사(康熙秀才, 雍正擧人, 乾隆進士)'라고 새겨진 도장을 찍었다. 벼루가 커 아직 여백이 있었다. 그래서 정판교는 노인에게 발어(跋語)를 써넣도록 주문을 하자, 노인은 붓을 들어 다음과 같은 글은 썼다.

"아름다운 돌을 얻는 건 어렵고, 단단한 돌을 얻는 건 더 어렵다. 아름다운 돌이 단단한 돌로 바뀌기는 더 어렵다. 아름다움은 가운데 있고, 단단함은 밖에 있으니, 야인의 초가집에 숨어있고, 부귀한 집 문은 넘어서질 않는다."(得美石難, 得頑石尤難. 由美石轉入頑石更難. 美於中, 頑於外, 藏野人之廬, 不入富貴門也.) 그리고 큼지막한 도장을 하나 꺼내 찍었다. 원시제일, 향시제이, 전시제삼(院試第一, 鄕試第二, 殿試第三).

과거(科擧)에서 1등, 2등, 3등을 한 것이다. 정판교는 깜놀했다. 벼루의 정교함과 그와의 대화에서 뿜어져 나오는 내공에 감탄했다. '난득호도' 아래 이렇게 썼다. "총명하기도 어렵고, 어리석기도 어렵다. 총명한 사람이 어리석게 되기는 더 어렵다. 집착 말고, 한 걸음 물러나 마음을 놓아버리면 편안하다. 후에 복을 받고자 함이 아니다."(聰明難, 糊塗難. 由聰明而轉入糊塗更難. 放一著, 退一步, 當下心安. 非圖後來福報也.)

노동운동을 하다 보면, 이처럼 '어리석게 행동하기도 힘들다'는 생각을 종종 한다. 그럴 때마다 난 상황을 좋게 하기 위해 우회 전략을 구사한다. 우회하는 것은 포기하는 것이 아니기 때문이다. 더 멀리 뛰기 위해 잠시 움츠릴 뿐이다. 사마천과 등소평이 이 원리를 실천했고, 유수의 지도자들도 이 원리를 활용하고 있다. 사마천은 역사가로서 등소평은 정치가로 위대한 업적을 남겼다. 미래 세대들에게 좌표가 되고 있다.

사마천(司馬遷)은 부친인 사마담이 조정에서 정치적 시련을 맞아 밀려나면서 태사(太史)가 될 것을 유언하고 죽자, 사마천은 부친의 유지를 받드는 과정에서 이릉(李陵)이란 장수를 변호하다 역적으로 몰려 자신도 탄핵을 당하고 말았다. 사마천은 가문의 명예를 위해 삶을 포기할 것인지, 거세형(去勢刑)을 통해 목숨을 부지할 것인지를 두고 고민하고 또 갈등했다. 결국 거세형을 통해 선친의 유지(遺旨)를 따르기로 했다.

그는 3천년의 방대한 역사를 정리한다는 소명의식을 가지고 편찬 작업에 들어갔다. 마침내 위대한 『사기』를 완성했다. 과감한 결단과 피눈물 나는 연구 덕분에 동양은 빛나는 문화를 구축할 수 있었다. 만일 사마천이 자신의 명예만을 생각했다면 어떠했을까? 하나의 사례지만, 세상은 소용(小勇 : 일시적 용기)보다 대용(大勇 : 장기적 안목의 용기)이 주도함을 알 수 있다. 이 같은 '분골쇄신의 정신'이 필요하지 않을까?

등소평(鄧小平)은 어떤가? 그는 오랫동안 모택동의 동지였다. 하지만 어느 날 동지가 적(敵)이 됐다. 반 모택동 정서주도와 기회주의자로 몰려 철도노동자로 일하거나 때로는 트랙터를 운전하는 노동자로 일했다. 스스로 피해 있을 때임을 알고 부정하지 않은 것이다. 만일 그때 제대로 한판 붙어보자며 모택동에게 대결을 했더라면 어떠했을까? 개인적 명예는 뚜렷하게 얻었을지언정 오늘날의 중국은 아마도 없었을 것이다.

그는 철도노동자와 트랙터를 운전하면서 왜 갈등하지 않았겠나? 하지만 쉼 없이 개혁과 개방을 위한 정책을 구상했다. 여러 번의 고비를 거쳐 모택동이 사망하면서 기회가 주어졌다. 정계에 복귀함과 동시에 실질적인 권력을 잡아 나갔다. 그리고 노동자 생활을 하면서 품었던 실용주의 노선의 개혁 개방 정책을 유감없이 펼쳐 나갔다. 죽(竹)의 장막이 열리자, 중국은 그야말로 파죽지세로 세상의 중심이 되어가고 있다.

명예롭게 죽는 건 어려운 일이 아니다. 정면에서 투쟁하다 죽는 일 또한 어려운 일이 아니다. 쉬운 선택지의 하나다. 하지만 치욕을 견디면서 미래를 준비하는 삶은 간단하지 않다. 따라서 운동가라면 적어도 소용(小勇)보다 대용(大勇)의 의식을 지녀야 한다는 생각이다. 작은 용기를 부각하는 것은 정면에서 싸우다 전사하는 것에 다름 아니다. '너도 살고 나도 사는 상생의 용기'야 말로 '시대가 요구하는 가치'라 확신한다.

공무원 노동운동가들 가운데 일부는 자기들과 같은 방식의 운동을 하지 않았다고 날 폄훼하고 음해한다. 그런다고 내가 쉽게 변하겠나? 어림 반 푼어치도 없다. 갈릴레이(Galilei)가 종교재판에서 신념을 저버리고 나오면서 지동설을 중얼댔지만, 철학자인 브루노(Bruno)는 신념을 꺾지 않아 화형을 당했다. 철학을 공부하고 가르치는 내가 꼴통 소릴 들으면서도 따르지 않는 건 공직철학과 배치된 가짜운동이기 때문이다.[50]

---

50) 민중들의 삶의 질은 공직자들의 자세와 무관하지 않다. 길(吉)한 쪽으로 움직일 것인지? 흉(凶)한 쪽으로 움직일 것인지? 순전히 의지에 달려 있는 것이다.

공무원 노동운동의 성과

도가도비상도(道可道非常道), 명가명비상명(名可名非常名)이란 말이 있다. 도(道)나 이름[名]은 '무엇'이라 규정할 수 없는 것임에도 억지로 규정하면 안 되는 경우에 쓰곤 한다. 또 '평가'라고 하는 것도 쉽지 않다. 어려움이 두 가지다. 평가할 만한 게 없음에도 평가를 해야 하는 경우와 한정된 시·공간에서 평가를 해야 하는 경우가 그렇다. '성과'라는 것도 유사하다. '이것'이라고 딱 잘라 규정하기 어려운 것이 대다수다.

그럼에도 공무원노동운동을 함에 있어서 성과였다고 굳이 꼽자면, 아무래도 수원시의 입장에서 거론하지 않을 수 없다. 100만 대도시 특례, 즉 '수원특례시'라 할 수 있겠다. 주지하듯 수원시의 인구 규모는 거의 광역급이다. 그럼에도 공직자 수는 광역시에 비교가 안 된다. 재정도 비교 불능이다. 상황이 이렇다 보니, 시민들께 제대로 된 행정서비스를 구현하기 위해선 조직과 재정을 확충하는 것이 무엇보다 중요했다.

그로 인해 주도된 것이 이른바 '100만 이상 대도시 특례'다. 만 10년에 걸쳐 추진한 결과 내용은 좀 부실하지만 형식은 갖추었다. 사실 이런 형식을 갖추는 데도 쉽게 이뤄진 것은 아니다. 청와대와 중앙정부, 국회, 경기도 등 광역자치단체를 방문하여 수많은 인사들을 만난 결과의 총체다. 지지부진과 지리멸렬한 일도 많았으나, 꽃을 피우기 위해 애써야 하고, 열매를 맺기 위해 애써야 한다는 마음으로 중심을 잡았다.

아무튼 특례시를 건설하기 위해 그간 관련 기관 방문과 만났던 주요 인사들을 검색해보니, 만 10년 동안에 무려 300번을 초과하는 것으로 나온다. 내겐 하나의 금자탑을 세운 것과 같은 의미를 지닌다. 박근혜 정부와 문재인 정부의 관료를 가리지 않고 교류했다. 속된 말로 문턱이 닳아 없어지도록 만났다. 지성이면 감천이라 했던가? 정성을 다하면 안 되는 일이 없는 것을 이번에 증명해준 셈이다. 살펴보면 이렇다.

먼저 청와대[대통령비서실 비서관급 이상] 출신 가운데 주요 인사들을 보자. 유민봉 국정기획수석비서관, 박동훈 행정자치비서관, 윤종인 행정자치비서관, 김우영 자치발전비서관, 최영현 보건복지비서관, 정태호 일자리수석비서관, 윤건영 국정상황실장 등을 만났는데, 이분들이 음으로 양으로 도움을 주신 분들이다. 특히 여기서도 박동훈 비서관과 윤종인 비서관은 관련 비서관으로서 특히 많은 영향을 미친 분들이다.

그리고 행정기관[2급 이상]의 주요 인사들을 보자. 강병규 장관, 김부겸 장관, 권덕철 장관, 이경옥 차관, 정재근 차관, 김성렬 차관, 윤종인 차관, 이재영 차관, 고규창 차관, 김희겸 차관, 이정섭 차관, 김판석 인사처장, 황서종 인사처장, 김우호 인사처장, 박제국 소청심사위원장, 이재관 소청심사위원장, 김일재 개보위 상임위원, 박수영 경기부지사, 이재율 경기부지사, 이용철 경기부지사, 홍승표 관광공사 사장이 있다.

또 오병권 경기부지사, 김동근 경기부지사, 예창근 경기부지사, 이한규 경기부지사, 이기우 경기부지사, 박성호 경남부지사, 배진한 강원부지사, 김종효 광주부시장, 정정순 실장, 최영현 실장, 박익수 부시장, 윤성균 부시장, 전태헌, 이강석 부시장, 조청식 부시장, 이재준 부시장, 이종수 부시장, 이춘표 부시장, 이재철 부시장, 백운석 부시장, 이완희 부시장, 이대직 부시장, 정의돌 부시장, 김능식 부시장 등이 존재한다.

아울러 故도태호 부시장, 故윤병집 부시장, 조무영 부시장, 이성인 부시장, 권금섭 부시장 등이 있다. 그런가 하면 4개 시장으론 염태영 수원시장, 박완수 창원시장, 이재준 고양시장 등이 주로 애를 썼으며, 국회의원으로는 정미경, 이찬열, 남경필, 김진표, 백혜련, 박광온, 김영진, 신장용, 김민기, 이명수,

김해영, 정우택, 정병국, 유은혜, 김현미, 심상정, 표창원, 故노회찬, 강기윤, 진선미, 백원우 의원을 들 수 있겠다.

어디 이뿐이던가? 손혁재 수원시정연구원장과 이재은 고양시정연구원장 등이 측면에서 지원을 아끼지 않았으며, 4개 특례시의 공무원노조 위원장[김우수 수원시, 방종배 창원시, 장혜진 고양시, 강윤근 용인시]단이 마지막까지 기염을 토했다. 이밖에도 수원시, 창원시, 고양시, 용인시의회[특히 수원의 조석환 의장]는 물론 4개시의 관련부서장과 담당 구성원들의 가열찬 행정지원이 큰 성과로 이어졌음은 말할 것도 없다.

팔랑귀가 살아야 나라가 산다

오래전, 집에서 기르던 돼지저금통 배를 슬쩍 가른 적이 있다. 덕분에 어머니로부터 비 오는 날 먼지 나도록 얻어 터졌다. 그 이후, 정직하게 땀 흘려 벌지 않은 돈은 결코 가까이 하지 않는다. 어머니의 무지막지한 장작개비 폭력 덕분이다. 하지만 세상은 눈뜨고 코를 베갈 만큼 험악하다. 아니 험악한 수준을 넘어 더 악화된 느낌이다. 틈만 보이면 아예 거지(?)로 만들 작정을 하고 덤비는 자들이 차고 넘친다.

오래전 나의 정서는 사람이 말을 하면 그의 행실에 대해 믿음을 가졌다. 그런데 일부(?) 막되 먹은 자들이 말과 행실을 달리하는 일이 거듭해서 목격되자, 요즘은 무턱대고 신뢰하지 않는다. 그럼에도 내 특유의 팔랑귀 덕분에 거덜 난 것을 회복시키려면 아직도 요원한 일이긴 하다. 아무튼 무슨 말을 들으면 이젠 행실을 살핀다. 언행이 일치되는지 확인하는 것이다. 특히 지도층 인사들은 더욱 자세히 살핀다.

희랍신화에 '프로크루스테스'라는 도둑놈 이야기가 있다. 이 녀석은 나그네를 죽일 때, 반드시 자신의 침대에 눕혀 침대

보다 길면 잘라서 죽이고, 짧으면 늘려 죽인다는 이야기다. 여기서 비롯된 말이 이른바 '프로크루스테스의 침대'다. 또 '시니스'란 도둑놈 이야기도 있다. 이 녀석은 사람을 죽여도 반드시 두 그루의 소나무를 휘어 밧줄로 고정하고, 거기에 사람을 묶어 밧줄을 끊음으로써 찢어 죽이는 이야기다.

　무지치고는 끔찍한 무지다. '프로크루스테스'나 '시니스' 같은 도둑놈 시끼들을 처단해야 할 때, 어떤 방법으로 할까? 보무도 당당한 정의의 사도 '테세우스'가 있다. 테세우스는 그들의 행태와 동일하게 해서 죽이는 것이다. 무도하지만 상황을 동일하게 해서 유감이 없도록 자르거나 늘리거나 찢어 죽이는 것이다. 요즘 유행하는 이에는 이, 주먹엔 주먹으로 대응하는 것이다. 그래봐야 터지는 놈만 터지지만.

　『성서(聖書)』에 '너희 진주를 돼지에게 주지 말라'는 이야기가 있다. 미련한 돼지는 진주의 가치를 제대로 모른 채, 그저 자기를 해치려는 것으로만 알고 상대를 의심하여 공격한다는 것이다. 자기 입장에서만 상대를 바라보니 눈과 귀가 어두워지는 것이다. 무엇이 본질(本質)이고 무엇이 말단(末端)인지 구별도 못하면서 금수(禽獸)처럼 날뛴다. "말은 행실의 표면

이고, 행실은 곧 말의 실상"[51]이란 말이 딱 맞다.

공직의 도(道)는 예나 지금이나 민중을 위하는데 있다. 민
중을 위한다는 것은 잘 먹고 잘살게 하여 마음을 편안하게 하
는 것이다. 이를 담보할 경제와 국방이 기본임은 물론이다. 먹
고 사는 문제와 국방이 튼실해야 궁극적인 목표인 도덕적인
사회를 만들 수 있기 때문이다. 민중의 신뢰 또한 절대적으로
담보가 돼야 한다. 신뢰 없인 모두가 허상이다. 거짓말하지 말
아야 한다. 팔랑귀의 손가락은 아직 쌩쌩하다.

51) 『논어집주(論語集註)』「선진(先進)」 : 言者行之表, 行者言之實.

02

생각

이미 저술했던『팔랑개비, 세상을 날다』,『손에 잡히는 철
학』의 일부 내용을 수정하고 추가하였음을 밝힌다.

정규직과 비정규직

47년 전, 서울 홍대 앞의 중국음식점에 처음으로 취업했을 때 월급은 없었다. '배달의 달인' 소리를 듣게 되면서, 5천 원씩 받기 시작했다. 주방에서 그릇을 닦는 친구들은 8천원 정도였고, 요리를 하는 형들은 2만원에서 3만원 정도였다. 다들 알고 있듯 음식점의 존립여부(?)는 요리사의 솜씨(?)에 달려 있다 해도 과언이 아니다.

그런데 어쩌다 요리를 하는 형들이 반란(?)을 일으키거나 부득이 출근을 못하게 되는 날이면 북창동이란 곳에서 하루 날품을 파는 이른바 '일당 요리사'를 고용하는 것이 관행이었다. 물론 그 분들의 요리 솜씨는 천하가 알아주는 수준급의 요리솜씨를 지닌 분들이었지만, 문제는 일당, 즉 '고액의 임금'을 지불해야 한다는 것이었다.

때문에 음식점 주인들은 유명 요리사를 일당이 아닌 이른바 '정규직'으로 채용하고 싶어 했다. 비용도 적게 들이면서 안정적인 수익을 올릴 수 있기 때문이다. 하지만 요리솜씨에 비해 한곳에 정착하고자 하는 요리사는 그리 많지 않았다. 며칠만 일하면, 근 한 달을 살 수 있을 만큼 돈을 벌 수 있으니, '비정규직'을 선호한 것이다.

난 그런 분들이 부럽기도 했다. 하지만 중국음식점에서 일하는 게 마음에 내키지 않아 2년 정도 버티다 탈출했다. 이후, 여기저기서 잡일(?)에 종사하다 전기공사하는 업체에 취업했다. 기술을 배워 생활하는 과정에서도 '정규직과 비정규직의 임금구조'는 크게 다르지 않았다. 이른바 '비정규직'의 임금이 훨씬 높았다는 사실이다.

역마살 팔자(?)로 전기기술자와 가스설비기술, 기계설비 등 각종 기술을 익혀 생활하는 동안에도 임금구조는 크게 다르지 않았다. 그러다 언제부턴지 정확히는 모르겠으나 '정규직'과 '비정규직'의 임금체계가 완전히 역전되어 있음을 알았다. 일당(?)을 받는 사람들이 저임금을, '정규직'이 훨씬 많은 임금을 받는 구조가 된 것이다.

31년 전, 북아프리카 리비아에서 노동자로 활동한 적이 있다. 거기서도 '비정규직'이 '정규직'보다 고임금 체계를 유지하고 있음을 확인한 바 있고, 유럽에서도 이 같은 현상은 오늘날까지 지속되고 있다. 이른바 '3D 업종'에 종사하는 사람들의 임금이 '정규직'의 그것을 훨씬 압도하고 있다는 사실이다. 일종의 '안전망'인 셈이다.

오늘날 사회는 임금의 양극화가 갈수록 심화되고 있다. 왜 곡도 보통 왜곡이 아니다. 정규직에 종사하면 천당, 비정규직에 종사하면 지옥으로 인식되는 현 상황을 타개하지 않고서는 갈등은 지속될 수밖에 없다. 그 갭(gap)을 줄이지 못하면서 진보니 보수니 좌파니 우파니 떠드는 것은 다 개가 풀 뜯는 소리다. 역지사지 할 때다.

차라리 정규직을 줄이자

'비정규직에서 정규직으로 전환'하려는 궁극적 이유가 뭘까? 신분보장과 특혜를 동시에 얻고 싶은 것이라면, 이는 자칫 이기주의로 비춰질 수 있다. 그럼에도 정치권에선 툭하면 비정규직을 정규직으로 전환시켜 주겠다는 공약을 발표하곤 한다. 정직해야 한다. 자기 돈이 아니니 그렇게 쉽게 공약하는 거 아닐까?

비정규직의 정규직 전환문제는 말처럼 쉬운 일이 아니다. 따져보면 쉽게 전환이 안 되는 이유가 다 있다. 그럼에도 무리하게 공약하고 밀어붙이는 태도는 바람직하지 않다. 현실 속으로 들어가 살펴야 한다. 가령 조그만 가게라도 운영해보라. 비정규직의 정규직 전환이 왜 난해한 문제인지를 이해하게 될 것이다.

사실 극약처방도 없진 않다. 속된말로 정규직의 각종 혜택을 대폭 줄이는 것이다. 가령 신분보장 하나 정도만 확실히 담보해주는 대신, 연봉과 각종 혜택을 크게 삭감하는 것이다. 자연스럽게 비정규직에 종사하는 사람들 연봉은 진작(振作)될

것이다. 정규직과 비정규직의 갈등 또한 원천적으로 사라질
것이다.

인심은 위태롭고, 도심은 미약하다

옛말에 '인심(人心)은 위태롭고, 도심(道心)은 미약하다'[52]는 말이 있다. 인간의 존재가 물질적 이욕의 충동이 강한 반면, 도덕적 고양(高揚)은 쉽지 않아 생긴 말일 게다. 아! 이 말이 질리도록 느껴진다. 때문에 다들 인간성이 회복되고, 인간이 본질인 사회를 지향하는 세계로의 전환을 요구하는 이른바 '인문학 사회'를 요구하는 것이겠지만 쉽지 않아 보인다.

새로운 세상으로의 전환요구는 도덕성을 바탕으로 한 물질의 추구, 시대정신에 부합하는 공동체 의식과 책임의식을 기반으로 한 개인주의, 자연과의 공존과 친화적 관계를 유지하는 인간주의라고 정의해 볼 수 있겠다. 그럼에도 산업화 단계를 넘어 정보화 시대에 깊숙이 자리하고 있는 오늘날에도 여전히 물질만능주의가 판을 치는 것은 문제가 아닐 수 없다.

'묻지마 방화', '묻지마 폭행' 심지어는 '묻지마 살인'까지 횡

---

52) 『서경(書經)』 「대우모(大禹謨)」 : 人心惟危, 道心惟微.

행하고 있다. 당하는 입장에서는 "왜 하필 나인가?"라고 팔자 타령을 하지만, 결국 빈부의 갈등이 이런 결과를 초래함은 말할 것도 없다. 함께 잘 살거나 못사는 것은 문제가 되지 않는다. 극단(極端)을 이룰 때, 갈등한다는 점에서 성찰이 요구된다. 오늘날에 맞는 도덕성을 시급히 마련해야 한다.

예의와 염치가 있어야

지금부터 2,700년 전, 관포지교(管鮑之交)로 유명한 관중[管仲 : 관자(管子)][53]이 목민(牧民)에 관해 논한 적이 있다. 그는 지도자의 임무가 다름 아닌 '사계절을 살펴 민중들의 마음이 편한지 어떤지를 잘 살피는 일'이라 했다. 집에는 먹거리가 창고에 가득 차고, 나라에는 재물이 많이 쌓이면 멀리 있는 사람도 자연스럽게 몰려온다고 하였다. 또 입을 옷과 먹을 양식이 풍족하면, 영광과 치욕도 저절로 안다고 하였다.

관자는 예의염치(禮義廉恥)를 매우 중시했다. 이는 나라를 지탱하는 '네 가지의 밧줄'이란 의미로, '하나가 끊어지면 나라가 기울고, 두개가 끊어지면 나라가 위태로워지며, 세 개가 끊어지면 나라가 뒤집어지고, 네 개가 모두 끊어지면 나라가 망(亡)한 것'이라 주장했다. 기우는 것은 바로잡을 수 있고, 위

---

53) 춘추시대 제(齊)나라의 명재상이었던 관중(管仲 : ?~B.C.645)은 어린 시절부터 평생 변함이 없었던 죽마고우였던 포숙아(鮑叔牙)와의 깊은 우정을 쌓아 이른바 '관포지교'라는 유명한 고사를 남겼다. 제나라 환공을 도와 군사력의 강화와 상업 및 수공업의 육성을 꾀하여 부국강병을 도모했다. 그의 핵심 이념은 질서[治]와 부강(富強)이다.

태로운 것은 안정시킬 수 있으며, 뒤집어지는 것도 일으켜 세울 수 있으나, 망한 것은 다시 일으킬 수 없단다.

관자의 영향인지는 모르겠으나 중국인들은 오늘날에도 학교마다 '예의염치'를 강령으로 삼아 교육을 시킨다. 그렇다고 중국인들이 모두 '예의염치'가 탁월하다고 볼 순 없지만 늘 마음속으로 이를 잃지 않으려는 모습은 본받을 점이다. 어찌된 일인지, 하루도 조용한 날이 없다. '지금 바로 여기'에서 '예의염치'가 몇 개나 존재하는지 성찰해야 한다. 예의? 아니면 이미 염치까지? 모두의 안녕을 위해 각자 애쓸 때다.

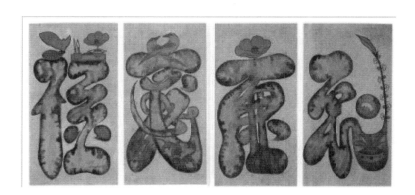

쇠소리와 경소리가 필요하다

　세상이 하루도 잠잠할 날이 없다. 마치 어린 아이들이 장난하는 것 같다. 4명의 성인(聖人)이 있다. '백이'[54]는 절개가 천하에 높아서 한 점의 더러움 없이 살았고[청렴하면 백이], '이윤'[55]은 천하의 일을 책임지고 조금이라도 남에게 미루지 않았다[모두가 내 탓]. '유하혜'[56]는 도량이 천하를 용납하여 조금이라도 막히거나 다름이 없이 살았고[모든 것을 자신의 덕

---

54) 백이(伯夷)는 본래 은(殷)나라 고죽국(孤竹國 : 오늘날의 하북성 창여현 부근)의 왕자였으나, 주(周)나라의 무왕(武王)이 은나라의 주왕(紂王)을 토멸(討滅)하고 주(周)왕조를 세우자, 무왕의 행위가 인의(仁義)에 위배되는 것이라 하여 주나라의 곡식을 먹기를 거부하고, 수양산(首陽山)에 들어가 몸을 숨기고 고사리를 캐먹다가 굶어죽었다. 유가(儒家)에선 이들을 청절지사(淸節之士)로 높인다.

55) 은(殷)나라의 전설상의 인물인 이윤(伊尹)은 이름난 재상으로 탕왕(湯王)을 도와 하(夏)나라의 걸왕(桀王)을 멸하고 선정을 베푼 것으로 유명하다. 유가(儒家)에선 천하의 잘못된 일은 모두 자신의 탓으로 돌리면서 위로는 탕왕을 보좌하고 아래로는 민중을 편안하게 한 것을 높이 평가한다.

56) 춘추시대 노(魯)나라의 현자(賢者)였던 유하혜(柳下惠)는 유하(柳下)에서 살았다고 하여 호(號)가 되었으며, 문인들이 혜(惠)라는 시호를 올려 유하혜로 불렸다. 모든 것을 자신의 덕으로 화합하고자 하면서도 직도(直道)를 지켜 임금을 섬긴 것으로 유명하다. 맹자(孟子)는 그를 일러 성인(聖人) 중의 화(和)한 사람이라 평했다.

으로 화합하고자 함], '공자'⁵⁷⁾는 미루어 옮기고, 변하고, 화합하여 행동거지가 모두 마땅하게 살았다[때에 맞춰 삶].

오래전, 음악에 8가지 소리가 있었다. 그 가운데 한 소리로 연주하면, 그 소리로 시작해 그 소리로 마치게 된다. 가령 쇠소리로 시작하면 쇠소리로 마치고, 경소리로 시작하면 경소리로 마치는 것이다. 하모니를 이루기 위함이지만 순서가 있는 것이다. 또 다른 연주는 쇠소리로 시작하고 마칠 때에는 경의 소리로 거둔다. 쇠소리로 시작하는 것[사회에는 어디서나 지도자 필요]은 8가지 소리가 연주되기 전이다. '반드시 쇠북을 먼저 치는 것은 다른 소리를 유인'하기 위함이다.

이는 쇠북소리로써 여러 소리의 조리를 시작하는 것이다. 또 경의 소리로 거두는 것은 여러 소리가 연주되고 마칠 때가 되면, 경쇠를 쳐서 여러 소리를 그치게 하는 것이다. 경쇠는 여러 소리의 조리를 거두는 것이다. 시작하고 마치는 사이에

---

57) 인물의 평가에서 두 가지 어려움이 존재한다. 평가를 할 만한 꺼리가 없음에도 평가를 해야 하는 경우와, 제한된 시공간에서 평가할 수 없는 경우가 그것이다. 특히 공자(孔子 : B.C.551~B.C.479)와 같은 위대한 철학자의 평가는 거의 불가능하다. 이런 이유를 전제로 공자를 소개하면 춘추시대의 철학자이자 사상가며 유가(儒家)를 창시한 이로만 거론해 두고자 한다.

여러 소리는 하모니로 작용하지 않는 것이 없다. 이것이 바로 음악을 모아서 크게 이루는 것이다. 사회가 혼란하지만 시도하는 이가 있고, 이를 매듭 짓는 이도 필요하다. 결단해야 할 때 결단하지 못하면 쇠소리나 경소리나 다 소용없다.

정치도 전문가가 필요하다

오늘날은 뭐든 전문가시대다. 법률전문가, 의학전문가, 음악전문가, 건축전문가, 경영전문가, 컴퓨터전문가, 복지전문가, 심지어는 공직도 전문가[이른바 고시를 패스한 고급관료 등]시대에 접어든지 오래다. 그래서 그런지 정치도 사실상 전문가[정치인]가 행사한다. 하지만 정치가 민중의 의식수준을 따라가지 못해선지 민중들은 이른바 정치전문가들을 선호하기 보다는 새로운 인물을 선호하기 바쁘다. 지난 대선과 총선에서는 물론 최근의 시민사회단체에서 활동하던 인사들이 뜨는 것은 이제 익숙한 일이 돼버렸다.

때문에 각 정당에선 새로운 인물을 영입하기 위해 각축전을 벌이기 일쑤다. 그도 그럴 것이 영입대상자들은 하나같이 자신의 영역에서 최선을 다한 덕분에 민중들의 뇌리에 이른바 '전문가'라는 인식이 확고한 인물들이기 때문이다. 말하자면 특정영역에서 추종을 불허할 만큼, 끊임없는 노력 끝에 자신의 존재를 부각시킨 결과일 것이다. 그렇다면 이런 부류의 인사들이야 말로 전문가답게 자신의 영역에서 더욱 더 수준을 높여야 마땅한 일 아닐까? 인지도에 매몰되어 정치권에 진출하는 것이 과연 옳은 것일까?

　자신의 영역에서 전문가로 굳건히 자리하던 이들이 정치인으로 변신하면서 성공사례가 얼마나 되는지 따져봐야 한다. 자신은 물론 사회적으로도 엄청난 손실로 이어짐은 분명하다. 이들의 정계진출로 일정기간 기성 정치인들의 도움을 받을 수밖에 없을 뿐 아니라 초보적인 정치로 어마어마한 인적 물적 요소가 투여되어야 함도 무시할 수 없는 부분이다. 또 이들이 수련하는 동안 민중의 기대에 부응하기도 쉽지 않다. 한 인간이 제대로 된 정치전문가로 성장하기 위해서는 무지막지한 시간이 필요함은 이 때문이다.

　가령 정치선진국에서 정치전문가 집안에 정치인이 대를 이어 나오는 것도 이런 정서와 무관하지 않다. 아무튼 사정이 이러함에도 정치의 문외한이 인지도 하나만을 믿고 정치판에 뛰어들다 보니, 소란이 사라질 리 만무한 건 당연하다. 물론 기성 정치인들이 민중들의 기대에 미치지 못한 행태들을 마구 보여주다 보니 이런 현상이 지속되는 것이지만, 그럼에도 정치는 정치권에서 나름 검증을 통해 역할을 하고 있는 정치인들 속에서 선발해 중책을 맡기는 것이 효과적이다. 유사한 경력을 쌓은 경우에도 가능하다.

음식점 하나를 경영해도 전문가가 필요한 세상이다. 하물며 나라의 운명을 좌우할 수 있는 정치의 영역은 어떻겠는가? 좋든 싫든 정치권에서 일정한 경쟁을 통한 이들에게 중책을 맡기는 것이 그나마 실수를 줄일 수 있다. 뿐만 아니라 예측가능한 정치도 가능하다. 물론 민중들은 보다 결함이 적고, 보다 나은 비전을 제시하는 인사를 선택해야 함은 말할 것도 없다. 이성을 배제한 감성에 사로잡혀 한눈을 팔면서 무책임하게 "3류 정치", "정치가 썩었네."라고 비난만 해선 답이 없다. 발탁해서 책임을 지워야 한다.

루소[58]도 일찍이 전문가주의를 비판한 일이 있지만, 사회의 모든 부분이 이미 전문가 시대에 깊숙이 침투해 있는데 대해 마냥 동의할 순 없다. 하지만 '지금 바로 여기'에서 실수를 최소화 하고, 보다 안정적인 비전을 구현하기 위해선 전문가

---

58) 프랑스의 계몽주의 철학자로 널리 알려진 루소(J. Rousseau : 1712~1778)는 물질과 정신이 공존하는 존재로 보고, 영혼불멸을 주장했다. 사람의 성품을 선하다고 주장한 것처럼 그는 도덕적 관념을 생득적이라 보았다. 사회학적으론 봉건적 전제지배를 격렬하게 공격하고 부르주아 민주주의를 지지하고 시민의 자유를 강조했다. 사회계약론에 있어서 그는 홉스(T. Hobbes : 1588~1679)와는 달리, 인간의 자연 상태는 만인의 만인에 대한 투쟁이 아닌, 우정과 조화가 지배하고 있다고 설명하면서, 자연 상태로 회복할 것을 주장했다. 그의 사상은 프랑스 혁명에 커다란 영향을 미쳤다.

가 필요하다. 또 우리 사회가 보다 진일보하기 위해선 정치권이 마음에 들지 않아도 더 많은 사랑과 관심을 줘야 한다. 배에는 선장이 필요하고 항해사도 필요하며 기관사도 필요하다. 각자 역할에 충실할 때 안전하게 목적지에 도달할 수 있듯, 정치도 전문가가 필요하다.

개나 소 같은 인사가 정치하면 안 된다

오래전 중국 한나라의 회남왕 유안(劉安)[59]이
신선술(神仙術)을 찾아다니다가 인공(人公)이라는 신선을 만
나 단약 만드는 비법을 전수받았다. 유안은 비법에 따라 정성
껏 단약을 만들어 먹자 승천했다. 이를 옆에서 지켜보던 닭과
개가 유안이 만들어 먹다 남은 단약을 주워 먹자 덩달아 승천
했다고 한다. 이른바 계견승천(鷄犬昇天)이란 말은 이렇게 해
서 만들어졌다. 요즘말로 하면 '개나 소나 날뛴다'는 말로 표
현할 수 있겠다.

그리스 철학자 소크라테스(Socrates)는 요즘 다들 좋아하는

---

59) 『회남자(淮南子)』를 저술한 회남왕(淮南王) 유안(劉安 : B.C.179~B.C.122)은
전한(前漢)의 문제(文帝)와 무제(武帝)때 살았던 인물이다. 그의 아버지 유장
(劉長)은 한고조 유방(劉邦)의 막내아들로 기원전 195년에 회남왕(淮南王)에
봉해졌다. 『사기(史記)』나 『한서(漢書)』에 따르면, 그는 문제로부터 낙인이 찍
혀 봉국을 몰수당하고 촉(蜀)에 유배 도중 자결한 것으로 나온다. 유안은 기
원전 164년에 회남왕으로 봉해졌는데, 그는 어려서부터 책을 많이 읽고 거문
고 타기를 즐겼으며, 사람들에게 은밀히 베풀기를 좋아했다. 나이가 들어감
에 따라 아버지의 죽음을 애도하게 되었고, 그도 아버지와 비슷한 길을 걸어,
말년 무제 시대에 모반 사건에 연루되어 자결했다. 그러나 일설에 따르면, 도
가(道家)를 숭상하는 그의 행태를 못마땅하게 여긴 유가(儒家)가 유안을 모
함에 빠뜨린 것으로 전하기도 한다.

민주주의(民主主義)를 달가워하지 않았다. 민주주의가 오용되면 개나 소 같은 인사들이 정치를 하겠다고 날뛴다고 보았기 때문이다. 개나 소 같은 인사들이 정치에 뛰어 들면 어떻게 되겠는가. 정치가 개판되는 것은 시간문제다. 정치가 개판되면 정치가 타락하기 시작한다. 사실 정치만 타락되면 그뿐이지만 그것이 사회 전체를 타락시킨다는데 문제의 심각성이 있다.

그렇다면 사회가 타락되면 어떤 현상이 벌어질까? '사회적 약자'로 불리는 이들의 피해로 이어지기 십상이다. 국가가 구성된 근본원리가 '사회적 강자'가 아닌 '사회적 약자'를 위해 구성되고 운영된다는 점에서 문제인 것이다. 불과 수십 년 전, 우리에게 원조 해주던 필리핀을 보자. 정치가 타락하면서 나타난 폐해가 '사회적 약자'들을 수도 없이 늪의 구렁텅이로 몰아가지 않았는가. 민주주의의 허점이 바로 이런 경우일 것이다.

자정능력이 존재하는 민주주의야 두말할 게 없지만, 올바른 생각을 가진 소수만으로 사회를 유지하기란 쉽지 않다. 그 우려했던 일들이 사회 곳곳에서 목도(目睹)되고 있지 않는가. 재물을 통해 정치를 하겠다고 달려드는 인사들이 얼마나 많은가? 그래서 선현들은 정치에 대해 아무나 하는 것이 아닌

'고도의 합리와 봉사정신', '투철한 자기 희생정신', '높은 도덕
성이 담보'되지 않는 인사에겐 불가능한 일로 여겼던 것이다.

싸가지가 없다고? 웃기고 있네

　예로부터 동방예의지국(東方禮義之國)으로 불리던 나라가 언제부턴가 "어른을 공경하는 문화[일종의 경로효친문화 : 敬老孝親文化]가 점점 사라져가는 것으로 보인다."고 미국의 일간 크리스천 사이언스 모니터(CSM)지가 오래 전 보도한 바 있다. 이런 저런 사례를 통해 볼 때, 한국 젊은이들의 이른바 싹아지[본래 (싹+兒枝)의 합성어가 변하여 요즘은 이른바 '싸가지'로 불림. 가끔 '싹수'로 칭하는 사람도 있음]가 사라져가고 있다는 기사다.

　위의 보도대로라면 본래, 우리나라 사람들이 이른바 '싸가지'가 있는 나라였다는 말인데, 맞는 말이다. '싸가지'가 있는 정도가 아니라 사실은 지나쳐 부작용에 시달린 적이 어제 오늘의 이야기가 아니다. 일부이긴 하지만 '싸가지'가 아직도 잘 유지되는 지역도 있다. 도시인들의 눈에는 도저히 따라하지 못할 만큼 엄격한 삶으로 보이지만, 그들은 몸에 체득되어 불편함이 전혀 없다고 한다. 아니 오히려 우리의 현 '싸가지'에 대해 논하곤 한다. 아무튼 예로부터 '싸가지'가 있기로 유명했던 나라에서 점차 그 색(色)을 잃어가고 있다는 건 문제가 아닐 수 없는 일이다. 그렇다면, '싸가지'가 본래부터 우리나라 사람들에게 유전적으로 존재했었는가에 대해선 좀 고민이 필요하다. 한마디로 결단하면, "우리에게 '싸가지'란 정서의 유전자는 없었다."이다. 그렇다면 왜 동방예의지국으로 유명해졌을까? 그건 다름 아닌 오바마도 부러워했던 우리나라 사람들의 학문[공부]에 대한 열정 때문이다.

즉 '싸가지'가 있어서 예의가 있는 나라가 아닌, 끊임없이 공부[세뇌 : 洗腦]를 시켜 예의가 있는 나라가 된 것이다. 문헌을 통해 의역해 보면, 관자가 살던 2,700년 전에도 "요즘 애들 '싸가지' 없다"고 했고, 2,500백 년 전, 공자가 살던 때도 "요즘 애들 '싸가지' 없다"고 전한다. 8백 년 전, 주자(朱子)도 "요즘 애들 '싸가지'가 없다"고 한 바 있으며, 450년 전, 우리의 율곡(栗谷)[60] 선생님도 "요즘 애들 '싸가지' 없다"고 한탄한 적이 있다. 오죽하면, 줘 패서라도 무지몽매한 이들을 가르쳐야 한다고 『격몽요결(擊蒙要訣)』이란 책을 다 저술했겠는가? 필

---

60) 조선 중기의 철학자이자 정치가로 『동호문답』, 『성학집요』 등의 저술을 남겼다. 현실과 원리의 조화와 실공(實功) · 실효(實效)를 강조하는 철학사상을 주로 제시했으며, 『만언봉사』와 『시무육조』 등을 통해 사회의 제도개혁을 주장했다.

자도 성균관 출신이지만, 요즘 노인 분들은 언필칭 "요즘 애들 '싸가지' 없다"고 비판하기 바쁘다. 대학에도 다르지 않다. 고학년 학우가 신입생을 향해 "요즘 신입생들 '싸가지'가 없다"고 하고, 신입생들은 "요즘 고딩[고등학교 학우] 애들 '싸가지' 없다"고 한다. 물론 고딩들은 "요즘 초딩들은 '싸가지'가 없다"고 주저 없이 칭한다.

맞다. 사람은 본래 '싸가지'가 없다. 그래서 가르쳐야 한다고 선현들은 줄기차게 주창했다. 거듭 강조하면, '싸가지'가 있어서 예의가 있는 나라가 된 것이 아니라, 가르쳐서 '싸가지'가 있는 나라, 즉 동방예의지국이 된 것이다. 따라서 요즘만 애들이 '싸가지'가 없는 게 아니라 가르침이 부족해서 '싸가지'가 없어지는 것이다. '싸가지' 그거 가르치면 생긴다. 물론 남을 배려하는 데에서 사랑이 나온다는 전인교육, 바로 그것을 가르쳐야 한다.

인문학의 본질

　인문학(人文學) 도시를 만든다고 한다. 한 마디로 인문학 열풍이다. 일부 방송에선 각계의 전문가를 모셔다 토론도 하고 방향도 제시한다. 수원시를 포함한 다수의 자치단체에서는 이미 구체적으로 추진 중에 있다. 그런데 가만히 들여다보면, 정작 인문학의 본질을 이해하지 못하고 진행되는 경우가 문제라면 문제라 하겠다. 왜 인문학을 주창하는지, 본질을 인식하고 접근해야 함에도 그것 없이 사업을 추진하는 것이 적지 않다. 세상이 물질사회에 깊이 매몰되어 있다 보니, 지엽적이고 말단적인 부분만을 가지고 논의되는 것이다.

　인문학은 '문학·사학·철학(文學·史學·哲學)'만을 의미하는 게 아니다. 사회과학이니, 자연과학이니 하는 건 공부하는 사람들이 편의상 범주화 한 것이지, 그것이 인문학과 부합한다거나 배치된다거나 하는 게 아니다. 즉 사람이 살면서 만들어 내는 모든 것을 '문(文)'으로 이해할 수 있다면, 일단 인문학의 단서는 잡았다고 할 수 있다. 끊임없이 변화하는 시대에 사람[人]들이 만들어 내는 모든 사물들이 사실은 모두 문(文 : 본질적으론 육안으로 볼 수 있는 모든 것이지만, 보이지 않는 예술 부분 등도 포함)에 해당되는 것이다.

　인문학의 핵심에 대해 간략하게 일러두면 이처럼 설명할 수 있겠다. 세상엔 크게 두 가지의 패러다임이 존재한다. 하나는 정신[도덕]적 지향이고, 다른 하나는 물질[경제]적 지향이다. 가령 정신적 지향이 가속화되면 결국 사물이 극해 반전하게 된다는 이른바 물극필반[61]의 원리에 의해 물질[경제]을 중시하는 사회로 변화되고, 반대로 물질사회가 지속되다 보면 이 또한 식상해져 물극필반의 원리에 의해 다시 정신[도덕]을 지향하는 사회로 변모하게 되는 것이다. 이와 같이 세상은 자연스럽게 정신과 물질이 상호 교차되는 것이다.

　가령 중국의 한(漢)나라는 물질[경제]을 중시하는 사회였으나 당(唐)나라 때는 정신[도덕]을 강조하는 시대로 패러다임이 바뀌었다. 이백과 두보, 백거이[62] 같은 큰 시인들이 대거 나

---

61) 물극필반(物極必反)은 '사물이 극하면 반전한다'는 의미로 우리나라 국기인 태극기의 태극원리와 같은 내용이라 할 수 있다. 흥망성쇠가 반복된다거나 달이차면 기운다[일음일양의 원리]는 것과 같은 논리를 뜻한다.

62) 당대(唐代)의 대 시인 세 사람을 꼽으면 시선(詩仙)으로 불리는 이백(李白, 701~762)과 시성(詩聖)으로 불리는 두보(杜甫, 712~770), 논리와 개성이 풍부한 작품을 많이 남긴 백거이(白居易, 772~846)를 들 수 있다.

타난 것은 자연스런 예다. 우리나라의 경우, 여말선초와 중기까지 물질[경제]이 중시되는 사회에서 반전되어 후기까지 정신[도덕]을 중시하는 사회로 지속된 바 있다. 이런 구조에서 또 다시 반전되어 오늘날까지 물질[경제]을 중시하는 패러다임 속에 있다. 물질에만 몰입[Think hard]하는 사이, 정신을 강조하기 시작한 것이 오늘날 인문학 열풍의 이유다.

하지만 우리가 아무리 인문학을 주창해도, 인문학 도시가 정착되고 인문학적인 나라가 되기 위해선 적어도 2~30년은 지나야 가능하다. 관성으로 인해 수없이 많은 시행착오와 저항하는 세력 또한 만만치 않기 때문에 명실상부한 정신[도덕]을 중시하는 인문사회가 되기에는 수많은 시간이 필요할 것이다. 이러한 본질을 꿰뚫지 못하고 "인문학", "인문학"을 외쳐 봐야 지극히 말단[현상]적이고 지엽적인 부분만을 가지고 접근하다 시간만 허비할 가능성이 크다. '인문학 도시'는 물질[경제]적 도시에서 정신[도덕]적 도시로의 지향이다.

다시 말하면, 태극에서도 일러주듯 패러다임은 정신이란 부분에서 물질 쪽으로, 물질은 다시 정신 쪽으로 향한다[일음일양 원리]는 점을 잊지 않아야 인문학의 본질을 이해할 수 있다. 도덕은 정신적 삶을 풍요롭게 하고, 경제는 물질, 즉 육체적 삶을 풍요롭게 한다. 두 가치가 공히 중요하지만 굳이 따지자면 도덕을 확립하는 일이 무엇보다 중요하다. 그러나 먹고 사는 문제인 경제[물질]를 무시할 수 없기 때문에 육체적 삶이라고 하는 경제[물질]에도 관심을 갖는 것이다. 결론적으로 인문학은 '정신적 삶을 풍요롭게 하자는 것'이다.

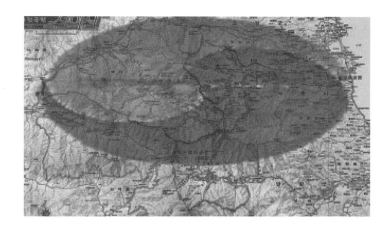

때에 알맞은 지도자를 선출해야

옛날 지도자들 가운데 싸우지 않고도 지도자 자리를 물려받아 지도력을 훌륭하게 발휘한 경우가 있다. 어떤 지도자는 싸우지 않고 순순히 물려줬다가 조직 전체를 말아먹은 경우도 있다. 말하자면 어떤 경우는 싸우지 않고 물려줬는데도 조직이 건강하고, 어떤 경우는 싸우지 않았다가 망하는 경우도 있다. 즉 싸움이나 사양하는 데도 다 때와 예(禮)가 있다는 것이다. 다시 말하면 줘야 할 때와 주지 말아야 할 때가 유효적절해야 한다는 말이다.

집의 마룻대와 들보 같은 큰 나무는 성벽을 쳐부술 때 유용하지만, 작은 구멍을 막는 데는 소용이 없다. 하루에 천리를 달릴 수 있는 훌륭한 준마(駿馬)라 하더라도 쥐를 잡는 데는 너구리나 살쾡이만 못한 경우가 있다. 부엉이는 밤에 벼룩을 잡을 정도로 세상을 훤히 헤아리지만 낮에는 눈을 아무리 부릅뜨고 난리를 쳐도 산이나 큰 언덕을 구분조차 하지 못할 만큼, 능력을 발휘하지 못한다. 모두가 때와 주변의 정서가 맞아야 한다는 얘기다.

이치가 이러함에도 일부 특정세력의 이로움을 위해 지도자가 되려한다면 이를 어찌해야 하겠나? 음[욕심]만을 쫓고 양[다수의 권리]을 무시하는 것과 같다. 이런 의도로는 도저히 뜻대로 되지 않는다. 그런데도 여전히 주장한다면 바보[63]거나 속임수에 불과하다. 당대 풍습에 대한 패러다임 속에서 거역하려는 사람을 역사에서는 찬탈자라 하고, 시대의 조류에 부합하여 움직이는 것을 정의라 불렀다. 귀천과 대소가 유효 적절해야 한다는 것이다.

예로부터 우리네 정서에서 인재를 발탁하는 기준은 다양했다. 간단하게 사람에 대한 판단을 보다 쉽게 하기 위해 '신언서판(身言書判)'의 원리를 가지고 활용했다. 서판[일종의 주·객관적 시험]을 먼저 시험하고, 면접 비슷한 제도[신언]를 통해 과거의 행적이 정직하고 성실했는지를 살피는 것이다. 특히 지도력에 대한 자질을 논할 때는 '지혜와 신뢰, 용기, 인자함, 엄격함' 등이 존재하는지를 살폈다. 진실로 지도자감

---

63) 오늘날에는 지능지수가 낮거나 또는 기대에 미치지 못한 행위를 할 때, 보통 '바보'라고 지칭하지만, 본래의 '바보'는 그런 의미가 아니다. 바보의 어원이 '밥보'에서 비롯된 것처럼, 눈만 뜨면 먹는 것만 찾는 이를 '밥보', 즉 '바보'라고 하는 것이다. 바보의 반대되는 말은 '심보'다. 예로부터 선현들은 '밥보'를 키우지 말고 '심보'를 키우라 했는데, 오늘날에도 유효한 말씀으로 들린다.

이 될 수 있는지를 본 것이다.

주나라 정치, 대동과 소강사회

제도에 의한 인치(人治)

따지고 보면 사람의 삶도 엔트로피 법칙[64]에서 벗어나지 않는다. 적어도 지금의 세상엔 그렇다. 갈수록 개판이다. 그래서 선현들은 싸가지[인륜도덕]가 없는 세상이라 탄식한 모양이다. 요즘 세상 바라보는 식으로 보면 즉각 반증된다. 물론 싸가지가 없다고 싸가지가 있는 세상으로의 회귀를 바라는 부류가 세상을 주도하면 정신[도덕]을 추구하는 세상이 되곤했지만 여전히 엔트로피 법칙의 구도에서 벗어나지 못한다. 제도의 정치와 대동과 소강사회를 보자.

애공이 정치에 대해 묻자, 공자는, "문왕과 무왕의 정치는

---

64) 열역학 제2법칙인 엔트로피(Entropy) 법칙은 우주 안의 모든 것은 일정한 구조와 가치로 시작해서 무질서한 상태로 나아가며, 이 방향을 역으로 되돌리는 것은 불가능하다. 엔트로피 법칙에 따르면, 지구상 어디서든 질서를 창조하기 위해서는 더 큰 무질서를 만들어내야만 한다. 이 법칙은 역사가 진보의 과정이라는 가설뿐만 아니라 과학과 기술이 유질서한 세계를 창조할 것이라는 가설도 부인한다.

방(方)과 책(策)에 기록되어 있으니, 그러한 사람이 있으면 그러한 정치가 이루어지고, 그러한 사람이 없으면 그러한 정치는 종식된다. 사람의 도(道)는 정치에 민감하고 땅의 도는 나무에 예민하니 무릇 정치란 창포와 갈대 같은 것이다. 그러므로 정치를 하는 것은 사람에게 달려 있으니, 사람을 취하는 데는 몸으로서 할 것이요, 몸을 닦음에는 도로서 할 것이요, 도를 닦음에는 인(仁)으로서 해야 한다."[65]

주의해서 볼 것은 공자가 '정치는 사람에 달려있다'고 하여 정치엔 마치 제도가 필요 없다는 식으로 봐서는 안 된다는 점이다. 공자는 주나라 정치의 폐단을 구하려 한 것이며, 그것을 방책(方策 : 정사의 기초가 적혀 있던 전적)과 함께 없애 버리려 한 것이 아니라는 것이다. 그의 정치사상은 '주(周)나라를 따르겠다는 것과 인(仁)을 숭상한다.'는 두 가지 주장이 핵심이다. 이는 상호 배척이 아닌 보완적이다. '주나라의 문화를 찬미'했던 것을 볼 때 알 수 있다.

---

65) 『중용(中庸)』제20장 : 哀公問政, 子曰, 文武之政, 布在方策, 其人存, 則其政擧, 其人亡, 則其政息. 人道敏政, 地道敏樹, 夫政也者, 蒲盧也. 故爲政在人, 取人以身, 脩身以道, 脩道以仁.

즉 공자는 '주'나라의 도(道 : 문화)가 훼상되는 것을 애석하게 여겨 인치(人治＝仁治)로 방책의 폐단을 구하고자 한 것이다. 또 '군자'를 강조한 것을 두고 인치로서 법치를 대체한 것으로 잘못 이해하는 경우가 있으나 오해다. 오히려 법치 속에서 인치를 덧붙인 것으로 해석하는 것이 옳다. 또한 후세 사람들이 인치와 법치를 대비시키고, 서로 용납할 수 없는 두개의 방법이라 오인하여 공자가 마치 제도를 버리고 인륜도덕에만 힘썼다고 주장하는데 완전 오해다.

대동(大同)과 소강(小康)사회

대도(大道)가 행해지던 때 천하는 공공이었다. 임금 된 자는 어질고 유능한 자를 가려 그것을 전수했다. 신의를 강명(講明)하고 화목하게 하는 길을 닦았다. 따라서 사람들은 홀로 어버이만을 친애하지 않고 홀로 그 자식만을 자애하지 않았다. 늙은이로 하여금 안락하게 수명을 마칠 수 있게 하고, 장년의 사람은 그 힘을 발휘하게 하며, 어린이는 건전하게 자라날 수 있고, 홀아비, 과부, 고아나 자식이 없는 사람, 불구자 등도 모두 충분히 그 몸을 기르게 했다.

남자는 일정한 직분이 있고, 여자는 시집갈 곳이 있었다. 재화(財貨)가 땅에 버려지는 것을 싫어하지만 반드시 자기를 위해 사사로이 취하거나 감추지 않았다. 힘이 몸에서 나오지 않는 것을 싫어하지만 반드시 자기 한 몸만을 위하진 않았다. 이와 같기 때문에 간특한 계략이 폐색(閉塞)되어 일어나지 못하고, 도적(盜賊)과 난적(亂賊)이 절멸하여 일어나지 못했다. 그렇기 때문에 사람마다 대문을 잠그지 않게 되었다. 이것을 이른바 대동사회(大同社會)라 한다.

이제 큰 도는 숨어서 행해지지 않는다. 천하는 집을 위해 있게 되었다[임금이 나라를 어진 이에게 전하지 않고 자기 자손에게 전하는 세상]. 사람들은 저마다 자기 어버이만 친애하고, 자기 자식만 사랑할 뿐이었다. 재화를 거두는 것도 힘을 내는 것도 모두 자기 한 몸만을 위해서였다. 임금은 세습으로 전하는 것을 예로 삼고, 성곽을 쌓고 못을 파서 방비를 강하게 하였다. 예의를 만들어 나라의 기강을 삼아 군신사이를 바르게 하고, 부자사이를 돈독케 했다.

형제사이를 화목하게 하며, 부부사이를 화합하게 했다. 제도를 만들고 마을을 만들고 용맹과 지혜를 숭상하고 공업을 세우는 것도 자기만을 위해서였다. 따라서 계략은 이것을 위해 일어났고, 병혁(兵革)도 이것에 의해 일어났다. 이때 우·

탕 · 문 · 무 · 주공은 예의(禮義)로 세상을 교화하였으니, 이 것이 삼대(三代)의 영명한 선택이다. … 이것을 이른바 소강사 회(小康社會)라 한다. '대동사회'와 '소강사회'를 지나온 지금, 우리는 어떻게 세상을 변화시킬 것인가?

폭력의 상호관계

라이오스와 오이디푸스

테베왕의 아들인 오이디푸스(Oedipus)는 아버지를 죽이고 어머니와 혼인할 것이라는 신탁 때문에 태어나자마자 버려진다. 코린트의 왕에 의해 거두어져 성장한 오이디푸스는 예언에서 벗어나기 위해 고국을 떠나 여행하던 중 길 위에서 사소한 일로 한 행인과 싸우다가 그를 죽이게 된다. 살해당한 사람이 자신의 아버지인 라이오스(Laios) 왕이지만 그는 그런 사실을 까맣게 모르고 산다.

테베의 사람들을 괴롭히던 괴물 스핑크스의 수수께끼를 맞춤으로써 스핑크스를 죽게 하자, 감사의 표시로 테베 사람들은 오이디푸스를 왕으로 맞아들이기로 선포하고, 오이디푸스는 여왕인 이오카스테(Iocaste)와 혼인한다. 신탁은 실현되었다. 태평을 구가하던 테베가 페스트가 창궐하여 많은 사람이 죽자, 그는 신(神)이 분노하여 그렇다고 생각하고 라이오스의 살해자를 찾기로 결심한다.

그리고 꼼꼼한 조사 끝에 바로 자기 자신이 범인이라는 것을 알게 된다. 엄청난 비극 앞에서 왕비인 이오카스테는 목을 매고, 오이디푸스는 자기 눈을 찔러 스스로 장님이 된다. 그리고 딸 안티고네의 손에 이끌려 광야(廣野)를 떠돈다. 모든 것을 다 가진 것으로 여겨졌던 오이디푸스는 모르고 있던 사실을 알게 됨으로써, 한 순간에 운명이 뒤바뀌어 왕에서 눈 먼 거지 신세가 된 것이다.

폭력의 상호관계

『오이디푸스』의 저자인 소포클레스는 오이디푸스에게 욕망과 의혹의 모든 행위들 중에서 어떤 점이 아버지와 동질적인지 확인하려 한다. 오이디푸스가 파멸을 초래하게 될 수사(rhetoric)에 대해 무분별하게 접근하는데, 그것은 왕국의 어디엔가 암살자, 다시 말해 테베의 왕권과 이오카스테(Iocaste)의 침대를 차지하고자 하는 또 다른 남자가 숨어있다는 주장이 부친과 동일한 구조를 확인한다.

결국 오이디푸스가 라이오스를 죽이지만 애초에 오이디푸스를 죽이려 했던 건 바로 라이오스였으며, 친부 살해의 현장에서 오이디푸스를 향해 먼저 팔을 올린 사람도 라이오스였다. 구조적으로 이 친부살해는 상호폭력에 해당된다. 보복의 세계에서 이것은 하나의 보복일 뿐이다. 소포클레스가 해석하는 바대로 오이디푸스 신화 속에서 모든 남성들의 관계는 상호 폭력의 관계를 띠고 있다.

가령 '신탁에 의해 영감을 받은 라이오스는 오이디푸스가 테베의 왕위와 이오카스테의 침대 사용권을 빼앗을까 두려워 폭력으로 내쫓는다.' '신탁에 의해 영감을 받은 오이디푸스는 라이오스를, 다음은 스핑크스를 폭력으로 물리치고 그 자리를 차지한다.' '신탁에 의해 영감을 받은 오이디푸스는 자신의 자리를 차지하려고 꿈꿀지도 모르는 또 다른 어떤 남자의 파멸을 계획하는 것' 등이다.

이성의 기능으로 돌파할 때

다시 간략하게 라이오스와 오이디푸스의 관계를 보면, 상호 대립하는 '폭력관계'임을 알 수 있다. 분노한 오이디푸스는 경쟁자를 탈신비화[demystifier] 하려고 온갖 계책을 만들어 낸다. 일례로 가짜 예언자에 불과하다는 것을 증명하여 왕권과 이오카스테의 침대 사용권을 지속하려 애쓴다. 폭력의 한 단면일 뿐이지만 주저하지 않는다. 폭력은 가족뿐만 아니라 사회에서도 그대로 적용된다. 권력을 취하기 위해 온갖 악랄한 방법들이 동원되는 것을 보라. 도덕과 윤리 따위는 아랑곳없다. 자신의 존재만 부각시킬 뿐, 상대를 배려하려는 자세는 좀처럼 찾아보기 어렵다. 무엇이 이토록 졸렬한 사회가 되도록 하는 것인가? 엔트로피법칙(entropy law)이라 치부하기에는 너무도 각박하다. 이성의 기능(function of reason)을 명확히 인식하여 상생할 수 있는 폭력을 구사하면 어떨까?

나무에선 물[水]이 오르고, 질병을 막아내기 위해 불[火]은 내려가기도 한다. 또 물고기가 상류로 향하는 행태는 이성의 대표적 기능이다. 생명이 있는 모든 것은 이처럼 역행하려 한다. 자연에 순응하면 살고 역행하면 살아남지 못한다고 하는 말은 바로 이성의 기능을 두고 하는 말이다. 순응과 역행이 상호 대립관계지만 특히 생명력은 이성의 산물이다. 역설적이게도 반역(反逆)이 필요하다.

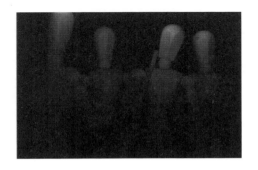

우리 사회의 경쟁에 대한 단상

참을 수 없는 존재의 가벼움

참을 수 없는 존재의 가벼움. 이 말은 밀란 쿤데라의 소설 제목이기도 하다. 그런데 한편으로 보면 현대인들은 참으로 진지하고 무겁게 보인다. 심각할 정도로 진지하고 심각할 정도로 무겁다. 물론 그 진지함의 대상이 다르기는 하지만. 여하튼 현대인들은 경쟁(競爭)에 대한 진지함으로 똘똘 뭉쳐있다. 때론 한 치의 허점이나 오점(汚點)도 용납하지 않을 만큼, 섬뜩할 정도로 진지하기 짝이 없다.

경쟁, 그 자체가 꼭 문제가 되는 것은 아니다. 문제는 정신적인 선의의 경쟁, 즉 의리(義理)의 경쟁이 아닌 물질적 경쟁, 즉 경제적인 경쟁에만 치우쳐 있다는 게 문제라면 문제다. 비근한 예로 자신의 육체를 꾸미는데 있어서의 진지함을 보자. 세상에서 두 번째라면 서러워할 정도로 대단하다. 우리의 성형외과 의사는 이미 세계적으로 그 기술력을 인정받고 있는 것을 보면 이해하고도 남을 만하다.

하지만 내면을 보면 무게감을 상실해 가고 있다. 알베르 카뮈는 현대인들의 삶을 '시지프스의 노동'에 비유한 적이 있다. 무거운 바위를 산 위로 올리면 굴러 떨어져서 다시 올리는 시지프스의 노동 같은 삶이 반복되고 있다는 것이다. 실제로 자신의 존재가 삶의 가치를 얼마나 차지하고 있는지에 대한 진실한 고민은 없이 오직 자신의 행복만을 위해 물질적 경쟁이 지속되는 것은 안타까운 일이다.

가령 대학 입학을 위해, 취직과 취업을 위해, 승진을 위해 끊임없이 경쟁에 뛰어 들고 있다. 하지만 이런 도식으로는 미래의 행복을 보장하기 보다는 오히려 계속 행복이 뒤로 미뤄질 수밖에 없다. 경쟁은 새로운 경쟁을 낳기 때문이다. 시지프스의 노동에서 벗어날 수 있는 것은 어디선가 그 악순환의 고리를 끊어야만 한다. 자신의 삶에 대한 성찰만이 거대한 바위로부터 탈출할 수 있는 것이다.

의리(義利)란 무엇인가

우리의 전통사상은 인간의 도덕성을 신뢰하는 기반위에서 참된 인간의 도리를 사회에 실현하고자 한다. 성선(性善)에 대한 확고한 신념을 전제로 개인적으로는 지속적인 수양을 통해 인격을 완성하고, 사회적으로는 평화공존의 대동사회(大同社會)를 지향한다. 이러한 인간의 본질에 대한 올바른 인식과 가치판단을 갖고 구체적인 현실에서 상황에 알맞은 인간의 도를 실천하고자 하는 것이 의리다.

올바른 의리의 실천을 위해선 확고한 자기 인식이 전제되어야 한다. 인간의 내면에는 본성에 대한 참된 인식이 자신에 머물지 않고 만인과 소통할 수 있는 보편적 세계가 있기 때문에 타인과의 조화, 더 나아가 만물과 공존할 수 있는 경지로 나아간다. 이런 상호공존의 존재 근거를 올바르게 인식한 참된 사람은 어느 누구의 자주성도 침해하지 않는다. 의리사상은 공동체 의식이 담겨있는 것이다.

인간은 정신과 육체를 함께 갖추고 있다. 따라서 생리적 차원에서는 '물질적 가치'가, 도덕적 차원에서는 '정신적 가치'가 요구된다. 또한 현실에서는 가치 체험이 동시에 일어날 때, 갈등이 야기되고 가치의 서열과 체계의 문제가 나타나기 쉽다. 그리고 육체적 욕구의 성향에서는 가치의 강약(强弱)문제가 나타나지만, 도덕적 정신의 성향에서는 가치의 고저(高低)문제가 나타나는 것이 일반적이다.

즉 정신적으로 높은 가치는 일상에서 물질적 욕구가 약하게 체험되기 쉽지만, 낮은 가치는 물질적 욕구가 강하게 체험되는 것이 일반적이다. 따라서 도덕적으로 바르게 산다는 것은 일상생활 속에서 물질적 욕구가 강하게 체험되는 가치를 물리치고, 정신적으로 높은 가치를 실현하려는 태도가 요구된다. 현실에서 강하게 체험되는 육체적 욕구를 극복한다는 것은 그 만큼 어려운 일이기 때문이다.

현대사회와 의리(義利)

정신적 가치인 의(義)와 물질적 가치인 리(利)에 대한 가치판단과 선택의 문제는 의리실천의 선결문제다. 따라서 의리사상에서는 이 두 가치의 분별을 매우 중시할 수밖에 없다. 이는 의리를 중시하는 가치관에는 물질적 가치가 적당히 충족되어야 하고, 물질을 강조하는 가치관에는 도덕적 가치가 충분히 보충되어야 한다. 의리사상의 궁극적 목표가 바로 '물질세계와 정신세계의 조화'이기 때문이다.

이런 의리사상의 본질을 무시하고 지나치게 정신적 도덕만을 강조하는 경쟁에 몰두한다면 경제적 실용성을 외면하고 산업발전의 저해요소로 작용할 수밖에 없기 때문에 의리사상의 본질이 될 수 없다. 이와는 반대로 지나치게 물질적인 경쟁에만 몰입한다면 이 또한 고유한 인간성을 상실하고 물질이 인간의 삶의 목표가 되는 가치 전도현상이 일어나 결국 시지 프스의 노동에서 벗어날 수 없게 된다.

과학기술을 바탕으로 하는 현대사회의 근본적 가치관은 이(利)를 중심으로 하는 가치의식이 정초되어 있다. 개인과 사회, 국가와 민족의 관계에 있어서도 가장 기본적인 문제는 자신의 이익을 위한 실리추구에 있다. 물질이 극에 달해가는 이른바 경제적 인간관을 이상으로 삼을 정도다. 하지만 이런 경제적 실리를 중심으로 한 가치관은 동시에 새로운 모순과 갈등으로서의 병리를 유발하기 쉽다.

정신세계와 물질세계의 조화를 지향하는 의리사상에서 두 가치가 대립할 때, 선현들은 정신세계에 더 가치를 두었다. 이는 물질적인 부분에 무가치성을 의미하는 것이 아니다. 경제적 기반의 중요성을 충분히 인식하고 공감하지만 보다 값진 삶을 위해 도덕적 인격성에 더 비중을 둔 것이다. 이러한 정신의 우선적 가치는 물질이 만능으로 치닫는 현대사회의 제 문제들을 극복할 수 있는 원동력이다.

전인교육(全人教育)으로 돌파할 때

일찍이 다니엘 디포우가 언급한 것처럼, 서양의 문화는 '개인중심'에 의하여 이루어진 것이며, 자연을 정복하여 오직 '나' 하나만을 위한 인간과 그 인간에 적합한 합리주의적 사고를 지향해 나가는 이른바 개체 주의적 문화라 할 수 있다. 이와는 달리 동양문화는 '나'라는 존재에 앞서 '타인'을 배려할 줄 아는 공동체 성격이 강한 농경 중심의 문화다. 이는 자연을 대하는 것에서도 확연이 다르다.

개인 중심의 사고는 공동체의 삶을 생각하기에 앞서 타인에게 뒤지지 않으려고 하는 경쟁심리가 당연히 뒤 따를 수밖에 없다. 이는 개인 우월의식에서 촉발되는 전쟁과 자연을 정복의 대상으로 삼은 결과, 각종 환경파괴와 오염이 전 지구적 차원의 문제로 나타났다. 자연에 대한 경외심이 강한 동양문화는 이제 문명의 주체가 될 후진들에게 모든 것을 타개해 나갈 수 있도록 전인교육을 해야 한다.

우리의 전통사상에서 교육에 대한 이념은 인륜(人倫)을 밝히는 인간교육과 균형 잡힌 전인교육에 중점을 두어 왔다. 이는 순수한 인간의 본질과 보편적인 인간의 존엄성에 대한 신뢰를 바탕으로 인간의 주체성을 밝히고, 정의로운 사회를 구현(具現)하려는 이념이다. 즉 우리의 전통사상은 논리적이고 분석적인 이론과 지식보다는 도덕적인 인격수양으로서의 실천교육에 더 큰 의미를 부여한 것이다.

현대사회에서 '성장과 발전'이라는 미명하에 과도한 경쟁의 결과, 심하게 손상된 것이 바로 전인교육이다. 이제 더 이상 지식일변도의 교육이 되어서는 곤란하다. 올바른 인격으로 연마된 인간만이 현대문명이 안고 있는 병폐를 극복할 수 있다. 도덕적 심성을 바탕으로 지적 창의성과 예술적 감각, 사회적 공존의식 등이 균형 있고 조화된 인간교육만이 시지프스의 노동에서 해방될 수 있을 것이다.

부메랑

    부메랑은 원래 호주(濠洲)의 서부와 중부의 원주민들이 주로 사용했던 무기라고 한다. 주지하듯 이 무기는 기역 자 모양의 나무 막대기로 만들어졌는데, 빙글빙글 회전하면서 날아간다. 목표물을 맞히지 못하면 원을 그리며 던진 사람에게 되돌아오게 되는데, 부드럽게 생긴 모양과는 달리 상당한 위력이 있어서 사냥할 때나 경우에 따라선 전쟁에서 무기(武器)로 사용되었다고 한다.

    던지면 다시 던진 사람에게 되돌아오는 것을 보편적으로 '부메랑'이라고 한다. 하지만 이때의 '부메랑' 의미는 본래 가지고 있는 '부메랑'의 의미와는 다소 차이가 있다. 즉 본래의 '부메랑'은 매우 긍정적인 것이지만, 우리가 일상에서 쓰는 '부메랑'은 사실 그 반대의 의미를 가지고 쓰는 일이 많다. 말하자면 자신이 했던 일이 업보(業報)로 작용하여 벌을 받는 경우, 이 말을 쓰곤 한다.

    요즘 세상 참 편해졌다고 한다. 역설적으로 표현하면 세상참 복잡해졌다고도 할 수 있는 말이다. 과거 수년에 걸쳐 하던 일들을 요사이는 불과 며칠이면 뚝딱 해치우는가 하면, 교통수단이 하루가 다르게 변해 어지간한 거리는 한나절이면 접할 수 있게 되니, 그리 표현해도 무리가 없어 보인다. 모든 것이 속도 전쟁을 벌이면서 생활환경 또한 급변하고 있다. 뭘 더 언급하겠는가?

그래서 그런지 요즘 사람들은 점점 더 가벼움만 추구하는 듯한 모습이다. 복잡하고 고민스러운 것은 아예 관심조차 없어 보인다. 시대의 리더들 또한 예외가 아니다. 어려운 작업이라든가, 희생이 따를 만한 일들(?)은 피하려고만 하지, 그러한 것들에 대해 적극적으로 고민하고 해결할 방도(方道)를 찾는 모습이 드문 것은 안타까운 일이다. 우리 사회의 현 병리현상과 무관치 않다.

글을 읽는 것도 마찬가지다. 지극히 가볍고 말초적인 것들만 선호하고, 고민과 인내를 요하는 역사적(歷史的)인 글이라거나 이를 바탕으로 한 고도의 합리적 판단을 요하는 철학적(哲學的)인 글들은 아예 거들떠보지도 않는다. 오히려 자신의 삶과 전혀 관계없는 것으로 치부하고 비판하지 않으면 다행일 정도다. 사람들이 온통 가벼움만 추구하다보니, 이런 극단적 현상을 낳은 것일 게다.

사람이 세계관을 제대로 옹립하고 존립하기 위해선 문학 관련 저술 300권, 역사관련 200권, 철학관련 100권 이상을 섭렵(?)해야 한다는 말들을 한다. 나는 요즘 이 말이 그 어느 때보다 절실히 들리고 있다. 결코 빈말로 들리지 않는다. 요즘처럼 가벼움만 추구하는 시대에서 전혀 어울릴 것 같지 않은 이런 이야기가 내게는 몹시 절실하게 다가오고 있으니, 긴장하지 않을 수 있겠는가?

세상은 점점 쉬운 세상으로 가고 있다고 사람들은 쉽고 가볍게 말한다. 하지만 앞에서도 언급했지만 역설(paradox)적으로 표현하면, 세상은 점점 더 복잡하고 힘든 세상으로 가고 있다는 쪽으로 이해하는 것이 적절한 지적일 것이다. 말하자면 세상은 점점 더 복잡하고 고도의 지적 수준을 요하는 세상으로 가고 있으니, 보다 청저(徹底)히 대비하라는 메시지로 받아들여야 한다는 얘기다.

그럼에도 우리는 온통 가벼움만을 추구하고 있다. 때가 되면 '부메랑'이 되어 우리를 옥죌 것임에도 아랑곳 하지 않는 모습들이니 미치고 환장할 일이다. 하루하루 끊임없이 고민하고 매달리지 않으면 우리는 우리가 던진 '부메랑'에 결국 맞아 죽고 말 것이다. 가볍고 편한 것만을 추구하는 사람들, 가장 가볍고 가장 빠르게 '부메랑'이 되어 돌아온다는 사실을 잊지 말아야 한다.

시대의 리더들이여!
예의 세상을 만들자

　시대의 리더가 되었든 학자가 되었든 추구하는 목표는 결국 '예(藝)의 경지'에 이르고자 하는데 있다. '예'의 경지는 도덕(道德)의 경지요, '도덕'이 완비된 경지는 '인(仁)'이 활성화된 세상이다. 선현(先賢)들이 '행할 것은 도'라 이르고, '행하여 얻은 것은 덕'이라 이르며, '도와 덕'이 구비됨을 '인'이라 강조한 것도 이와 같은 목표의식 때문이다. 시대의 리더는 예로부터 정치인으로 규정했다. 지위에 따른 직무영역이 다를 뿐이지, 확충(擴充)하고자 하는 마음은 다르지 않다. 따라서 '도'는 '인도'를 실천해야 하고, 그것을 끊임없이 쌓아 '덕'으로 전환시켜야 한다. '도'와 '덕'이 완비되면 자연스럽게 '인(仁)한 환경에서 '예(藝)'를 뽐내면서 살 수 있다. 리더들이 눈을 크게 떠야 하는 이유다.

법치가 만능은 아니다

지도자가 나라를 운영하는데 있어 중시해야 할 점은 무엇보다 민중들이 선(善)을 행하고 악(惡)을 멀리하게 하는데 있다. 때문에 지도자는 민중을 '선'으로 인도함에 있어서 법령만으로 하지 않고, 먼저 자신의 '밝은 덕을 갈고 닦아 이를 근본으로 삼아' 민중이 '선'을 행하고 '악'을 멀리하도록 솔선수범(率先垂範)하는 것이다.

민중들은 예로부터 지도자로부터 거울삼는다. 지도자가 솔선(率先)하여 법령보다 덕(德)으로써 민중을 다스려 나가려는 의지를 표출하면, 민중들은 이를 그대로 본받아 따른다. 그럼에도 지도자가 법령으로만 다스려 나가고자 하면, 따르지도 않을뿐더러 민중들은 애써 빠져나가려고 하거나 법령을 어기고도 부끄러워하지 않는다.

'정치와 형벌', '덕'과 '예'가 민중들을 감동시키는 기제임에는 틀림없다. 민중들이 여기에 응함에 따라 법치와 덕치로 나눠진다. 그러므로 지도자는 무엇이 근본이고 무엇이 말단인지 명확히 인식하여 중시할 것과 경시할 것을 엄밀히 구분해

우선순위에 따라 다스려야 한다. '덕'과 '예'를 중시하는 이유
가 여기에 있는 것이다.

어찌 위태로운 나라가 아니겠는가

나라에 도(道)가 있을 땐 말을 강직하게 하고 행실도 강직하게 하지만, 나라에 '도'가 없을 땐 행실은 강직하게 하되 말은 공손해야 한다는 말이 있다.[66] 쉽게 얘기해서 나라에 '도'가 있을 때는 지식인들의 언행이 별 문제가 없지만 '도'가 없을 때는 문제가 아닐 수 없다. 말하자면 나라에 '도'가 없을 땐 지식인들의 몸가짐이 쉽게 변해도 안 되지만 그 말을 함에 있어서는 다 때가 있으므로 감히 다하지 않아야 화(禍)를 면할 수 있다는 이야기다.

이를 역으로 나라를 다스리는 자의 입장에서 보자. 지식인들이 나라를 위해 고언(苦言)을 함에 있어서 주저하지 않는 모습들이라면 건강한 나라라고 판단할 수 있지만, 제대로 된 지식인들이 나라에 대해 공손한 말들만 골라 하고 있다면 문제가 있음을 인식해야 한다. 곧 '나라가 위태로워짐을 암시'하기 때문이다. 이는 국가라는 조직뿐만이 아니다. 어떤 조직이든

---

66) 『논어(論語)』, 「헌문(憲問)」: 邦有道, 危言危行. 邦無道, 危行言孫.

구성원들이 말을 아끼고 조심하고 있다면 위태로운 조직임을 각성(覺醒)해야 한다.

요즘 우린 어떤가. 과연 건강한 나라라고 할 수 있을까? 의문이다. 나라를 걱정하는 목소리들이 여기저기서 들린다. 그런 의미에서 아직은 가능성이 있다. 하지만 그 비판의 목소리들이 왜 나오는지 찰미(察微)[67]하여 처방을 하기보다는 도리어 재갈을 물리려는 현상들이 마구 나오는 것은 아무리 봐도 온당하지 못한 처사로 보인다. 지식인들이 비판을 자제하고 있거나 말을 가려 하기 시작하고 있는 것을 기쁘게 받아들여서는 결코 약이 없다.

충언은 고언이다. 귀에 거슬린다. 듣기 싫은 게 인지상정이다. 하지만 입에 단 것만 주야장천 먹어 보라. 맛도 없을뿐더러 몸을 망치는 건 시간문제다. 약초와 독초를 가려야 한다. 먹기 곤란하다고 써서 싫다고 오로지 단 것만 찾는 것은 자신

---

67) 진(秦)나라 때, 여불위(呂不韋 : B.C.290~B.C.236)에 의해 지어진 『여씨춘추(呂氏春秋)』에 나오는 말로, '작은 부분을 잘 살펴야 함'을 뜻한다. 가령 암세포를 초기에 발견하면 치유하기 쉽듯, 사태가 커지기 전에 조기에 기미(幾微)를 파악하는 것이 중요하다는 의미다.

을 위해서나 나라를 위해서나 바람직하지 않다. '지금 바로 여기(here and now)'에서 살펴야 한다. 지식인들이 말을 가려하는지 아니면 아예 등지고 피하려 하는지 성찰해야 한다. 오로지 나라를 위해서.

무식하면 용감하다

『장자』에 다음과 같은 말이 있다. "당신은 사마귀를 아는가? 그는 팔뚝을 휘둘러 수레에 맞선다. 제 힘으로 감당할 수 없음을 모른다. 이런 것을 자기 재능의 훌륭함을 자랑한다고하는 것이다. 경계하고 삼가야 한다. 자신의 훌륭함을 자랑하여 상대방에게 거역하면 위험하게 된다."[68]

사마귀는 사람의 눈으로 보면 특이한 곤충 가운데 하나다.수레가 와도 피하지 않고 버틴다. 아니 두 팔을 번쩍 들어 덤빈다. 그래서 잘 깔려 죽는다. 이 녀석은 사람이 건드려도 마찬가지다. 피하기는커녕 사람을 향해 위협도 불사하며 싸울태세를 갖춘다. 그래서 종종 맞아 죽는다.

사마귀는 자신의 처지는 아랑곳 않고 자신의 재능이나 용감성만 믿고 덤빈다. 그래서 제대로 된 상대를 만나면 맞아 죽기도 하고 깔려 죽기도 한다. 사람도 주의해야 한다. 자신의

---

68) 『장자(莊子)』, 「인간세(人間世)」 : 汝不知夫螳螂乎. 怒其臂以當車轍. 不知其不勝任也. 是其才之美者也. 戒之愼之. 積伐而美者以犯之, 幾矣.

힘만 믿고 상대를 깔보는 경우다. 힘 있는 사람을 만날 경우,
무참히 당할 수 있음을 잊지 말아야 한다.

용맹보다 의가 먼저다

공자는 훌륭한 제자들이 많았다. 하지만 모두가 지혜롭지는 않았다. 돌쇠형의 자로라는 제자도 있었는데, 그는 어느 날 '군자는 용맹을 숭상합니까?'하고 물었다. 공자는 '군자는 의(義)를 으뜸으로 삼는다. 군자가 용맹만 있고 의가 없다면 난(亂)을 일으키고, 소인이 용맹만 있고 의가 없으면 도적질을 할 것'이라 답했다.

풀어보면 자로는 자신의 용맹만 믿고 천하의 일이 용맹만 있으면 되는 줄 알고 선생님께 물은 것이다. 공자는 '군자는 의를 으뜸으로 삼으니 의에 비추어 보아 마땅히 할 것이면 반드시 하고, 의에 비추어 마땅히 하지 않을 것이면 하지 않는다. 말하자면 군자가 숭상하는 것은 오직 의에 마땅한 것에만 행한다'는 말이다.

만일 윗자리에 있는 군자가 의를 모르고 오로지 용맹만 숭상하면 이치를 거스르고 분수를 범해 결국 난(亂)을 일으킬 것이고, 아래 자리에 있는 민중이 한갓 용맹만 있고 의(義)로써 제재함이 없다면, 곧 흉포하게 되어 결국 도적이 된다는 말씀을 강조한 것이다. 때문에 '어찌 용맹만을 숭상하겠는가?'라고 답한 것이다.

한편 용맹만을 믿고 까부는 자로에 대해 '맨 손으로 호랑이를 잡으려 하고 맨 몸으로 강을 건너려다가 죽어도 후회함이 없는 사람하고는 함께 하지 않을 것이다. 나는 일[사업, 정책]을 함에 있어서 반드시 두려워하고, 일[사업, 정책]을 도모하기를 좋아하되, 반드시 성공하는 사람과 함께 할 것'이라 답한 적도 있다.

이는 삼군(三軍), 즉 전군(前軍) · 중군(中軍) · 후군(後軍: 일군은 12,500명)을 지휘하는 사람[이른바 지도자]의 자질을 논하면서 나온 말이다. 삼군과 같은 대군을 지휘한다는 것은 말처럼 쉬운 일이 아니기 때문에 자로와 같은 이는 곤란함을 에둘러 표현한 것이다. 오로지 용맹만이 아닌 지혜의 소유자여야 하는 것이다.

말하자면 대군을 이끌 지도자는 '한갓 혈기만 믿고 호랑이를 맨 손으로 때려잡거나, 황하와 같은 큰 강을 맨 몸으로 건너다가 스스로 죽어도 후회하지 않을 사람'에겐 자격이 없다는 말이다. 반드시 정책을 꾀함에 두려워하면서 과감(果敢)하게 결단해야 함을 의미한다. 용맹이 아닌 의(義)가 먼저임을 강조하는 이유다.

누구나 무엇이든 쓸모는 있는 법

"난초가 깊은 숲에 살지만 사람들이 없다고 해서 그 특유의 향기를 내 뿜지 않는 것이 아니듯, 재능과 능력 있는 사람이 세상 속에 함께 호흡하지만 그 사람들이 자신을 알아주지 않는다고 하여 이바지하지 않는 것도 아니다."[69]

아무리 하찮은 미물이라도 쓸모는 있는 법이다. 따라서 우리는 그 가치의 발현이 다소의 '결과'만을 가지고 평가되는 것은 적절치 않다. '어떻게 살았냐'는 '과정중심'의 삶을 통해 모든 것이 평가된다는 사실을 잊지 말아야 한다.

---

69) 芷蘭生於深林, 非以無人而不芳. 才者生於衆林, 非以無知而不供. 참고로 "芷蘭生於深林, 非以無人而不芳"은 『순자(荀子)』에 나오는 문구이고, "才者生於衆林, 非以無知而不供"은 필자의 자작이다.

백락이 본성을 해치기도 한다

세상에 '백락(伯樂)이 있고, 천리마(千里馬)가 있다'는 말이 있다. 백락은 주(周)나라 때 사람으로 말의 능력을 단 시간에 알아내는 탁견의 소유자였다. 주인이 아무리 천리마를 소유하고 있다 하더라도 그의 능력을 헤아리지 못한다면, 보통 말로 취급된다는 것이다.

'백락이 있고 천리마가 있다'는 말이 세상에 전하면서 온갖 잔학한 행위들이 마구 펼쳐진다. 천리마로 여겨 말의 본성을 무시하고 길을 들이기 위해 털을 지지고 깎는가 하면 발굽을 조작하기도 한다. 때론 당근과 채찍을 이용해 마구 달리는 것을 제어하기도 한다.

사람들 입장에서 천리마를 보면, 능력 있는 말로 활용되지만 천리마의 입장에서 보면, 분명 속박당하는 삶일 수 있다. 본래 자연에서의 천리마라면 어떤가? 마음 가는데서 풀을 뜯을 수 있고, 물마시고 싶을 때 마시며, 깡충거리며 뛰어 놀고 싶을 때 놀 수 있다.

하지만 길들여진 천리마는 오로지 천리를 달릴 수 있는 능력 말고는 별로 없다. '천리마와 같은 인재로 발탁된 이들도 마찬가지'다. 결국 재주 없는 자의 종[巧者拙之奴]노릇 하는 행위와 다르지 않다. 백락이 천리마의 본성을 해치듯 인재도 본성을 해칠까 두렵다.

우리는 '우파'의 나라

한민족의 정서는 물질보다 정신

태극(太極)에서 위쪽은 적색(赤色)으로 '불'을 상징하고, 아래는 청색(靑色)으로 '물'을 상징한다. 모두가 알듯 '불'은 위로 오르려는 성질을 지니고 있고, '물'은 아래로 향하려는 성질을 가지고 있다. 적색인 '불'은 자유(自由)를 상징하고, 청색인 '물'은 평등(平等)을 상징한다. 즉 '우파'의 최고 가치는 '자유'이고 '좌파'의 최고 가치는 '평등'이다.

이웃나라인 일본(日本 : 해의 나라)이란 나라는 본래 '달의 나라', 즉 월본(月本)으로 써야 한다. 그들의 성품은 물론 민족적 특성도 잘 살펴보면 음(陰)의 정서, 즉 물질주의에 훨씬 가깝다. '정신'보다 '물질'에 강한 집착을 보이는 것은 이와 같은 지향성 때문이다. 규범화 된 의식을 선호할 수밖에 없고, 법치가 발달하는 이유도 여기에 있다.

반면 우리나라는 정반대다. 예로부터 '정신'이 강한 민족이다. 워낙 정신력이 강한 탓으로 특정인의 주장은 물론 권력도 무시하는 민족이다. 가령 구멍가게를 해도 기죽지 않음은 물론 국가 원수도 비판하는 희한한 특성을 지닌 민족이다. 순자(荀子)라는 '성악설'적 정서[일본]보다, 맹자(孟子)라는 '성선설'적 정서[한국]가 그대로 반영된 결과다.

일본이 자칭 '해의 나라'라고 표방하는 것은 마치 공산국가들이 그간 사용하던 '적색'을 자신들의 전유물인양 사용하는 것과 유사한 일이다. 유물론적 입장에서 보면, '청색'을 써야 마땅함에도 '적색'을 표방하는 것은 교묘한 술책(術策)의 하나다. 그런 점에서 한반도 모양의 기(旗)가 단일 청색으로 사용되고 있는 것은 재고의 여지가 있다.

물질을 지향하는 정서로 가다보면 결국 나누는 데 익숙해진다. 그러다 보면 '법치'가 발달할 수밖에 없고, '투쟁'이라는 용어가 사라질 수가 없다. 제자백가 가운데 묵가(墨家)라는 학파가 좌파에서도 급진하는 정당의 정서와 흡사한 정파였고, 극성(極盛)했던 학파였음에도 오늘날 이름만 존재할 만큼 형편이 아닌 것은 반면교사로 삼을 만하다.

변증법은 정반합(正反合)의 논리다. 정체(正體)가 있으면 반체(反體)가 존재한다. 정체와 반체는 상호 대립관계에 놓임으로써 결국 투쟁을 통해서만 발전한다고 본다. 변증법에서 투쟁을 발전의 모체로 규정하는 것은 이와 같은 원리 때문이다. 즉 대립과 투쟁을 통해야 비로소 합(合)으로 고양된다는 논리다. 무한투쟁을 긍정할 수밖에 없다.

이런 관점에서 양당(兩黨)의 색(色)을 보면, 국민의힘이 '적색(우파=자유)'을 사용하고, 더불어민주당이 '청색(좌파=평등)'을 사용하는 것은 유효적절한 선택이다. 따라서 이 시점에서 양당이 '상호 공존하기 위해선 어떤 지향을 해야 할 것인지'가 관심사다. 이를 위해선 '정신'과 '물질' 차원의 운동에서 한 발자국씩 양보[중도지향]가 필요하다.

인간화(人間化) 작업에 걸림돌이 되거나 사회적 약자들에 대한 실질적인 생명살림에 도움이 되지 않는 운동 자세에서 과감히 탈피, 실질적인 합(合)의 접점이 요구되는 것이다. 사랑을 양(陽)이라 하면, 투쟁은 음(陰)이다. '양'으로 존재해야 할 때 '양', '음'으로 존재해야 할 때, '음'해야 한다. 이를 적절히 조절하는 것이 인간주체의 당위다.

음양을 조절하는 것은 역시 태극(太極)이다. 그리고 태극은 인극(人極)이란 점에서 인간의 순수한 마음은 반드시 필요하다. 하늘에 근거하는 극단적 '원리주의'도 문제지만, 땅에 근거하는 극단적 '물질주의'도 문제이긴 마찬가지다. 궁극적으로 사랑을 쟁취하기 위한 투쟁은 인도(人道)를 실현하고자 한다는 점에서 창조적 파괴[70]가 필요하다.[71]

---

70) 인도(印度)에는 '창조의 신'으로 불리는 브라흐만(Brahman)과 '유지의 신'으로 불리는 비슈누(Visunu), '파괴의 신'으로 불리는 시바(Siva)가 있다. 즉 창조하기 위해서는 파괴해야 한다.

71) 정신이 강한 민족, 우리는 어쩔 수 없는 우파의 구성원이다.

우리는 군자의 나라다

오늘날 우리사회를 지배하는 사고방식은 변증법적 사유다. 변증법이라는 게 A라고 하는 정체가 있으면 반드시 거기에 반대되는 상대방이 있다. 가령 기업주가 있다면 노동자 계급이 대립하고, 통치자가 있다면 피통치자가 존재한다. 정책에 대해서도, 세계에 대해서도, 안티테제가 있는 것이다. 모두가 아는 것처럼 이 두 관계는 모순과 대립의 관계다.

투쟁을 통해서만 테제(These)와 안티테제(Antithese)가 진테제(Synthese)로 발전하고 성장한다. 오로지 투쟁을 통해서만 발전한다. 이처럼 '투쟁의 이론'이 변증법 이론의 핵심이다. 이런 까닭에 모두가 투쟁만 외쳐댄다. 도덕적이고 인륜적(人倫的)인 가치를 논하지 않고, 애나 어른이나 모두가 '파이팅'만 외친다. 문화사회에서는 있을 수 없는 일이다.

우리나라는 예로부터 '군자의 나라'로 불렸다. 무엇이 옳고 무엇이 그른지 따져서 옳은 일은 권장하고 그른 일은 그치게 했다. 예컨대 서양 사람들이 중국을 '상인의 나라', 즉 'Land of merchant'로 칭하고, 일본은 '무사의 나라', 즉 'Land of knight'로 칭하며, 한국은 '군자의 나라', 즉 'Land of schola'로 칭한 것은 저절로 형성된 말이 아니다.

군자의 나라를 다른 말로 하면 '평화를 사랑하는 나라'로 대체할 수 있다. 평화는 '생명 중시'가 핵심이다. 그러므로 '평화'가 아닌 '승리'만을 외치는 사회구조, '상생'이 아닌 오로지 '투쟁'만을 부르짖는 물질적 가치관은 시급히 사라져야 할 문화다. 또 손익(損益)만을 따지는 '공리주의'에서 인륜적 시비를 따지는 '인륜주의'로 빠르게 전환해야 한다.

무항산 유항심

춘추전국시대(春秋戰國時代)라고 하면 세상이 매우 혼란했던 시대로 알려져 있다. 지금부터 2,700년 전부터 2,200년 전까지 무려 500년간이다. 세상이 어지러워 전쟁이 끊일 날이 없었지만 묘하게도 학술사상만은 놀랍도록 발달했다. 당시 제후(諸侯)라면 누구나 패업에 혈안이 되어 천하의 일류 학자들을 초빙했다. 이름난 학자들은 앞 다투어 제후를 찾아 치국책(治國策)을 건의했다. 이른바 유세(遊說)가 그것인데 최초로 유세를 한 사람이 공자였다. 물론 실패로 끝났지만.

공자가 죽고 100여년, 맹자가 태어났다. 그 역시 공자처럼 천하를 돌아다니며 자신의 정치적 이상을 펼치고자 노력했지만 제대로 받아주는 이가 없었다. 그 역시 유세에 실패하고 초라한 모습으로 고향에 돌아와 쓸쓸히 만년을 보내고 있었다. 고향에서 그리 멀지 않은 곳에 '등(滕)'이라고 하는 작은 나라가 있었다. 등나라 문공은 과거 맹자로부터 사사한 적이 있었기 때문에 늘 그의 인격을 흠모하고 있었다. 마침 그가 돌아왔다는 소식을 듣고는 국정의 고문으로 초빙했다.

맹자를 만나자 대뜸 치국책을 물었다. 이에 맹자가 답한 말이 그 유명한 정전제(井田制)다. 토지를 우물 정(井)자 모양으로 9등분해 가운데 땅만 공전으로 두어 공동 경작하게 하고, 나머지는 모두 개인에게 주어 농사를 짓도록 하는 방법이었다. 그것은 그의 철저한 위민정신(爲民精神)에서 기인한다. 그는 통치자보다는 항상 민중의 입장에서 정치를 논했다. 그의 논리는 간단했다. 왕도정치의 첫 걸음은 민중들로 하여금 의식주를 족하게 해주는 데 있다고 한 것이 그것이다.

이는 '인의와 도덕'을 아무리 외쳐대도 민중들이 굶주리고 있다면 신경 쓸 겨를이 없다는 뜻이다. 곧 민생의 안정을 역설한 것이다. 그래서 맹자는 "변치 않는 재산이 있으면, 변치 않는 마음도 있는 법[有恒産有恒心]"이란 유명한 말을 남겼다. 이 말을 뒤집어 해석하면 '항산(恒産)이 없으면 항심(恒心)도 있을 수 없다'는 말이다. 우리 속담에 '쌀독에서 인심 난다'는 말과 크게 다르지 않은 말이다. 또 '3일 굶어서 도둑 안 되는 사람 없다'는 말도 이와 무관하지 않은 얘기다.

결국 치국의 첩경은 민생에 달려 있음을 알 수 있다. 말하자면 민중들이 배불리 먹을 수 있어야 예의와 염치를 가르칠 수 있는 것이다. 그렇다면 공직자들은 어떨까? 공직자들도 굶주리면 일반 민중들처럼 도둑이 된다는 말일까? 여기서 공직자들이 반드시 새겨두어야 할 말이 있다. "선비는 항산이 없어도 항상 된 마음이 있고, 일반 민중은 항산이 없으면 항산 된 마음도 없다"는 것이다. 즉 공직자는 일반 민중과 다르기에 이 같은 마음을 지녀서는 결코 안 된다는 말씀이다.

다시 말해 관자(管子)도 '창고가 차야 예절을 안다'고 했고, 맹자도 항산(恒産)이 없으면 항심(恒心)을 지니기 어렵다고 했지만, 공직자는 항산이 없어도 항심을 지녀야 한다는 말이다. 공직자가 예로부터 선비로 불린 이유도 여기에 있다. 따라서 공직자는 모름지기 "무항산이라도 유항심"의 자세가 필요하다. 이는 지위고하를 막론하고 공직자라면 마땅히 지녀야 할 덕목일 뿐 아니라 당위다. 모두의 안위와 온전한 나라를 존립케 하는 기틀이 된다는 점에서 잊지 말아야 한다.

『논어』의 리더십을 발휘할 때

　『논어』의 리더십에 대해 시대의 리더들이 관심을 표명하고 있다는 소식이다. 어제오늘의 이야기가 아니지만, 세삼『논어』의 리더십에 대해 관심들이 많다니, 격세지감[72]을 느끼게 한다. "공자왈! 맹자왈!" "지금이 어느 시대인데 공자왈! 맹자왈이냐?" 비판하기 바빴다. 공자(孔子)가 어떤 인물이고 맹자(孟子)가 어떤 인물인지 알지도 알려고도 하지 않고 비판하기 바빴다. 그러나 그런 사람들일수록 우리의 삶의 정서를 통해 깨달음을 얻으면 이를 부정하지 않고 받아들인다. 물론 그것이 2,500년 전, 공자라는 인물이 우리에게 가르침을 준 것이라 하면 더욱 놀란다.

　필자 또한 비판대열에 있던 사람 가운데 하나다. 뭔가 이런저런 꺼리를 찾지 못해 비판을 자제하고 있다가 주변에서 "공자왈! 맹자왈!" 하면 "지금이 어떤 시댄데 개가 풀 뜯어먹는 소리냐"며 비판 아닌 비난을 가하기 바빴던 사람이다. 물론 어

---

72) 격세지감(隔世之感)이란, 진보와 변화를 통해 상당히 많이 달라짐. 즉 전혀 다른 세상 혹은 다른 세상이 된 것 같은 느낌을 뜻한다.

떤 계기가 주어지면서 공자의 진솔한 면을 확인하여 태도를 완전히 바꾸어 "공자왈 맹자왈!" 마니아가 되었지만. 이런 거 보면 '천명(天命)'이 없지 않다는 느낌이다. "하고자 한 게 아닌데 하고 있고, 이르고자 한 게 아닌데 이르러[莫之爲而爲者 天也, 莫之致而至者命也]" 있는 것을 보면 참으로 희한한 일이 아닐 수 없다.

아무튼 동시대를 살아가는 각계의 리더들에게 "우리 사회를 이끌어 가는데 어떤 덕목이 도움이 되던가?"라는 물음에 절대 다수가 "『논어』의 말씀을 통해 이끌 때, 가장 효과가 크더라."는 답변들을 볼 때, 『논어』의 힘을 다시금 확인케 한다. 『논어』에 대체 어떤 이야기[덕목]들이 있기에 조직을 이끌고 사회를 이끄는 데 힘이 된단 말인가? 말에 혹 꿀이라도 발라 놓기라도 했단 말인가? 뭐가 있기에 그토록 오랜 세월동안 시대의 리더들이 활용을 하는 것일까. 『논어』의 리더십 덕목, 무수히 많지만 이 가운데 시대의 리더들이 알아두면 좋을 법한 덕목 3가지만 보자.

우선 학이시습(學而時習 : 배우고 때에 알맞게 익힘)의 '학습형 리더십'이다. 『논어』의 핵심은 '배움으로 시작해 군자(君

子)가 되는 것'이다. '학이(學而)'로 시작 '군자(君子)'로 마무리
되는『논어』의 구성은 이를 잘 보여준다. 이를 통해 볼 때, 한
국의 교육열이 높은 것은 공자의 영향이라 아니할 수 없다. 머
리가 원래부터 좋은 것이 아닌 '끊임없이 배우고 익히니' 좋
아질 수밖에 없는 것이다. 미국의 버럭 오바마가 틈만 나면 한
국의 교육열에 대해 찬사를 아끼지 않는 것도 결코 우연이 아
니다. 따라서 시대의 리더는 '변화의 주역'이란 점에서 배움에
진력해야 한다.

두 번째는 화이부동(和而不同 : 사람들과 조화를 잘 이루면
서 주체성을 잃지 않음)의 '포용형 리더십'이다. 쉽게 말해『논
어』에선 '군자'와 '소인'을 나누어 논하면서 끊임없이 '소인'이
되지 말고 '군자'가 되어야 함을 강조한다. 즉 군자는 사람들
과 조화를 이루면서도 주체성은 확보하지만 소인은 그저 사

람들과 같아지려고만 하고, 화합하지는 못하기 때문이다. 오늘날 우리 세태를 꼬집는 듯한 말씀이다. 한마디로 예나 지금이나 삶의 구조는 별로 달라진 게 없다는 얘기다. 유명인사가 하나 탄생하면 모두가 따라 하는 것은 천박한 '소인'의 전형임을 알아야 한다.

마지막으로 눌언민행(訥言敏行 : 말은 어눌하게 하고 실천은 민첩함)의 '실천형 리더십'이다. 시대의 리더는 직급과 상관없이 모두가 정치인이라 할 수 있다. 어떤 마음가짐을 가지고 실행하느냐에 따라 민중들의 안위(安危)가 결정되기 때문이다. 공자가 위나라에 갔을 때, 염유라는 제자가 말을 몰았다. 위나라에 사람들이 많은 것을 보고 공자가 "민중들이 참 많구나!"하며 놀라자, 염유가 "민중들이 많으면 어떻게 해줘야 합니까?"묻자, "잘 먹고 잘 살게 해줘야 한다."고 답했다. 그러자, "이미 잘 먹고 잘 살면 뭘 더 해줘야 합니까?"묻자, "가르쳐야 한다."고 답했다.

정치의 근본 목적 가운데 두 가지 요소가 있다. 하나는 '도덕의 확립'이고, 또 하나는 '경제'다. 도덕은 정신적 삶을 풍요롭게 하고, 경제는 물질, 즉 육체적 삶을 풍요롭게 한다. 두 가치가 공히 중요하지만 보다 중요하기로 따진다면 '도덕'을 확립하는 것이라 할 수 있다. 하지만 정책을 실시하는 데 있어서 '경제'를 보다 우선시 하는 것은 군자는 가난해도 도덕을 지킬 수 있는 마음이 존재하지만, 소인은 가난하면 도덕을 배척하기 때문에 육체적 삶, 즉 경제를 중시하는 것이다. 잘 먹고 잘 살게 하여 도덕을 가르쳐야 한다. 시대의 리더들은 반드시 새겨두어야 한다.

지도자의 덕

　진시황이 천하를 통일한 것은 기원전 221년이다. 이른바 전국 칠웅(七雄)의 시대였지만 오래 전부터 동쪽의 제(齊)나라와 함께 강국이었다. 진나라가 강대국이 된 이유는 인재 덕분이다. 각국의 유능한 인재들이 진나라로 들어가 인재가 되는 일이 많았기 때문이다. 진나라가 인재를 잘 활용했음을 볼 수 있는 대목이다.

　특히 진나라가 강국으로 자리 잡은 것은 춘추시대의 목공(穆公) 때다. 진시황 보다 대략 400여 년 전으로 그는 누구보다 포용력이 컸다. 어느 날, 목공이 아끼던 말이 달아났다. 소문을 추적해 보니, 기산(岐山)이란 산골 마을로 갔다는 것을 알아냈다. 기산에 당도해 보니, 말은 없었다. 사람들이 말을 잡아먹었기 때문이다.

　책임을 묻기 위해 기산의 마을사람 300명을 잡아들이고 사건의 전말을 목공(穆公)에게 보고했다. 전후사정을 알게 된 목공은 책임을 묻기는커녕 "말은 이미 죽고 없는데, 민중들만 잡아둬서 무엇하겠는가? 말고기를 먹으면 반드시 술을 마셔야 탈이 없다."고 하면서 오히려 민중들에게 거나한 술까지 내려 주도록 하였다.

　이런 기막힌 사건이 있은 뒤, 목공이 전쟁터에서 적(敵)에게 포위되는 일이 발생했다. 포위망이 좁혀져 상황이 어려워졌다. 이때 한 무리의 병사들이 적진 속으로 뛰어들어 목숨을 담보로 싸워 포위망을 뚫어냈다. 후에 밝혀졌지만 이 병사들은 왕의 말을 잡아먹고 술까지 거나하게 얻어 마셨던 기산 마을의 민중들이었다.

　『대학』에 "덕(德)이 있으면 사람이 모인다."는 말이 있다. 그것은 인간 내면의 가장 밑바닥에서 우러나오는 것이기 때문일 것이다. 그래서 '덕'이 깊어지면 덕치(德治)가 된다는 것이고, 심화되면 이상정치로 불리는 덕치주의(德治主義) 될 수 있다고 주장한 것이다. '덕'이야 말로 원초적 본능을 유지케 하는 기제인 셈이다.

　'덕'을 베푸는 일, 갑자기 행하긴 쉽지 않을 것이다. 하지만 매일 조금씩 몸에 체득시키면 그리 어려운 일도 아니다. 가장 원초적이고 민감한 '덕'을 그것도 조건이 양호할 때 베푼다는 것은 자신의 후일을 도모하는 것일 뿐만 아니라 찬사를 받을

수 있다는 점에서도 행해야 한다. 특히 시대의 리더들은 잊지
말아야 한다.

선택적 복지가 중용에 부합

　중용(中庸)을 모르는 사람은 없을 것이다. 아니 오히려 늘 '중용'을 지켜야 한다고 주창하는 이들이 세상에는 수없이 많다. 하지만 안타깝게도 그 중용이란 말이 도대체 어떤 의미를 담고 있느냐고 물어보면, 벙어리가 되는 경우가 비일비재하다. 참으로 묘한 일이다. 중용을 그리도 잘 외치다가 벙어리가 되다니, 이때마다 "아마도 중용이 중용을 잡아먹었기 때문 일 거야."라며 혼잣말로 중얼거린다.

　주지하듯 중용이란 지나침과 부족함이 없는 중간 형태를 의미한다. 하지만 1과 5의 중간 정도인 3이 곧 중용이란 식의 산술적인 의미만을 뜻하진 않는다. 말하자면 때와 장소, 목적에 따라 달라지는 것이 중용이다. 가령 몸집이 큰 사람은 작은 사람에 비해 비교적 더 많이 먹는 것이 중용이고, 굶주린 사람은 평소보다 좀 더 먹고, 배부를 때에는 좀 적게 먹는 것이 중용이라 할 수 있는 것이다.

　다시 말해 중용은 배고플 땐 좀 더 먹고, 배부를 땐 좀 적게 먹는 게 중용이요, 재물이 넉넉할 때는 약자에게 좀 더 베풀고, 부족할 땐 좀 아껴 쓰는 것이 중용의 미덕인 것이다. 중용의 의미가 이러함에도 베풀어야 할 때 아끼고, 먹어야 할 때 굶주린다면 어떻겠는가? 이는 '반중용'일 따름이다. 한 성질하듯 화를 내야 할 때 참고, 참아야 할 때 오히려 화를 내는 것 또한 '반중용'이라 할 수 있다.

'중용'을 좀 더 극단적으로 설명할 때, 흔히 볼 수 있는 불꽃놀이에 비유하곤 한다. 불꽃의 내용은 밤이나 낮이나 같다. 하지만 그 효과는 천양지차(天壤之差)다. 내용은 같지만 효과 면에서 엄청난 차이를 보이듯, 우리는 매사 때에 맞춰야 '명분'과 '실리'라는 두 마리 토끼를 동시에 잡을 수 있다. 불꽃을 쏘아 올리는 행위가 하찮은 일이지만, 효과는 배가 되듯 때를 맞추는 지혜는 매우 중요하다.

좌파나 우파에 속한 사람들이 논쟁하는 이슈 가운데 하나가 선택적 복지와 보편적 복지다. 이를 보고 있노라면 가관이 따로 없다. 좌파진영의 사람들은 대체로 보편적 복지를, 진보진영의 사람들은 대체로 선택적 복지를 주장한다. 하지만 이러한 논리는 지극히 잘못되어 있다. 위에서도 언급했지만 먹고 살만한, 이른바 '사회적 강자'들은 나라가 굳이 나서서 복지에 대한 관심을 가져줄 필요가 없다.

배도 고프지 않은 사람에게 밥을 한 그릇 더 주는 것은 의미가 없다. 오히려 굶주린 사람을 찾아 두 그릇 주는 것이 중용에 부합한다. 좌파의 보편적 복지, 우파의 선택적 복지라는 구도에서 우파의 보편적 복지, 좌파의 선택적 복지로의 회귀(回歸)가 적확한 정책이다. 상대적으로 삶의 질이 낮은 이들을 발굴하여 부강하게 하는 것이 '복지'란 이름에 부합할 뿐 아니라 평등에도 부합되기 때문이다.

편견을 깨야 더불어 살 수 있다

도끼를 잃어버린 어떤 사람이 그 이웃집 아이의 짓이라고 의심하기 시작했다. 그러고 보니 그 아이의 얼굴 표정이나 걸음걸이 등 하나 하나의 모습에서 도둑의 모습으로 보이지 않는 구석이 없었다. 그렇게 며칠이 지나 뜻밖에도 어느 산골짜기에서 잃어버렸던 도끼를 찾았다. 다음날 이웃집 아이의 모습을 보니, 이전의 도둑 같은 느낌이 전혀 들지 않았다. 선입견이 얼마나 무서운 일인가?

양주(楊朱)의 아우 포(布)가 흰옷을 입고 집밖에 나갔다가 갑자기 내린 소나기로 옷이 완전 검게 돼서 돌아왔다. 기르던 개가 이런 주인을 알아보지 못하고 짖어댔다. 양포는 개가 주인을 알아보지 못한다고 화를 내며 매질을 하려 했다. 그런데 개의 처지에서 보자. 개의 분별력이 오히려 정확한 것일 수도 있지 않을까. 인정할 수 있다면, 양포는 평소 자신의 편견을 인식하지 못한 것이다.

속담에 애인무가증(愛人無可憎)이요, 증인무일애(憎人無

一愛)란 말이 있다. 즉 사람을 사랑하면 어떤 미운 구석도 없고, 사람을 미워하면 아무리 예쁜 짓을 해도 사랑스런 곳이 한 군데도 없다'는 의미다. 이처럼 우리는 평소 이런 편견이 가득 차 있음에도 제대로 인식하지 못하는 건 아닐까? 기어이 이런 편견을 물리치지 못하는 한, 우린 결코 더불어 사는 행복한 삶을 보장받을 수 없다.

제 아무리 절세의 미인이라도 물고기는 그를 보고 물속으로 깊이 숨어버리고, 사슴도 그를 보면 멀리 달아난다. 우리 눈으로 아무리 뛰어난 옷이라도 동물에게는 소용없는 일이 많다. 사람이 습기 찬 곳에 오래 있으면 허리 병에 걸려 죽기 십상이지만, 미꾸라지는 오히려 그런 곳에서 더 잘 산다. 사람이 나무 위에서 살기는 쉽지 않지만 원숭이는 어떤가. 오히려 그런 곳이 안성마춤이다.

사람의 삶에서 어떤 이는 환경이 자신에게 딱 맞아야 적응하는가 하면, 어떤 이는 환경이 열악해도 잘 사는 이가 있다. 또 어떤 이는 눈코 뜰 새 없이 바빠야 사는 맛을 느끼는가 하면, 어떤 이는 바쁘면 삶의 의미를 잃어버린다 하여 질색하는 경우도 있다. 이처럼 사람들의 삶이란 참으로 제각각이다. 특유의 개성과 환경적 요인의 지배를 벗어나지 못하며 살아가고 있음을 엿볼 수 있다.

아무튼 사정이 이러함에도 편견을 몸에 꽁꽁 두른 채, 모든 것을 자신의 잣대로만 재단하려는 어리석은 이들이 우리 주변 도처에 깔려 있다. 올바른 삶이 아니다. 결코 오래갈 수 없는 삶이다. 발뒤꿈치를 들고 어떻게 오래 걸을 수 있겠는가? 자신의 논리로 타인을 설득한다는 이른바 '우상(Idols)의 질곡'에서 하루 빨리 벗어나야 한다. 그것이 스스로의 자유를 보장받는 첩경이자 비결이다.

투(妬)보다 서(恕)해야 하는 이유

자신과 생각이 같을 땐 '동지(同志)'를 밥 먹듯 부르짖는다. 하지만 자신의 생각과 조금만 달리하면 완전히 엎어버리고 '비난'하는 행위를 긍정하긴 쉽지 않다. 북한의 행태가 그렇고, 일부 좌파를 가장한 이들의 행태가 그렇다. 일찍이 '성호'가 이르길, "서(恕)란 투(妬)의 반대이기 때문에 '투'를 그치게 하는 것도 '서'와 같은 것이 없다. 일에 따라 자신을 반성하여 과오가 있으면 곧 고칠 뿐."이라 했다.

또 어진 사람(恕)은 착한 것을 보면 반드시 믿고, 만일 '악'한 형상이 있으면, "저것은 혹 외모가 그러한 것"이라 하고, 만일 '악'한 증상이 있으면 "저것은 반드시 본의가 아닐 것"이라 한다. 만일 '악의'가 있으면, "이것은 우연히 그러한 것"이라 하고, 어떻게 할 수 없는 지경에 이르면 "저것은 혹 부득이 한 것이 있나 보다. 나도 저런 처지에 놓이게 되면 반드시 그러지 않을 수 없을 것."이라 한다.

이것은 남의 '악'을 보고 나의 어짊을 증가시키는 것이니, 이것은 마치 벌이 꽃이 비록 쓰고 맵더라도 따다가 단 것으로 만드는 것과 같다. 그러나 투(妬 : 질투)라는 것은 그렇지가 않다. 남의 '착한 점'을 보면 반드시 의심하여, "외양만 그러할 뿐 참이 아니다. 우연히 그러한 것이지 견고한 것이 아니다. 사세가 그렇게 된 것이지 정상적인 것이 아니다."라고 하여 반드시 굽은 곳을 찾아서 더럽힌다.

이것은 남의 '착한 것'을 보고 나의 '악'을 증가시키는 것이니, 마치 뱀이 비록 달고 향기로운 것이라도 그것을 먹어 독을 만드는 것과 같다. 그러므로 겸손한 것을 가리켜 비하(卑下)하고, 참는 것을 가리켜 겁이 많다고 하며, 수행하는 것을 가리켜 겉으로 꾸미는 것이라 하며, 청렴결백한 것을 가리켜 명예를 구한다 하며, 소탈하고 과묵한 것을 가리켜 우둔하다고 한다. 대체가 부정적 관념 빼곤 없다.

또한 밝게 분변하는 것을 가리켜 경솔하고 허황하다 하며, 정직한 것을 가리켜 교만하고 자존심이 세다 하고, 인자하고 양순한 것을 가리켜 유약하고 아첨한다 하며, 공경하고 씩씩한 것을 가리켜 억세고 사납다 하고, 주기를 좋아하는 것을 가리켜 쓸데없이 낭비한다 하고, 절약하는 것을 가리켜 인색하다 하니, 이는 모두 착한 것을 돌려서 악한 것으로 만드는 조목들이다. 즉 '서'해야 하는 이유다.

소수와 다수가 함께 존중해야

'개인의 감정'을 극도로 존중하는 것. 문제는 '개개인의 감정 총합'이 크고 작음에 따라 삶의 구도가 달라진다는 점이다. 가령 성소수자들이 성스러운 장소에서 자신들의 감정을 표출하는 퍼포먼스를 하는 경우, 비판을 삼가지 않는 사람들이 있다. 그들은 신(神)이 동성애를 금지했기 때문에 문제를 삼는 것이 아니라, 성스러운 곳에서 벌이는 행위로 인해 다수의 상처받는 사람들이 생겨난다는 주장이다. 성소수자들이 자신들의 감정을 존중받길 원하듯, 성다수자들의 감정도 존중받아야 한다는 논리다.

2015년, 이슬람 광신도들은 프랑스 주간지 「샤를리 에브도(Charlie Hebdo)」가 무함마드를 풍자했다는 이유로 편집장을 포함한 10명의 직원을 살해했다. 이 사건으로 세상 사람들은 이슬람 과격 단체를 향해 엄청난 비난을 퍼부었다. 하지만 비등한 반론도 제기됐다. '신(神)의 뜻을 거슬렀기 때문에 그들을 테러한 것'이 아닌, 전 세계 수십억 이슬람교도들의 감정에 상처를 준 것 또한 문제라는 것이다. 즉 소수의 사람들 감정 표출이 다수의 사람들 감정을 해치는 결과를 초래해서는 안 된다는 것이다.

정치를 비롯해서 경제, 사회, 문화, 예술, 종교 등 모든 제도와 가치들이 과거의 그것과 전혀 다른 '개인의 감정'에서 비롯된다. 가령 신(神)의 명(命)이라는 이유로, 군주(君主)의 명이라는 이유로 밀어붙이던 시대에서 직접 민주주의에 가깝게 구성원들의 투표에 의해 세상이 운영되고 있고, 심지어는 예술 창조와 미적 가치의 원천도 '개인의 감정'에서 논하기 시작했다. 그래선지 오늘날 세상은 '자유시장'으로 평가된다. 자유시장에서는 고객이 왕이다. 개인들의 감정을 위배해서는 결코 살아남지 못한다.

하지만 자유시장에도 정도(正道)는 있다. 개인의 감정은 최대로 발휘하되 다수의 감정을 해쳐선 곤란하다. 여러 매체를 통해서 고발되는 특징 가운데 하나. 다수의 감정은 고려치 않고 오로지 자신의 감정만 표출한다는 점이다. 정치판은 말할 것도 없고, 예술을 구현하는 곳에서도 쉽게 목격된다. 비근하게는 버스에서도 지하철에서도 마구 행해진다. 민주화가 어느 때보다 만개하고 있는 오늘날, 통제능력이 상실지경인 듯한 '개인의 감정 조절 미숙'은 또 다른 폭력을 부른다는 점에서 성찰해야 한다.

소통이 안 되는 이유

　돌대가리임에도 부자가 있었다. 평소 멋진 집을 한 채 갖고 싶었다. 어느 날, 상상하던 3층 집을 발견했다. 정신이 나갈 정도로 마음속에 그리던 집이었다. 즉각 그 집을 지은 목수가 누군지 찾아 나섰다. 얼마 지나지 않아 찾았다. 부자는 목수에게 돈은 얼마든지 지불할 테니, 자신이 그리던 집과 똑 같이 지어달라고 부탁했다.

　목수는 승낙하고 짓기 시작했다. 1층을 완성할 때쯤, 문제가 생겼다. 부자는 3층집을 지어달라고 했지, 1층집을 지어달라고 하지 않았다며 문제를 삼았다. 목수는 1층을 지어야 2층을 지을 수 있고, 2층을 지어야 3층을 지을 수 있다고 설명해도, 부자는 그저 3층집만 떠든다. 소통에 실패한 목수는 짓던 집을 포기하고 말았다.

　정치의 정(政)도 모르는 자가 대통령을 하겠다고 발광하고, 경제의 경(經)도 모르면서 곳간 열쇠를 좌지우지하며, 부국강병의 기초도 모르면서 국방과 재정이 튼튼하다고 멍멍이 소리를 마구 해댄다. 어디 이 뿐인가? 노동의 개념조차 모르는 자들이 노동운동을 한다고 설쳐대는 통에 민중들이 도탄에서 헤매고 있다. 슬픈 일이다.

본심을 잃지 말아야

좀 더 쉽고 안락한 삶만 추구하다 보면, 자신도 모르게 본심을 잃어버린다. 가령 대학을 졸업하고 내놓으라하는 좋은 직장에 들어가 돈을 많이 벌면, 정말 자기가 하고 싶은 것을 하면서 살겠노라 다짐한다. 요컨대 그럴 듯한 직장에 들어가면 혼인을 어렵지 않게 한다. 아이도 생긴다. 이제 그에 걸맞은 집과 자동차를 선호한다. 때로 오래된 와인과 우아한 음악이 동반된 외식을 한다. 문화체험 운운하며 해외여행도 불사한다.

어느 새 자신과 배우자는 더 질적인 삶을 주창하며 집의 평수를 늘리고, 자동차 크기와 몸만들기에 골몰한다. 자식들 또한 부모의 모습을 그대로 본받아 학업에 매진하며 더 좋은 학교에 진학하기 위해 발광한다. 이쯤 되면 본심은 사라진다. 거액의 주택담보 대출금과 자동차 할부금, 자녀의 학자금을 위해 머리부터 발끝까지 땀범벅으로 현장을 누빈다. 애초에 지니고 있던 꿈은 멀찌감치 사라진다. 노예 같은 노동을 지속한다.

역사의 철칙 가운데 하나, '사치의 함정'이다. 한번 빠지면 자신과 관계없던 사치품들이 졸지에 필수품이 된다. 필수품에 길들여지면 의존하게 된다. 의존하게 되면 떨어져 살 수 없는 지경에 이른다. 온갖 교통수단이 그렇고, 텔레비전과 냉장고, 세탁기, 식기 세척기 등 가전제품이 그렇다. 또 극도로 발달하고 있는 스마트폰과 인공지능, 사물인터넷, 빅데이터 등도 그렇다. 며칠, 몇 달이 걸리던 일들이 며칠이면 해결된다.

사람들이 좀 더 쉽고 편안한 삶을 추구한 결과, 세상은 전혀 다른 방향으로 향한다. 겨우 허기진 배를 채우고, 위험에서 벗어나기 위해 집이 필요했던 삶에서 사치의 함정에 빠지면서 인류를 위협하는 데까지 이르렀다. 팔이 없으면 팔을, 다리가 없으면 다리를 사다 붙이는 시기를 지나 심장과 간장, 비장 등 오장을 기계화하려 한다. 인간의 오랜 꿈이었던 장생불사(?)가 실현되기 직전이다. 하지만 본심마저 사라지고 있다.

문재인 정부와 민주당은 꼬리다

『탈무드』에 '머리와 꼬리' 이야기가 있다. 꼬리는 늘 머리가 가는 대로만 따라다니는 게 못마땅했다. 꼬리가 머리에게 불만을 터뜨렸다. "왜 나는 네 꽁무니만 따라다녀야 하는 거지? 왜 항상 나를 네 멋대로 끌고 다니는 거냐고? 이건 너무 불공평해. 너도 나와 마찬가지로 뱀의 일부분일 뿐인데, 나만 노예처럼 네게 끌려 다녀야 한다는 것은 말이 안 돼."

머리가 말했다. "꼬리야, 그런 소리 마라. 너는 앞을 볼 수 있는 눈도 없고, 위험을 알아차릴 귀나 혀도 없으며, 행동을 결정할 수 있는 뇌도 없어. 내가 너를 끌고 다니는 것은 나만을 위해서가 아냐. 너를 포함한 전체를 생각해서 이런 거야." 꼬리는 큰 소리로 말했다. "닥쳐. 그따위 쓸데없는 소리는 귀가 아프도록 들었다. 더 이상 날 설득할 생각마라."

꼬리의 지랄병이 지속되자, 머리는 이런 제안을 했다. "정 그러면, 내가 하는 일을 꼬리 네가 한번 해 보면 어떻겠니?" 이 말을 들은 꼬리는 뛸 듯이 기뻐했다. 이제부터는 꼬리가 '머리를 이끌기 시작'했다. 하지만 얼마 지나지 않아 뱀은 깊은 웅덩이로 굴러 떨어지고 말았다. 하는 수없이 '머리'가 온갖 수고를 통해 겨우 웅덩이에서 빠져나올 수 있었다.

그리고 다시 머리를 이끌고 가다 꼬리는 가시덩굴이 무성한 덤불 속에 갇히고 말았다. 꼬리가 빠져나오려고 발광을 하자, 오히려 가시들이 뱀의 몸을 찔러 상처만 커지고 말았다. 이번에도 하는 수없이 '머리'가 온갖 지혜를 짜내 가시덩굴에서 벗어날 수 있었다, 하지만 성한 곳이 없었다. 상태가 이 지경이 되었음에도 꼬리는 '머리'에게 양보할 줄 몰랐다.

그렇게 고집을 부리면서 기어가다 이번엔 산불이 난 곳으로 들어가고 말았다. 꼬리는 당황하기 시작했다. 눈이 없으니 깜깜할 수밖에 없다. 공포에 사로잡힌 '머리'는 위기에서 벗어나기 위해 필사적으로 몸부림을 치면서 지혜를 동원해도 벗어날 수가 없었다. 속된말로 이판과 사판을 모두 동원해도 살아날 가망이 없었다. 결국 뱀은 불에 타죽고 말았다.

현 정부와 여당은 꼬리와 같은 존재임이 드러났다. 그들은 야당시절 어떤 주장들을 했나? 자신들이 정부를 운영하면 '평등'과 '공정', '정의'가 강물처럼 흐를 것이라 주장했다. 간략하게 축약하면 '기회는 평등하고, 과정은 공정하며, 결과는 정의

로울 것'이란 소릴 높이고 또 높였다. 모두가 허구였다. 불평등을 가중시켰고, 불공정과 불의만 확대 시켰다.

꼬리에 불과한 이들이 머리를 가볍게 보고 불만만 제기해 머리 역할을 맡겼더니 완전히 민중을 도탄에 빠뜨렸다. 억지로 업적을 찾아보면 정치보복과 불공정을 공정이라고 빡빡 우긴 것, 트럼프와 정치쇼, 재난지원을 가장한 불량선거 등등이 뇌리에 박혀 있을 뿐이다. 게다가 가장 중요한 도덕성도 무너뜨렸다. 거짓말을 하고도 부끄러움을 모르는 정부다.

정치는 말할 것도 없고, 경제도, 사회도, 국방도, 외교도, 환경도 뭐 하나 내세울 만한 게 없는, 역대 최악의 정부였다고 해도 과언이 아닐 정도다. 소크라테스가 만인들에게 이렇게 설파했다. "자신이 모르는 게 많고, 부족한 게 많다는 걸 알게 될 때, 그걸 인정하는 것이 지혜로운 것이다." 문정부는 내로남불을 넘어 적반하장이다. 그저 꼬리였을 뿐이다.

이로운 벗과 해로운 벗

이로운 벗이 세 종류가 있고, 해로운 벗도 세 종류가 있다. 정직한 벗, 성실한 벗, 견문이 넓은 벗 등은 이로운 벗이다. 이들과 어울리면 이롭다고 할 수 있고, 편벽된 벗, 자신의 소신을 쉽게 굽히는 벗, 행동은 없고 말만 하는 이른바 NATO[No Action Talk Only]와 같은 벗은 해로운 벗이다. 이들과 어울리면 도움이 안 된다.

벗은 주로 행동을 같이 하게 되므로 착한 벗과 있으면 자기의 착한 마음이 계발되고, 악한 벗과 있으면 자기의 악한 마음이 계발되기 마련이다. 그래서 유익한 벗이 있고, 해로운 벗이 있다고 하는 것이다. 가령 학문을 완성하고 인격을 도야하는데 도움이 되는 벗이 유익하다면, 이에 반하는 벗은 해로운 벗[惡]이라 할 수 있다.

정직한 사람은 착한 본성을 곧게 표출시킨다. 이런 벗과 사귀면 순수성을 회복하는데 도움이 된다. 또 성실한 사람은 이해타산이 빠르지 않다. 이런 벗과 어울리면 적어도 악에 물 들지는 않는다. 그리고 견문이 넓은 벗과 사귀면 자기모순에 빠지는 일에서 벗어날 수 있다. 그래서 이런 세 종류의 사람을 벗으로 삼으면 유익하다.

반대로 편벽된 사람은 정직한 사람과 반대되는 사람으로, 본성이 비뚤어지게 표출되는 사람을 말한다. 이런 사람과 어울리면 순수성을 잃기 쉽고, 자기편의(自己偏倚)에도 빠지기 쉽다. 또 자기의 이익을 위해 소신을 쉽게 굽히거나 아첨하는 사람도 순수성을 지키기 어려울 뿐 아니라 인격을 도야하지 못한다. 그저 해로울 뿐이다.

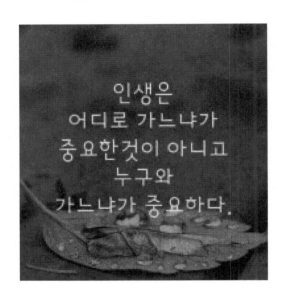

나는 오로지 약자편

UFC를 좋아하는 이유, 영원한 승자가 없다는 것. 아무리 강한 선수라도 급소를 맞으면 그대로 게임 아웃이다. 평소 꾸준히 자기관리가 되지 않으면 나가떨어질 확률은 더 높아진다. 즉 격투기(格鬪技)에도 겸양이 요구되는 곳이다.

그간의 삶을 살펴보니, 상대적으로 약한 기업, 약한 사람, 약한 조직을 위해 살았던 듯하다. 품질 좋은 삼성이나 금성보다는 대한전선이나 대우전자 제품을 주로 사용했고, 현대나 기아보단 대우나 쌍용, 현재는 삼성자동차를 탄다.

또 그동안 노동자 생활을 하면서 상대적으로 배우지 못해 고된 삶을 사는 민중들[사회적 약자]을 위해 인권변호사가 되기로 마음먹고 공부를 시작했던 때로부터, '정치철학자가 된 지금'까지, 오로지 약자를 위한 삶은 변함이 없다.

강원도 산골에서 자란 탓인지, 대통령은 무조건 박정희 대통령만 존재하는 줄 알았다. 어느 날, 정권이 바뀔 수도 있다는 걸 인식했다. 김대중이 대통령 돼야 한다고 부르짖었고, 투표 날엔 강원도 산골까지 찾아 유권자들을 찾았다.

전두환 정권 말기엔 현장을 찾는 시간이 많아졌고, 노태우, 김영삼 정권 때는 더 많은 시간을 할애하여 현장을 찾아 정권이 바뀌어야 세상이 변한다고 외쳤다. 쉽지 않았다. 급소가 보이질 않았다. 하지만 극하면 반전된다고 했던가?

김영삼 정권 말기에 나라가 망할 지경이 되자, 정권은 바뀌고야 말았다. 그러나 세상은 쉽게 변하지 않았다. 관성 때문이다. 하지만 시간이 많이 지난 오늘 날 평가하면, 상당한 수준의 민주사회로 변모된 건 사실이다. 무척 확실히.

하지만 노무현 정권 때는 좌측 깜빡이에 우회전하는 바람에 제대로 된 싸움도 해보지 못하고 정권을 돌려주고 말았다. 거리에서 보내는 시간이 엄청 많아졌다. 그렇게 박근혜 정권까지 이어졌다. 끊임없이 정권은 연장될 듯 보였다.

극하면 반전된다고 했던가? 역시 자연은 속이지 않는 법. 세월호가 침몰하더니, 엄청난 듣보잡이 나타나 세상을 발칵 뒤집어놓았다. 최순실이다. 그녀가 나타나자, 세상은 단번에 업사이다운 됐다. 예상도 못하다 권력을 차지했다.

생각지도 못한 정권이 순식간에 오자, 다들 정신이 반쯤 나갔다. 세상에 공짜가 없는 법을 모르다니. 특히 횡재가 얼마나 위험한 것인 줄 모르고 덜컥 받다니. 권력을 차지한 인사들은 좋아 죽었지만 그것이 독이 되는 건 몰랐다.

아니나 다를까? 제어되지 않는 권력이 마구 행해졌다. 어느새 올챙이 시절을 잊고, 영원한 권력이 될 것으로 착각하고 주권자를 우습게 본다. 어렵던 시절을 잊으니 사람들이 하나 둘 떠나감을 모른다. 급소가 마구 드러나고 있다.

난 영원한 마이너인 모양이다. 지금 정권이 위험을 모르고 과속하니, 브레이크를 밟아주고 싶다. 급소를 찌르고 싶어진다. 왜냐고? 극하면 반전되기 때문이다. 잃고 싶지 않다고? 민중들이 원숭이과라 조금만 손쓰면 좋아질 거라고?

웃기는 소리다. 약도 자주 쓰면 내성이 생기는 법. 약발이 떨어지는 그때가 되면, 몸은 물론 정신도 황폐해진다. 그때는 고통이 너무도 커 공멸할 수도 있다. 때문에 빨리 급소를 찔러 피를 봐야 한다. 그래야 건강을 회복할 수 있다.

좋은 정치는 다리를 놓아주는 것

새로운 지도자가 나타나면 이런 기대를 한다. '이번 지도자는 민중을 이롭게 해줄까?' '편안하게 해줄까?' '올바르게 지도할까?' 이런 기대가 무너지면 '지도자가 민중을 착취한다.' '지도자가 민중을 괴롭힌다.' '지도자가 제멋대로다.' 이쯤 되면 민중들은 앞에서는 듣는 척하지만 뒤에선 비난한다.

정(鄭)나라에 자산이란 명재상이 있었다. 수레를 타고 가는데 물이 불어 어렵게 건너는 민중들을 보고 수레로 건네준 일이 있다. 민중들은 정자산을 칭찬했다. 맹자가 이 얘길 듣고, "은혜롭기는 한데, 정치의 본질은 모른다."고 비판했다. 정치는 사적 은혜보다 공평(公平)해야 함을 강조한 것이다.

즉 정치지도자는 다리를 놓아주는 사람이다. 물이 불던 줄던 신경 안 쓰고 민중들이 활용하게 해준다. 그들은 왕래할 때마다 누가 언제 다리를 놓아주었는지 모른다. 그게 공평한 정치다. 지도자가 어떤 업적을 쌓았고, 어떤 괴롭힘을 민중들에게 주었는지 역사(歷史)에 기록되는 건 좋은 게 아니다. 더 나쁜 모습도 있다. 가령 물고기를 잡아 어항 속에 넣고 먹이를 조금씩 넣어주면 그들은 항상 감사함을 느낀다. 하지만 물고기를 애초부터 잡아오지 않았다면, 그런 고마움 따윈 모르고 살아갈 것이다. 요즘 정치권에선 틈만 나면 '기본소득'이니, '재난지원금' 등 명목으로 민중들을 가두려 한다.

올바른 정치가 아니다. 민중들은 스스로 살 수 있는 힘이 있다. 가두기보다 경쟁력을 갖도록 풀어야 한다. 사실 그런 인식조차 없어야 한다. 재물 없이 살기 어렵지만, 그것이 절대적인 것처럼 호도하면 안 된다. 즉 애초부터 좋은 지도자, 나쁜 지도자를 분별할 필요 없도록 하는 게 좋은 정치다.

소[牛]주성? 개[犬]주성?
누굴 위한 정책인가

이상(理想)은 철학자들이 이미 헤아릴 수 없이 많이 세워 놓았다. 현실이 그걸 따라가지 못하는 건 구성원들의 욕망 때문이다. 그럼에도 철학의 아류인 정치가 그걸 무리하게 추진하면 구성원 전체가 절단나기 십상이다.

'소득주도성장' 정책을 추진한 인사들 모두 어디 있는가? 정책은 잠시고, 후유증은 차고 넘치는 형국이다. 사실 정책이란 변증법적이기 때문에 성공할 수도 실패할 수도 있다. 하지만 실패한 정책이라면 인정해야 한다.

그리고 바로 고치면 된다. 신(神)이 아닌 이상 실패는 언제든 있을 수 있는 것이다. 문제는 그것을 인정할 줄도 고칠 줄도 모른다는 것. 아무리 선한 의지의 정책이라도 다수가 도탄에 빠졌다면 그것은 실패한 정책이다.

이 같은 중대한 정책을 추진하면서 시뮬레이션은 해봤는지? 조그만 마트라도 한번 경영을 해봤는지? 그것도 아니라

면 '시범실시'라도 해보고 정책을 생산하고 추진했는지 의문
이다. 여전히 '민중들의 원성이 자자'하다.

나란 존재는 상대가 있기에 가능

모두들 자기 능력이 최고라 주장하지만, 사실은 모두가 중요하다. 유대인 경전인 『탈무드』에 이런 이야기가 있다. 어느 왕이 병에 걸렸다. 세상에서 보기 드문 이상한 병으로, '암사자의 젖을 먹으면 좋다'는 의사의 처방이 내려졌다. 문제는 어떻게 '암사자의 젖을 구하는가?'였다. 이때 어떤 영리한 한 남자가 암사자 동굴 가까이 가서 새끼 사자와 친하게 지내면서 암사자에게 친근감을 표시했다. 그렇게 10일이 지나자, 암사자와 아주 친하게 되었다. 왕에게 약으로 쓸 젖도 얻을 수 있었다.

왕궁으로 돌아오는 도중, 그 남자는 자기 몸의 여러 부위가 서로 다투는 꿈을 꾸었다. 다리는 만약 자기가 없었다면 사자가 있는 곳까지 갈 수 없었을 거라고 말했고, 눈은 자기가 없었다면, 그 곳을 찾을 수 없었을 것이라고 했다. 또 심장은 자기가 없었다면 이제까지 살아 있지도 못했을 것이라며 자기가 가장 중요함을 역설했다. 그러자 혀가 별안간 외쳤다. "말을 할 수 없다면, 너희들은 아무런 구실도 못했을 것이다." 그러자 신체의 다른 부위들이 일제히 혀의 말을 가로막고 나섰다. "줏대도 없고, 아무 한 일도 없는 조그만 것이 감히 당치도 않는 말을 하는구나." 궁궐(宮闕)에 도착했을 때, 그 남자의 혀는 이렇게 말했다. "누가 가장 중요한지 비로소 깨닫게 해 주겠다." 젖을 보면서 왕이 물었다. "이 젖은 무슨 젖인가?" "예, 개의 젖입니다." 조금 전까지 모두 자기의 중요성을 강조하던 각각의 신체 부위들은 그제야 혀의 힘이 얼마나 강한지를 깨닫고, 혀에게 사과했다. 이를 토대로, 우리 공무원 조직을 보자. 모두들 자기가 속한 부처가 가장 중요하다고 주장한다.

가령 삼부(三府) 가운데 '행정부'는 행정부가 사실상 나라를 이끌어 가는 주체라고 강조하고 있고, '입법부'는 행정부인 너희들은 우리 두뇌의 결과물인 법으로 그저 용(用 : 작용)에 불과한, 그야말로 말단적인 부처로 입법부의 아류일 뿐이라 주장한다. 그런가 하면 '사법부'는 자신들의 역할이 아니면 행정부도 입법부도 그 기능이 하루아침에 모두 혼란만 조성되는 기관에 불과할 뿐이라 주장하며 자신들이 최고라고 강조한다. 행정부로 좁혀 보자. 청와대는 자신들이 사령탑이라 자랑한다.

부처 가운데 국방부는 국방부대로, 외교부는 외교부대로, 행안부는 행안부대로, 교육부는 교육부대로 모두가 자기가 속한 부처가 최고라 강조한다. 어디 이뿐이랴? 지방자치가 불을 뿜고 있는 오늘날 서울시는 서울시대로, 부산시는 부산시대로 자신이 속한 기관이 최고라 강조한다. 장자(莊子)는 세상에서 '가치가 있다'고 하는 것이 '가치가 없고', '쓸모가 없다'고 하는 것이 오히려 '쓸모가 있음'을 강조한다. 이는 도(道)의 입장에서 보면, "쓸모가 있네, 없네."하는 구분은 모두가 사라진다.

가령 자동차를 타고 도로(道路)를 질주할 때, 대체로 도로를 따라 달린다. 이때 생각으론 그저 달릴 수 있는 도로만이 오직 쓸모가 있고, 가치가 있는 것으로 인식한다. 즉 도로가 아닌 것은 아예 가치가 없는 것으로 착각하기 쉽다. 하지만 장자는 달릴 수 없는 땅이야말로 쓸데없는 게 아니라고 강조한다. 쓸데없다고 생각하는, 즉 도로(道路) 아닌 것이 있기 때문에 우리가 도로에서 질주할 수 있음을 일러주는 것이다. 생각해보라. 쓸모없다고 생각하는 것을 모두 배제하면 달릴 수 있는지를.

사람들의 좁은 소견으로 "쓸모가 있네, 없네."라고 하는 구분이야말로 편견임을 장자는 신랄하게 비판한다. 인간적인 관점에서 보면, 대단한 것들도 도(道)의 관점에서 보면 가소로운 것이다. 높은 상공에 올라 내려다보라. 모두 자기가 속한 부류가 최고라 주장하는 모습들이 마치 달팽이 뿔 위에서 서로 다투는 꼴[蝸角之爭]과 다르지 않다. 자기가 속한 당(黨)이 최고이고, 상대가 속한 당은 존재할 가치도 없다고 막말도 서슴지 않지만, 도(道)의 입장에서 보면 크게 다르지 않은 것이다.

모든 존재는 제각기 자기 자리가 있고, 생긴 대로 자연스럽게 살아간다. 모두가 나름대로 도(道)를 실현하며 살아가는 것이다. 그런 점에서 만물은 평등한 것이고, 따라서 그 무엇이 더 가치 있고, 어떤 부류가 더 우수하다고 할 수 있는 대상은 아무 것도 없다. 사정이 이러함에도 보편적 가치를 무시하여 몰지각한 나머지 상대를 제압하려고만 하는 어리석음은 더 이상 없어야 하겠다. 다시 말해 '근본인 인간을 말살할 수 있는 어리석은 짓'은 더 이상 없어야 하겠다. 제발, 제발, 제발~

근원이 있는 리더

물리적으로 물은 반드시 위에서 아래로 흐른다. 그것이 상류에서 하류로 흐르든, 지하에서 솟아난 물이든 근원이 있는 물은 흐르다 구덩이를 만나면 반드시 채우고 나아간다. 또한 근원이 있는 물은 밤낮없이 흐르고 흘러 결국 강(江)이나 바다[海]로 흘러든다. 하지만 일시적으로 생긴 물은 일시적으로 흐르고 그친다. 소나기가 그런 경우다. 근원이 없다.

사람의 삶도 마찬가지다. 하늘이 부여한 명(命)은 근원이 있다. 즉 부여받은 천명(天命)을 끊임없이 세상 사람들과 나누어야 생명력이 있다. 일시적으로 천명을 나누고자 하는 사람은 마치 소나기 같은 사람으로 생명력이 오래 지속될 수 없다. 시대의 리더들은 근원이 있는 물과 같은 존재다. 끊임없이 세상 사람들에게 명을 전해야 한다. 그것이 의무다.

미래를 위한 분투

　불과 수십 년 전만해도 세 사람[생산가능 인구 : 15~64세]이 한 분의 노인을 부양했다. 현재는 두 사람이 두 분의 노인을 부양한다. 미래세댄 한 사람이 세 분의 노인을 부양해야 할 판이다. 노동계와 정치계의 문제 덩어리들을 정리하는 한편, 모든 정책이 이것을 타개하기 위한 정책으로 전환돼야 한다. 물론 의식개혁도 시급하다. 공공일자리? 보편적 지원? 눈귀를 가리면 안 된다. 진정한 일자리는 기업이다. 보다 양질의 일자리가 확충될 수 있도록 선택 집중해야 한다. 아울러 4차 산업혁명 시대에 부합하는 일자리 정책이 나와 줘야 한다. 예로부터 사기가 진작되면 못하는 게 없는 민족이다. 특유의 신명나는 정책으로 천재성을 발휘하도록 지원해야 한다.

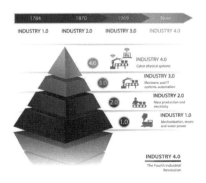

낮추면 높아지고, 높이면 낮아진다

안영(晏嬰)은 춘추 때 제(齊)나라의 영공(靈公)과 장공(莊公), 경공(景公)을 섬긴 명재상으로 오늘날까지 인구에 회자되는 인물이다. 어느 날, 안영이 수레를 타고 외출했는데, 마부의 아내가 문틈으로 남편의 거동을 엿봤다. 마부는 머리 위에 큰 일산을 펼쳐 햇빛을 가리고 채찍을 휘두르며 네 필의 말을 몰았는데, 의기양양하여 매우 흡족한 모습이었다. 마부가 귀가하자, 아내는 이혼을 요구했다.

마부가 이혼해야 하는 연유를 묻자, 아내가 말했다. "안자(晏子)께서는 키가 6척도 안 되지만 제나라의 재상이 되어 제후들 사이에 명성이 자자합니다. 오늘 제가 그분께서 외출하실 때 보니 뜻과 생각이 깊은데도 항상 자신을 낮추는 모습이었습니다. 그런데 당신은 키가 8척이나 되지만 남의 마부에 지나지 않으면서도 오히려 스스로 만족하여 뻐기고 있으니 제가 떠나겠다고 하는 것입니다."

충격을 받은 마부는 그날 이후로 항상 겸손한 태도로 임했다. 평소와 다른 마부의 행동을 눈치 챈 안영이 이상하게 여겨 그 까닭을 묻자, 마부는 사실대로 고했다. 안영은 그의 자세를 높이 평가하여 대부(大夫)로 삼았다. 마부 아내의 인재관, 아내의 문제제기에 적극 반영하여 자세를 바로 고친 마부, 안영의 사람 됨됨이를 알아보는 안목은 '오늘날에도 본보기'로 삼기에 충분하다고 하겠다.

미중 신 냉전? 어떻게 살 것인가

역사는 돌고 돈다고 했던가? 미중이 신 냉전으로 치닫고 있다. 치킨게임과 유사하다. 강 건너 불구경 할 때가 아니다. 상대적으로 약소국인 우린 어떻게 할 것인가? 춘추시대(春秋時代) 때 약소국들은 중원(中原)에서 어떻게 살아남았나?

동쪽의 제(齊)나라 환공을 시작으로 북쪽의 진(晉)나라 문공, 남쪽의 초(楚)나라 장왕이 패자의 자리를 이었다. 춘추시대 때 다툼의 무대는 '중원'이었고, 중원을 중심에 두고 동서 축과 남북 축이 교차하면서 패권을 향한 경쟁이 치열했다.

진(晉)나라와 초(楚)나라 등의 강대국들이 '중원'을 놓고 다툴 때 중간에 낀 군소 국가들은 속된 말로 장기판의 졸로 전락됐다. 패권 경쟁이 치열할수록 중간에 낀 군소 국가들을 끌어들이기 위한 강대국들의 협박은 오늘날과 흡사하다.

미국이 유럽의 강대국들[영국, 프랑스 등]을 하나하나 끌어가고 있고, 우리에게도 손짓을 하고 있다. 그야말로 신 춘추시대적인 진영논리가 본격화되고 있는 것이다. 경제적, 혹은 외교적 협박과 군사적 시위까지도 흔하게 목격되고 있다.

고래싸움에 새우 등 터질 수 있는 형국에서 어떻게 살아남을 것인가? 춘추 때도 마찬가지였다. 고통 속에 살았다. 규모가 아주 작은 나라는 물론이고 비교적 큰 나라인 노나라, 진(陳)나라, 채나라, 송나라, 위나라도 자유롭지 못했다.

하지만 세상은 강자만 살아남는 법이란 없다. 그것이 자연의 법칙이다. 변화의 바람이 불었다. 서서히 남북의 양강 체제에 균열이 생기기 시작했다. 체제가 변화할 때, 변화의 소용돌이는 거세지기 마련이다. 틈새전략을 구사한 것이다.

그래서 소용돌이 속에서도 어떤 군소 국가들은 나름의 안정을 구가했고, 어떤 나라들은 거대한 파고에 휩쓸려 들어갔다. 왜 유사한 조건에서 어떤 나라들은 버텨내고, 어떤 나라들은 쓰러진 걸까? '지혜로운 정치인들 존재유무'였다.

굳건하던 진(晉)나라와 초(楚)나라의 양강 체제가 약화되면서 각국의 변화와 이에 대처하는 정치가들[정나라 자산, 제나라 안영, 진(晉)나라 숙향, 송나라 상술 등]의 활약에 따라 군소 국가들의 존망(存亡)이 결정됐다. 결국 사람이다.

때론 마키아벨리즘도 필요

종교와 도덕에서 독립된 정치세계 발견

마키아벨리의『군주론(君主論)』(1532)은 목적을 위해 수단을 가리지 않는 권모술수의 원전처럼 여겨지고 있다. 물론 그렇긴 하지만 도덕적 입장에 서서 마키아벨리를 '악마의 대변자'로 비난만 할일은 아니다. 나폴레옹과 프로이센의 프리드리히 대왕이 이 책을 악마의 책으로 비판하면서도 군주로선 마키아벨리 정책을 채택하지 않을 수 없었던 것처럼, 마키아벨리즘엔 정치의 현실을 정확히 꿰뚫는 내용이 담겨 있다.

종교와 도덕의 세계에서 독립된, 정치의 세계를 발견한 점이야말로 마키아벨리가 근대 정치학의 기초를 닦았다고 평가되는 이유다. 하지만 양식 면에선 오히려 전통적인 정치론의 양식을 답습하고 있다. 즉 낡은 부대에 새로운 술을 담았다는 사실이『군주론』을 흥미롭게 만드는 점이다. 이 책은 크게 네 부분으로 나누어져 있다. 군주국 종류, 군주권 획득 및 유지방법, 군사론, 군대 필요성, 통치기술 등을 논하고 있다.

마키아벨리는 군주에게 '현실에 충실해야' 할 필요성을 이렇게 설명한다. "'어떻게 살 것인가'란 명제로 인해 실제로 살아가는 현실을 오인하면, 이는 자신을 보존하는 게 아니라 파멸에 이른다." 당시 이탈리아 휴머니즘의 이상은 '공공의 선 실현'을 목표로 한 자유로운 공민(公民)의 공동체였다. 마키아벨리에 따르면, 그건 헛된 이상에 불과하다. 공동체의 해체 과정에서 공적에서 사적으로 후퇴하고 있었기 때문이다.

마키아벨리는, "인간이란 원래 은혜를 잊은 채 아무렇지도 않은 듯 위선적이고 제 한 몸의 위험만을 피하려 하며, 물욕에 눈먼 존재다."라고 말한다. 즉 그는 인간의 본성을 끊임없이 지상의 욕망 충족을 추구하는 르네상스적 인간상 속에서 찾았다. 다른 말로, 인간의 행동 원리는 그것이 명예욕이든 물욕이든 욕망이라는 동질적인 것으로 환원된다는 것이다. 이것이 바로 서로 다른 상황 속에서도 인간을 움직이게 한다.

가혹행위는 한 번에, 은혜는 조금씩 자주

이는 인간의 행동을 계산할 수 있다는 사실을 보증하는 것이며, 인간의 행동을 기술적으로 통제하는 것이 가능한 일이기도 하다. 즉 '정치가 군주의 통치기술'이라 칭하는 이유다.

가령 "사랑받기보다 겁먹게 하라. 혹은 "가혹행위[개혁 행위]는 한 번에, 그리고 은혜는 조금씩 자주 베풀어라."와 같은 통치술은 고전(古典)이 될 만큼 명언이 됐다. 특히 사랑보다 겁먹게 하는 게 효과적이란 주장은 설득력을 배가시킨다.

마키아벨리는 탐욕과 야심이 판을 치는 현실을 극복하려 했다. 따라서 수미일관(首尾一貫)하기 위해서는 냉정한 합리성이 요구된다. 그는 "군주는 짐승처럼 행동하는 법을 알아야 하기 때문에 '여우'와 '사자'의 기질을 모방해야 한다. 왜냐하면 사자는 함정에 빠지기 쉽고, 여우는 늑대를 물리칠 수 없기 때문이다. 따라서 함정을 알아채기 위해선 여우가 되어야 하고, 늑대를 혼내 주려면 사자가 되어야 한다."라고 말한다.

국가를 유지하기 위해선 종교의 권위나 도덕에 의한 정당성 따위는 필요 없다. 힘과 합리성을 겸비한 군주의 인위면 족하다. 즉 목적과 수단이 하나의 통일된 계열을 이루고 있다고 냉정히 파악하는 일과 목적에 가장 적합한 수단을 개의치 않고 선택하는 역량이야말로 국가를 일관성 있게 통치할 수 있는 능력이라고 마키아벨리는 말한다. 그러한 의미에서 국가는 부르크하르트가 말한 것처럼 인위에 의한 예술품인 것이다.

이처럼 국가관은 르네상스적 인간상의 어두운 측면으로부터 밝은 측면으로의 역전, 곧 인간의 근원적 힘의 논리에 의해 지탱된다. 그러한 의미에서 마키아벨리의 국가관은 절대주의적인 권력 국가를 거쳐 이룩되는 근대 국민 국가의 형성 과정을 훨씬 앞서서 예견했다고 말할 수 있다. 또한 마키아벨리가 말하는 근본적 힘을 군주가 아닌 관료나 시민사회로 승인되면, 그것은 바로 근대 사회계약설(社會契約說)로 이어진다.

비르투는 자유의지를 실현하는 에너지

인위의 근원적 힘을 비르투(virtu)라 한다. 라틴어의 비르투스(virtus)에서 유래한 이탈리아어로, 본래는 윤리적인 덕(德)을 뜻한다. 하지만 마키아벨리의 비르투는 전통적 의미의 덕이 아니다. 여기서 덕의 의미 전환이 일어난다. 전통적 의미의 윤리적인 덕은 이성에 의한 정념과 욕망을 억제함으로써 달성되는 데 비해, 그의 비르투는 정념과 욕망이 방해받지 않고 나타나는, 그 자체를 의미한다. 즉 운명과 대비된다.

마키아벨리는 이탈리아의 위기적 상황을 가져온 원인을 추적하면서, 한편 그것을 운명에서 찾는 일종의 체념에 대해 강하게 반박했다. 그는 "운명이 우리 행위의 절반을 좌우하는

지도 모른다. 하지만 운명도 나머지 절반의 동향은 우리 인간에게 맡겨 놓은 것이 아닌가? 하는 생각이 든다."고 밝혔다. 이를테면 아무리 좋은 기회라고 해도 팔짱을 끼고 있는 동안에는 운명의 여신이 베풀어 주는 은혜가 일어나지 않는다.

좋은 기회란 그것을 적절한 때에 맞추어 포착해 낸 다음, 손으로 거머쥘 때에만 비로소 이루어지는 것이다. 이처럼 마키아벨리는 운명에 대처하는 데 신중함보다는 오히려 과격할 것을 권한다. 즉 '운명의 신은 여신'이어서 그녀를 내 것으로 만들려면, 더러는 때려눕히기도 하고 밀어 쓰러뜨리기도 할 필요가 있는 것이다. 운명은 냉정하게 하는 사람보다 오히려 이처럼 과격한 사람들에게 승리를 안겨 주기 때문이다.

가령 운명은 여자를 닮아 젊은이의 편이다. 왜냐하면 젊은이는 신중하게 일을 진행하지 않고, 민첩하고 신속하며 극히 대담하게 여자를 지배하기 때문이다. 이 같은 능동적인 비르투를 강조하는 데는 자유의지론이 배경에 깔려있다. 비르투는 이른바 자유의지를 실현하는 에너지인 것이다. 마키아벨리는 현실 속에서 자유의지의 실현을 국가 통일로 보고 일종의 현실적 자유론을 책에서 전개하고 있다고 말할 수도 있다.

자유에서 평화로

　자유라는 건 늘 피 냄새를 풍기는 인내를 요구하는 면이 많다. 하지만 그 끝에는 기쁨이 있다. 만일 그렇지 않다면 그것은 자유가 아니다. 사람과 사람의 관계에서도 마찬가지다. 자유란 하나 됨이다. 둘이 하나 될 때 자유가 있다.

　사람들 사이의 자유란 '조화'라 할 수 있다. 사람들이 왜 섹스에 몰두하는가? 그것은 짧은 순간이지만 두 사람의 영혼이 하나로 녹아 합일하는 체험을 하기 때문이다. '그 순간'에 일상 속에서는 쉽게 체험되지 않는 '자유'를 맛본다.

　그러나 '조화'도 사실은 생각만큼 쉽지 않다. 자연에서 보는 것처럼 그냥 있는 그대로가 조화요, 아름다운 경우도 있긴 하다. 하지만 사람 사는 세상에는 생각하는 것을 쉽게 뛰어넘는 그 무엇이 존재하기 때문에 말처럼 쉽지 않다.

　인위적으로 만들어 가는 조화란 늘 투쟁이 동반된다. 서양의 고대철학자 헤라클레이토스는 투쟁을 조화라 칭했다. 서로 다른 요소가 만나 하나 되어 조화를 이루고 자유를 누린다는 것은 결코 그냥 주어지는 것이 아니라 본 것이다.

하지만 투쟁의 과정을 거친 평화(平和)는 진정한 자유를 보장한다. 숱하게 싸우고 밀고 당기는 과정에서 둘은 하나가 될 수 있다. 둘 사이에 진정한 자유가 성립되는 것이다. 의리라는 것도 생기고 어지간한 일로는 갈라지지 않는다.

철학 없는 레프트와 라이트 가게

왼쪽과 오른쪽에 가게가 있다. 전통적으로 장사가 잘 되던 곳은 오른쪽 가게. 그간 벌어놓은 것이 많아선지 알게 모르게 손님 알기를 우습게 본 경향이 있다. 어느 날, 가게를 이상한 사람한테 맡겨 놓고 놀러 댕기다 졸지(猝地)에 주인 자리를 빼앗기고 말았다.

이때다 싶은 왼쪽가게는 온갖 홍보와 선전을 통해 손님을 몽땅 빼앗았다. 상품이 좋고 나쁨을 따지지 않고 손님들은 왼쪽가게에서만 구매했다. 수년이 지나자, 불량품이 쏟아져 나온다. 오른쪽 가게 상품은 좋았는데, 왼쪽가게 상품은 아예 못쓸 상품까지 나왔다.

이때 오른쪽 주인이 자기네 가게에 좋은 상품이 많다며 손짓한다. 하지만 줄곧 왼쪽으로 가던 손님들은 관성 때문에 오른쪽 가게로 쉽게 발길을 돌리지 못한다. 게다가 왼쪽 주인이 손님을 빼앗기지 않기 위해 과장광고를 넘어 명운을 걸만큼 사은품을 남발한다.

또한 손님들 눈높이에 맞을 만한 직원들을 새로 뽑아 교육해선지 일사불란하게 움직인다. 이에 질세라 오른쪽 가게도 젊고 참신한 직원들로 대거 교체하여 맞대응한다. 하지만 일부 눈치 없는 직원들은 본말을 구분 못하고, 내분을 일으킨다. 거의 자중지란이다.

가게철학 부재의 결과는 어떨까?

허례허식을 배격하는 이유

어떤 부자가 돼지 머리를 놓고 제사를 지내면서 온갖 복을 귀신에게 빌었다. 철학자 왈, "옳지 않다. 남에게 베풂은 박(薄)하면서, 남에게 바라는 게 많다면, 사람들은 그런 사람의 베풂을 오히려 두려워 할 것이다. 지금 귀신에게 돼지머리를 놓고 온갖 복을 구한다면, 귀신은 그가 장차 소나 양을 놓고 제사지낼까 두려워할 것이다."

옛 성왕들도 귀신을 섬겼다. 하지만 제사를 올리는 것으로 그쳤다. 그런데 돼지머리로 제사를 지내면서 온갖 복을 구한다는 것은, 그가 더 큰 부자가 되었을 땐 소나 양보다 더 가치 있는 제물을 놓고 더 큰 복을 바랄 것이란 점에서 경계한 것이다. 때문에 귀신은, 그가 더 큰 부자가 되기보다 오히려 가난하게 되길 바란다는 의미다.

세상살이는 제로섬 게임과 같다. 귀한 제물(祭物)을 올릴 수 있는 것은, 사실 누군가의 피와 땀의 결정체로 이뤄진 것이다. 더 큰 복을 기대하고 온갖 제물과 재물을 허비하는 것은, 자칫 또 다른 선량한 민중들의 살림을 수탈할 수 있다는 점에서 두려워하는 것이다. 평소 허례와 허식을 배격하는 이유, 바로 이와 같은 경우 때문이다.

의리를 커피로 취급하는 저급한 이들

가깝게 지내던 인사들 가운데 간혹 배신을 하는 경우가 있다. 누가 청개구리 심보를 지니지 않았다고 할까봐 올챙이 시절을 잊는다. 선비의 리더십은커녕 꼰대 정신에 사로 잡혀 극단적 이기주의로 향하기 바쁘다. 기분? 별로다. 하지만 분석적으로 고찰하면 기분 나쁠 하등의 이유는 없다. 어차피 어제와 같은 자기 동일성을 유지하지 못하는 존재들이다.

러셀(Bertrand Russell) 논리에 따르면, 이른바 '동일인의 경험'이라고 하는 두 경험 사이엔 그 존재를 구성하는 [경험적으로 주어지는] 관계가 있다. 사람을 단지 관계가 유지되는 것 사이에 존재하는 특수한 경험의 연속으로 간주한다. 즉 자기 동일성이 아니라 연속성에 있을 뿐이다. 말하자면 연속적인 두 순간의 의식은 아무런 본질적인 동일성도 지니지 않는다.

찰라 전에 느꼈던 것은 커피를 마시는 순간 사라진다. 때문에 스스로의 경험은 즉시 소멸된다. 각각의 상태는 순식간에 일어났다 순식간에 사라지는, 비슷한 운명의 또 다른 하나의 상태에 그 자리를 내주는 분리된 개체들일 뿐이다. 인상의 연속은 인상들이 밀집되어 있는 데서 생겨난다. 마치 원주의 연속은 수많은 작은 점들로 이루어져 있는 것과 같은 경우다.

　각자는 순간만 존재하는, 무수한 순간의 연속일 뿐이다. 즉 동일한 의식의 연속은 존재하지 않는다. 후속하는 상태가 일어날 때, 선행했던 상태는 사라진다. 과거가 어떻게 현재의 바탕이 되었는지 모른다. 때문에 현재의 자신만 보인다. 누가 옷을 지어준 것인지, 먹거리가 어떻게 형성된 것인지, 집은 누가 지어준 것인지 모른다. 더불어 살 자격이 없는 사람들이다.

아사리판, 난장판, 개판

아사리(阿闍梨)란 말이 있다. 불가(佛家)에서 스승이 될 만한 승려(僧侶)를 지칭한다. 하지만 상대의 주장은 수용치 않고 오로지 자신의 주장만 논하다 보면, 곧 무질서해지고 혼란이 조성된다. 이른바 '아사리판'으로 불린다.

난장(亂場)이란 말도 있다. 과거 급제를 위해 경향각지에서 모인 수험생들이 난장에서 시험을 치렀는데, 그 숫자가 불어나 상상을 초월했다. 난장은 그야말로 무질서의 장이었고, 혼란의 장이다. 이른바 '난장판'으로 불린다.

'개판'이란 말도 있다. 사전적 의미론 상태나 행동 따위가 사리에 어긋나 온당치 못하거나 무질서한 것을 의미한다. 사실 이 말은 명분 없이 싸우는 이전투구(泥田鬪狗)의 다른 말로 성품이 괄괄한 모지방 사람들을 가리켰다.

아무튼 '아사리'가 아사리판으로, '난장'이 난장판으로, 또 '개판'이란 부정어가 세대를 가리지 않고 성행하고 있다. 모두가 이른바 지도층에 있는 사람들이 양보와 배려, 헌신과 같은 덕목을 무시한 결과라 아니할 수 없다. 판, 판, 판을 어찌 물리칠 것인가?

도덕성을 가혹하게 요구하는 이유

예로부터 이른바 지도층[士大夫 : 士는 철학자, 大夫는 정치인을 지칭]의 생명력은 도덕성이라 했다. 한마디로 철학자든 정치인이든 돈[재물]에 관심을 두면 안 된다는 얘기다. 가령 철학자나 정치인이 돈에 관심을 두면 어떨까?

온갖 지식과 지혜, 정보를 무기로 삼는 순간, 부자(富者)가 되는 건 시간문제다. 하지만 그 사이 '반칙사회'로 변화되는 속도 또한 비례한다는 사실이다. 따라서 '부정이 판을 치는 사회'로 급속히 변모될 수밖에 없다.

부정과 반칙이 판을 쳐보라. '정치가 급속히 타락'한다. 사실 정치만 타락하면 그 뿐이지만 정치가 타락하면 그것이 사회 전체를 오염시킨다는데 문제의 심각성이 있다.

사회가 타락하면 후진국 되는 건 하루아침이다. 과거 잘나가던 나라들의 도덕성이 붕괴되면서 후진국으로 전락, 구성원 전체가 도탄(塗炭)에 빠졌다고 역사가 증거하고 있지 않은가? 이른바 '지도층' 사람들에게 도덕성을 가혹하게 요구하는 이유가 여기에 있는 것이다.

기성세대가 헌신할 때

　삶을 '나무'로 변용(變容)해보자. '뿌리'는 선조, '줄기'는 기성세대[기득권], '가지'와 '이파리'는 우리 후세대. 좋은 세상 덕분인지 뿌리와 줄기는 상대적으로 건강하다. 하지만 가지와 이파리는 부실하기 짝이 없다. 어떤 녀석들은 줄기와 가지 역할을 열성적으로 해나가는데, 다수는 역할을 포기한 듯 고유의 색을 잃어가고 있다. 상황이 심각단계로 전환되고 있음에도 기성세대[기득권]는 기미(幾微)조차 느끼지 못한다. 그저 기득권에 매몰돼 지켜내기 바쁘다.

　색 잃은 줄기와 이파리가 소수일 경우는 그럭저럭 명(命)을 유지한다. 하지만 시간 지나보라. 줄기는 말할 것도 없고, 뿌리조차 말라 죽음을 면치 못한다. 뿌리가 중요하고 줄기가 중요한 건 누구나 다 안다. 하지만 가지와 이파리 또한 건강해야 뿌리도 줄기도 생명력을 유지한다. 줄기와 이파리 역할에 충실할 수 있도록 특별 배려가 필요하다. 이를 위해선 기성세대[기득권]가 헌신해야 한다. 나무가 건강할 수 있을 뿐 아니라 우리 모두의 토대이기 때문이다.

세상에 공짜는 없다

위정자나 공직자가 눈여겨 볼 일 가운데 하나, 바로 찰미(察微)다. '작은 것을 잘 살펴야 한다'는 얘기다. 즉 세상이 어떻게 움직이는지 그 조짐[幾微]을 잘 살펴야 한다는 것이다. 가령 암세포를 초기에 발견하기란 매우 어렵지만, 찾아내기만 하면 치유는 비교적 쉽다. 하지만 암세포가 온몸으로 퍼졌다면 발견은 쉽지만 치유는 불가능하다.

얼마 전, 버스마다 전면에 "교통복지 실현, 준공영제 시행하라"는 구호를 목격했다. 사실 어디 교통뿐인가? 할 수만 있다면 의료도 100%, 교육도 100%, 주택도 모두 100% 구현되길 희망하는 사람이다. 하지만 이를 실현하기 위해선 주장하는 만큼의 증세가 필요하지 않을까? 담세능력 없이 '~복지'만을 부르짖는 건 허구요, 모순일 따름이다.

갑자기 그리스와 오스트리아가 생각난다. 그리스는 망한 나라고, 오스트리아는 천하가 알아주는 부강한 나라다. 그리스는 그 어떤 나라보다 잘 먹고 잘 살았다. 버스기사도 공무원인 나라다. 반면 오스트리아는 그리스에 비할 수 없을 만큼 부강하지만 규모의 경제를 실천하며 산다. 오래 전부터 공무원을 줄여왔고, 지금도 줄여가고 있다.

　민주주의 사회에서 다양한 목소리는 좋은 현상이다. 쌍수를 들어 환영할 만한 일이다. 하지만 주장만 있고, 책임이 없는 건 정의로운 사회라 할 수 없다. 표를 의식해 문제를 덮어두는 것도 비겁한 일 중의 하나다. 유럽에서 자살률 최하위였던 그리스가 망한 이후, 자살률 최고가 된 것은 반면교사로 삼아야 한다. 주어진 시간, 많지 않다.

정신 못 차리는 정치

 칼로 사람을 찔러 죽였다. 판사가 "왜 사람을 죽였냐?"고 다그치자, "칼이 죽였지, 내가 죽인 게 아니다."라고 한다. 만취상태로 시비 끝에 사람을 죽였다. 판사가 "왜 사람을 죽였냐?"고 다그치자, "술이 죽였지, 내가 죽인 것이 아니다."라고 한다.

 민중들의 삶, 도탄 그 자체다. 저출산 고령화에 자살률 1위라는 오명에서 벗어나지 못하고 있다. 민중의 삶을 책임져야 할 정치권은 여전히 이전투구 중이다. 그러면서 민중들이 못나 죽는 것이지, 자신들 때문이 아니란다. 정치는 왜 존재하는가?

지혜로운 삶의 과정

　사람이 살아가는 과정은 각기 다르지만 대체적인 삶은 매우 유사한 면을 지니고 있다. 그래서 사람들은 그러한 유사한 삶의 모습에서 나타나는 부분을 가지고 철학을 만들어 내기도 한다. 고대 중국에서는 어려운 삶에 봉착할 때 주로 점술을 이용했다. 이때의 점술은 주로 복서(卜筮)나 시초(蓍草) 등을 활용했다. 시대가 변하긴 했지만 옛날에도 많은 사람들이 점을 쳤음을 알 수 있다.

　그렇다면 점(占)은 왜 보는 걸까? 어떤 사람은 전혀 신빙성이 없다고 하여 배척하는가 하면, 어떤 사람은 미래를 예측하는 신비한 힘을 지니고 있다 하여 신봉하기도 한다. 또 어떤 사람은 점이 일종의 경험과학이라고[통계에 기초한 과학] 박박 우겨가며 굉장한 신뢰를 보이기도 한다. 어찌 되었든 한치 앞을 내다보지 못하는 인간의 심리상태를 그대로 보여주는 것이라 할 수 있겠다.

　우리 동양에는 점(占)이라는 책으로 시작하여 오늘날 최고봉의 철학서가 되어 있는 『주역』이라는 책이 있다. 초기 점술로 시작한 『주역』은 오늘날 동양철학은 물론 서양철학을 공부하는 이들에게까지도 널리 사색하게 하고 있다. 그렇다면 왜 『주역』이라는 책이 이토록 많은 관심의 대상이 되는 것일까? 이는 우리의 삶의 양식이 과거의 그것과 크게 달라진 게 없기 때문일 것이다.

10대는 물에 잠겨 있는 용

인간의 능력은 무궁무진하기 때문에 그것을 상징적으로 표현한 것이 바로 용(龍)이다. 따라서 10대 전후의 어린 시절은 능력을 발휘하기보다는 힘을 비축하여 장래에 대비해야 하는 시기라 할 수 있다. 말하자면 장차 하늘에 올라 자유롭게 날아다닐 수 있는 무궁무진한 힘을 지닌 용(龍)이라도 지금은 물에 잠겨 있어야 한다. 즉 이때는 함부로 힘을 남발하지 않고 장래를 대비해야 한다.

만일 이 경우에 힘을 축적하지 않고 초기에 다 써버리면 정작 힘을 써야 할 때, 힘을 쓰지 못하고 좌절하기 쉽다. 말하자면 마라톤 선수가 초반전에 전력 질주하여 힘을 다 소모하고 나면 얼마 못가 레이스(Race)를 포기하게 되는 경우와 같다고 할 수 있다. 따라서 유능한 코치라면 선수로 하여금 힘을 조기에 소진(消盡)시키지 않고 비축하면서 뛰도록 조련하는 것과 같은 경우라 하겠다.

아무튼 학교수업만이 아닌 등산이나 운동을 통해 꾸준히 호연지기를 기르는 동시에 끈기와 침착성을 아울러 기르도록 하는 것이 무엇보다 바람직하다. 삶의 이치가 이러함에도 불구하고 부모의 욕심으로 아이들에게 학업에 매진토록 하고, 부하가 걸려도 학교에서 최고가 되기만을 기대한다면 얼마 지나지 않아 자녀를 도중에서 낙오하게 만드는 지름길이 된다는 것을 명심할 필요가 있다.

20대는 물 밖에 나온 용

20대는 물속에 잠겨있던 용이 물 밖에 나온 경우다. 용은 언젠가는 하늘을 자유자재로 날아야 하는 존재이므로 무한정 물속에만 있을 순 없다. 10대가 물속에서 힘을 비축하는 시기라면, 20대는 10대에 다방면에 걸쳐 축적한 힘을 바탕으로 본격적으로 일을 도모해야 할 때인 것이다. 여기서 큰일을 제대로 도모하기 위해선 무엇보다 자신을 지도해 줄 훌륭한 멘토를 만나는 게 중요하다.

지도자를 만나지 못하고선 발전을 기대하기 어렵기 때문이다. 가령 철학을 전공하고자 하는 학생이라면 철학의 권위자가 소속하고 있는 학교를, 물리학을 인생의 목표로 삼은 학우라면 무조건 유명한 대학보다는 물리학의 권위자가 존재하는 학교를 찾아가는 것이 중요하단 얘기다. 가령 '법학'은 하버드나 예일, '공학'은 MIT나 캘리포니아 공대 등을 선택하는 것이 이와 같은 경우다.

주역(周易)의 지혜를 토대로 대학을 진학할 때 활용한다면 유용할 것이다. 먼저 자신의 적성을 분석한 다음 철저히 자신에게 알맞은 분야를 찾고 그 다음 그 분야에서 가장 권위 있고 실력 있는 선생님을 찾아가는 것이 중요한 것이다. 사정이 이러함에도 학교의 평판이나 성적을 토대로 따랐다가는 진학하여 자신의 기반을 점차 무너뜨려 인생의 실패자가 될 수도 있음을 각오해야 한다.

30대는 비약을 위해 전력투구하는 용

30대는 20대에 권위자를 만나 실력을 연마한 다음 자신의 위치를 당당하게 점(占)하는 시기에 해당한다고 할 수 있다. 이 시기는 배우는 시기를 마감하고 윗사람의 위치로 진입해야 하는 시기이다. 말하자면 물에 잠겨 있던 용이 물 밖으로 나와 하늘로 날아오르기 직전의 상태이고, 활주로를 내 달리기 시작한 비행기가 창공으로 머리를 향한 상태에 있는 것과 같은 시기라 할 수 있다.

이때는 용이 하늘로 날아오를 수 있느냐 없느냐의 기로(岐路)에 서 있는 중대한 시기라고 할 수 있다. 이는 지금까지의 축적된 힘을 총동원하여 전력 질주를 해야 한다. 말하자면 30대를 마라톤 과정으로 변용하면, 반환점 가까이 도달한 시기라 할 수 있는 것과 같다고 할 수 있다. 이때는 대체로 큰 고통이 수반되는, 그야말로 삶에 있어서 전환기를 맞이하는 시기라고도 할 수 있다.

마라톤을 인생에 비유하는 만큼, 이때 좌절하면 후반기 레이스에 제대로 적응할 수 없음은 당연하다. 따라서 자신의 페이스(Pace)에 맞게 조절하면서 달릴 필요가 있는 것이다. 유능한 교육자와 유능한 코치는 이때 선수가 좌절하지 않으면서 최적의 페이스를 유지하도록 조련시킬 것이다. 쉽지 않지만 이 고비를 잘 넘기면 후반의 레이스는 비교적 순탄하게 내 달릴 수 있기 때문이다.

40대는 하늘을 막 날기 시작한 용

40대는 하늘을 막 날기 시작한 용이다. 있는 힘을 다해 이륙한 비행기가 창공을 가로지르는 경우이고, 일반 회사로 본다면 간부의 대열에 들어선 경우이며, 공직에서 본다면 중간간부가 된 경우라 할 수 있다. 이 경우의 사람들은 대체로 남에게 과시하고 싶은 욕구를 갖는 것이 보편적이나 이때 겸손하지 못하거나 심사숙고(深思熟考)하지 못하면 곤란한 지경에 봉착하기 쉬운 때다.

특히 유의해야 할 때다. 이제 막 상층부에 진입한 사람이기에 여러 면에서 경륜이 부족할 뿐만 아니라 나이도 아직은 어린 편이기 때문이다. 또 윗사람과 아랫사람 사이, 즉 샌드위치 입장이라 처세도 만만치 않기 때문이다. 아랫사람에게는 반발을 사지 않도록 일에 있어서 사려 깊게 처신할 필요가 있고, 윗사람에게는 교만한 사람으로 인식되지 않도록 보다 심혈을 기울여야 한다.

이때 조직 내에서 온화하게 지낼 수 있는 지혜는 다름이 아닌 자신이 아직도 30대에 비약을 위해 용이 전력투구하듯 열성을 보이는 것이다. 또한 조직의 일원으로서 진정성을 가지고 상대를 대하는 일이다. 주역에서 용이 막 하늘을 날아올랐지만, 아직도 물속에 잠겨있는 것처럼 겸허하게 대처해야 한다고 하는 것은 이를 두고 하는 말이다. 아직 하늘에 오르지 못한 용처럼 말이다.

50대는 마음껏 하늘을 나는 용

50대는 인생의 황금기에 속하는 시기이다. 그간 쌓아온 실력을 최대한 발휘해야 하는 시기이다. 어떤 단체에 속하고 있더라도 그 중심을 점(占)하는 시기다. 주역에선 이 시기를 '마음껏 하늘을 나는 용'으로 표현한다. 그러므로 이 시기에 있는 사람은 이제 겸손이 미덕이 되지 못한다. 전체를 위해 지금까지 축적해 온 모든 힘을 발휘해야 하는 시기로 겸손은 오히려 악재가 되기도 한다.

그리고 전체를 이끌어 가는 것은 자신의 힘만으로는 불가능하기 때문에 전체의 중심에 있는 사람이 제대로 역할을 수행하기 위해선 자신을 보좌할 사람을 만나는 것이 무엇보다 중요하다. 선생의 경우는 우수한 제자를, 기업의 경우엔 능력 있는 실무자를, 정치인의 경우는 훌륭한 비서를, 공직일 경우에는 확충에 필요한 정책을 만들어 낼 수 있는 부하직원을 만나는 것이 중요하다.

이 같은 사람을 얻으면 성공하고 그렇지 못하면 실패하기 쉽다. 만일 50대에 어떤 단체(團體)의 장(長)이 되었다면, 그는 그 단체에서 가장 현명한 사람을 발탁하는데 있어 추호의 흔들림 없이 보좌관으로 활용해야 한다. 사정과 이치가 이러함에도 자신이 단체장이 되는데 큰 공(功)을 세웠다 하여 논공행상으로 일관하면 조직은 점차 활로를 잃어 쇠퇴하고 말 것임은 두말할 필요도 없다.

60대는 겸허하게 삶을 마무리 하는 용

60대에 이르면 이젠 인생의 황금기를 지나 삶을 마무리하는 단계라 할 수 있다. 최근 수명이 예전과 달리 많이 늘어나 과거의 잣대로 보는 것이 다소 무리가 따르겠지만, 인생을 크게 여섯 등분으로 나눠 보면 이해할 수 있다. 따라서 60대를 대학으로 본다면 명예교수에 해당하며, 공직의 경우는 정년퇴직에 해당한다고 볼 수 있다. 명예는 높지만 권한은 별로 없는 시기라 할 수 있다.

가령 대학에서 정년을 하여 명예교수가 되면 과거의 그 엄청난 힘을 모두 추억으로 돌리고 후배 교수들에게 바통을 넘겨주어야 하는 경우와 같다고 할 수 있다. 따라서 과거에 자신을 받들고 따르던 사람들이 따르지 않아 때로는 섭섭하고 외로워질 수도 있는 시기이다. 하지만 섭섭함과 외로움을 참지 못하여 간혹 찾아주는 사람에게 질책을 가하면 오히려 역효과만 드리우기 십상이다.

이러한 모습들이 바로 주역에서 말하는 지혜다. 달이 차면 기울고, 해가 중천이 되면 저물기 시작하며, 꽃도 피면 반드시 시든다. 사람의 세력(勢力)이 오래가지 못하는 것은 자연의 이치다. 권불십년(權不十年)이라 하지 않던가? 자신의 인생이 기울어졌을 때를 인식하지 못하고 계속 고자세를 취하면 결국 모두에게 무시되고 버림받게 되어 낭패를 보게 된다는 것을 잊지 말아야 한다.

참고문헌

1. 한 국

김운찬 역, 『군주론』, 현대지성, 2021.

김해영, 『서원, 유학자의 본향』, 안티쿠스, 2021.

김해영, 『유학사상강의』, 부크크, 2021.

김해영, 『새인간행동이론』, 부크크, 2021.

김해영, 『장자강의』, 안티쿠스, 2020.

김해영, 『사서강의』, 안티쿠스, 2017.

김해영, 『고사성어로 철학하다』, 문화문고, 2017.

김해영, 『팔랑개비, 세상을 날다』, 문화문고, 2016.

김해영, 『공직자, 논어를 읽다』, 안티쿠스, 2014.

김해영, 『손에 잡히는 철학』, 문화문고, 2014.

김해영, 『지금은, 정조를 읽어야 할 시간』, 안티쿠스, 2013.

박병철, 『버트런드 러셀』, 살림, 2013.

박홍규, 『플라톤 다시 보기』, 필맥, 2009.

오문환, 『사람이 하늘이다』, 솔, 1996.

오석원, 『한국 도학파의 의리사상』, 성균관대학교출판부, 2005.

윤무학, 『순자』, 성균관대학교출판부, 2005.

이기동, 『노자』, 동인서원, 2014.

임창순 외 역, 『성호사설』, 민족문화추진회, 1979.

홍순도 역, 『탈무드』, 서교출판사, 2018.

2. 중 국

『小學』, 『大學』, 『論語』, 『論語集註』, 『孟子』, 『孟子集註』, 『中庸』, 『書經』, 『禮記』, 『周禮』, 『春秋左氏傳』, 『周易』, 『荀子』, 『史記』, 『道德經』, 『莊子』, 『管子』, 『淮南子』, 『呂氏春秋』, 『漢書』, 『韓非子』, 『孝經』.

강원도 산골 촌놈의

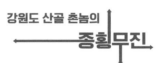

종횡무진

초판 1쇄 발행   2022년 2월 10일

지은이 김해영
편집 · 디자인 홍성주 · 임승연
펴낸곳 도서출판 위
주소 경기도 파주시 광인사길 115
전화 031-955-5117~8

ISBN 979-11-86861-14-1 03300

• 책값은 뒤표지에 있습니다.
• 파본은 구입하신 서점에서 교환해 드립니다.